变 数

中国数字企业模型及实践

DIGITAL TRANSFORMATION
MODEL AND PRACTICE IN CHINA

董小英　戴亦舒　晏梦灵　陈其伟◎著

图书在版编目（CIP）数据

变数：中国数字企业模型及实践 / 董小英等著. —北京：北京大学出版社，2020.9
ISBN 978-7-301-31371-8

Ⅰ.①变… Ⅱ.①董… Ⅲ.①企业管理—数字化—研究—中国 Ⅳ.①F279.23-39

中国版本图书馆CIP数据核字(2020)第103390号

书　　　名	变数：中国数字企业模型及实践 BIANSHU：ZHONGGUO SHUZI QIYE MOXING JI SHIJIAN
著作责任者	董小英　戴亦舒　晏梦灵　陈其伟　著
责任编辑	徐　冰
标准书号	ISBN 978-7-301-31371-8
出版发行	北京大学出版社
地　　　址	北京市海淀区成府路205号　100871
网　　　址	http://www.pup.cn
电子信箱	em@pup.cn
新浪微博	@北京大学出版社　@北京大学出版社经管图书
电　　话	邮购部010-62752015　发行部010-62750672　编辑部010-62752926
印　刷　者	涿州市星河印刷有限公司
经　销　者	新华书店
	720毫米×1020毫米　16开本　26印张　375千字 2020年9月第1版　2022年9月第2次印刷
定　　　价	88.00元

未经许可，不得以任何方式复制或抄袭本书之部分或全部内容。
版权所有，侵权必究
举报电话：010-62752024　电子信箱：fd@pup.pku.edu.cn
图书如有印装质量问题，请与出版部联系，电话：010-62756370

丛书序言一

很高兴看到"光华思想力书系"的出版问世,这将成为外界更加全面了解北京大学光华管理学院的一个重要窗口。北京大学光华管理学院从1985年北京大学经济管理系成立,以"创造管理知识,培养商界领袖,推动社会进步"为使命,到现在已经有三十余年了。这三十余年来,光华文化、光华精神一直体现在学院的方方面面,而这套"光华思想力书系"则是学院各方面工作的集中展示,同时也是北京大学光华管理学院的智库平台,旨在立足新时代,贡献中国方案。

作为经济管理学科的研究机构,北京大学光华管理学院的科研实力一直在国内处于领先位置。光华管理学院有一支优秀的教师队伍,这支队伍的学术影响在国内首屈一指,在国际上也发挥着越来越重要的作用,它推动着中国经济管理学科在国际前沿的研究和探索。与此同时,学院一直都在积极努力地将科研力量转变为推动社会进步的动力。从当年股份制的探索、证券市场的设计、《证券法》的起草,到现在贵州毕节试验区的扶贫开发和生态建设、教育经费在国民收入中的合理比例、自然资源定价体系、国家高新技术开发区的规划,等等,都体现着光华管理学院的教师团队对中国经济改革与发展的贡献。

多年来,北京大学光华管理学院始终处于中国经济改革研究与企业管理研究的前沿,致力于促进中国乃至全球管理研究的发展,培养与国际接轨的

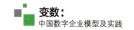

优秀学生和研究人员,帮助国有企业实现管理国际化,帮助民营企业实现管理现代化,同时,为跨国公司管理本地化提供咨询服务,从而做到"创造管理知识,培养商界领袖,推动社会进步"。北京大学光华管理学院的几届领导人都把这看作自己的使命。

作为人才培养的重地,多年来,北京大学光华管理学院培养了相当多的优秀学生,他们在各自的岗位上作出贡献,是光华管理学院最宝贵的财富。光华管理学院这个平台的最大优势,也正是能够吸引一届又一届优秀的人才的到来。世界一流商学院的发展很重要的一点就是靠它们强大的校友资源,这一点,也与北京大学光华管理学院的努力目标完全一致。

今天,"光华思想力书系"的出版正是北京大学光华管理学院全体师生和全体校友共同努力的成果。希望这套丛书能够向社会展示光华文化和精神的全貌,并为中国管理学教育的发展提供宝贵的经验。

北京大学光华管理学院名誉院长

丛书序言二

"因思想而光华。"正如改革开放走过的40年，得益于思想解放所释放出的动人心魄的力量，我们经历了波澜壮阔的伟大变迁。中国经济的崛起深刻地影响着世界经济重心与产业格局的改变；作为重要的新兴经济体之一，中国也越来越多地承担起国际责任，在重塑开放型世界经济、推动全球治理改革等方面发挥着重要作用。作为北京大学商学教育的主体，光华管理学院过去三十余年的发展几乎与中国改革开放同步，积极为国家政策制定与社会经济研究源源不断地贡献着思想与智慧，并以此反哺商学教育，培养出一大批在各自领域取得卓越成就的杰出人才，引领时代不断向上前行。

以打造中国的世界级商学院为目标，光华管理学院历来倡导以科学的理性精神治学，锐意创新，去解构时代赋予我们的新问题；我们胸怀使命，顽强地去拓展知识的边界，探索推动人类进化的原动力。2017年，学院推出"光华思想力"研究平台，旨在立足新时代的中国，遵循规范的学术标准与前沿的科学方法，做世界水平的中国学问。"光华思想力"扎根中国大地，紧紧围绕中国经济和商业实践开展研究；凭借学科与人才优势，提供具有指导性、战略性、针对性和可操作性的战略思路、政策建议，服务经济社会发展；研究市场规律和趋势，服务企业前沿实践；讲好中国故事，提升商学教育，支撑中国实践，贡献中国方案。

为了有效传播这些高质量的学术成果，使更多人因阅读而受益，2018

年年初，在和北京大学出版社的同志讨论后，我们决定推出"光华思想力书系"。通过整合原有"光华书系"所涵盖的理论研究、教学实践、学术交流等内容，融合光华未来的研究与教学成果，以类别多样的出版物形式，打造更具品质与更为多元的学术传播平台。我们希望通过此平台将"光华学派"所创造的一系列具有国际水准的立足中国、辐射世界的学术成果分享到更广的范围，以理性、科学的研究去开启智慧，启迪读者对事物本质更为深刻的理解，从而构建对世界的认知。正如光华管理学院所倡导的"因学术而思想，因思想而光华"，在中国经济迈向高质量发展的新阶段，在中华民族实现伟大复兴的道路上，"光华思想力"将充分发挥其智库作用，利用独创的思想与知识产品在人才培养、学术传播与政策建言等方面作出贡献，并以此致敬这个不凡的时代与时代中的每一份变革力量。

刘俏
北京大学光华管理学院院长

作者序

动笔写这篇序言时,新冠肺炎疫情已蔓延全世界,成为近百年来人类遭遇的一次重大灾害与挑战,世界各国无不在奋力抵抗。我国政府和人民齐心协力抗击疫情,取得了阶段性的胜利,我们一方面为医护人员和社会各界积极参与到这场艰苦的斗争中感动不已;另一方面也看到数字化技术在抗击疫情中正发挥着积极作用。具体表现在:

一是精准的决策支持。通过大数据技术、移动技术和人工智能技术的应用,政府相关部门可以精准锁定确诊病例及其密切接触人员、查看疫情动向、监测体温、分析疫情变化趋势,展开疫情风险动态研判,从而为各种决策提供客观依据。

二是给予医护人员以技术支持。比如,人工智能技术助力新冠肺炎CT影像检测[1],机器人在重症医院送货,等等。

三是工业互联网平台助力供应链高效协同。疫情期间对战略物资和医疗物资的需求供给发生剧烈变化,需要供应链变得更加高效,一些成熟的工业互联网平台,可以辅助供需双方短时间内高速对接并匹配资源。例如,航天云网连接相关机构和企业,迅速利用工业互联网平台组织开展"医疗卫生用纺织品防疫物资"的供需对接,着力解决防疫物资保障工作中"缺材料、缺

---

[1] 中国经济新闻网. 2020. 新型冠状病毒肺炎影像云,AI助力疫情防控[EB/OL]. (2020.02.12) [2020.03.30]. http://www.elecfans.com/d/1163426.htm.

设备、缺专家和产能低"的问题；在航运界，以中远海运为代表的多家航运企业通过数字化平台使客户快速了解供应链、物流状态的变化，做到及时、透明、可控，并积极开展全程在线交易、无接触可视化服务，使客户享受在线订舱、全流程电子化等一站式线上服务。数字化能力强的企业还具备快速转产能力，如比亚迪紧急制订口罩生产计划并投入生产，以"3天出图纸，7天出设备，10天出产品"的速度，很快做到日产口罩500万只[①]。

四是在线工作成为常态。在居家隔离期间，很多企业通过使用在线办公平台和会议平台，启动在家办公模式，无论员工身处哪个城市，都可以保持工作状态。根据艾媒咨询统计，2020年1—2月，远程办公企业超过1 800万家，远程办公人员超过3亿人。[②]

五是在线教育成为重要模式。疫情期间，上千万大中小学生通过网络上课，对于他们来说，如果没有在线教育平台做支持，居家生活将会在无聊与乏味中度过。

六是国家将"新基建"列为未来主导我国经济转型与增长的战略引擎和基本国策，为数字经济发展和高质量经济体系建设确立了基本方向。新基建将由三个部分组成：一是信息基础设施，比如以5G、工业互联网为代表的通信网络基础设施，以人工智能、云计算等为代表的新技术基础设施，以数据中心、智能计算中心为代表的算力基础设施等。二是融合基础设施，比如智能交通、智慧能源基础设施等。三是创新基础设施，比如重大科技基础设施、产业技术创新基础设施等。新基建的战略将通过"政策+市场"双轮驱动的模式，在空间拓展和模式创新上，为中国经济带来更大的回转空间和韧劲。与此项战略具有同样重要意义的是2019年11月1日，党的十九届四中全

---

① 车图腾. 2020. 全球最大口罩生产企业比亚迪又做了件大事[EB/OL]. (2020.03.19)[2020.03.30]. https://3g.163.com/dy/article_cambrian/F811GJAB052783HD.html.

② 艾媒咨询. 2020. 2020年中国新春远程办公行业热点专题报告[R/OL]. [2020.03.30]. https://report.iimedia.cn/repo1-0/38999.html.

会提出"要鼓励勤劳致富,健全劳动、资本、土地、知识、技术、管理和数据等生产要素按贡献参与分配的机制",这是党中央首次在公开场合将数据从技术中独立出来,使其单独成为一种生产要素并按贡献参与分配,说明数据在驱动经济发展中具有战略价值,并在国家层面得到正式确认。

如果说17年前的"非典"将数字化生活变成了常态,此次新冠肺炎疫情则将数字化工作变成了常态。在突发危机事件面前,面对新型冠状病毒的肆虐,人们试图以数字化模式开启与病毒在速度和广度上的竞赛。实践证明,数字经济发展对提升社会治理和决策的整合度与精准度、产业运行效率和供需匹配能力、人们的沟通效率和知识传播效率,发挥着越来越重要的作用。正是在这个大背景下,我们与北京大学出版社合作推出《变数:中国数字企业模型及实践》一书,试图在推进我国企业向数字化转型方面,贡献自己的微薄力量。

从学术上讲,数字化转型与创新是全球性的前沿课题。在过去的几十年里,随着互联网的飞速普及与发展,特别是近年来随着计算能力、通信能力的不断提高,云计算、大数据、物联网、移动互联网、人工智能、区块链等新一代信息通信技术得到了快速发展与应用。与过去20年的信息技术相比,数字化具有两个核心特征[①]:一是数据的同质性,二是可重程设性。数据的同质性使得数字信号均采用0/1离散二进制编码的信息,均可脱离存储、传播、处理、显示等技术的束缚进行整合(如电视视频、无线电音频均可以在互联网一个页面上呈现),所以,我们在手机或者电脑上,可以同时看到文字、音频和视频信息,而以前这些信息分别从纸媒、收音机和电视机中才能获得。可重程设性是指数字信号与实体设备的分离使得重新编程成为可能,比如在使用智能手机时,我们发现很多操作系统和App是在不断迭代的。以前

---

① Yoo Y, Henfridsson O, Lyytinen K. 2010. The new organizing logic of digital innovation: An agenda for information systems research [J]. Information Systems Research, 21(4):724-735.

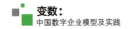

信息化应用的核心目标，是通过软件系统在计算机上实现业务流程、生产体系或办公系统的信息搜集、处理、发布和决策支持；但是在数字化环境下，人、生产设备（如数控机床）、生产体系、服务过程（如可视化的物流服务体系）、生产产品（如智能终端）、生活需求匹配（如智能打车系统）、交易活动（如手机支付）等都可以被数字化，并在数字化环境下被不断拓展、深化和细化。

因此，新一代信息技术发展与应用并不仅仅与技术企业相关，而是与社会、区域、组织（包括所有行业不同类型的组织）和个人发展密切相关。数字化转型与创新不仅仅是互联网企业的核心任务，更是传统企业需要面对与解决的核心课题。数字化技术已经改变了消费者生活、学习、工作和社交方式，因此，传统机构的转型与变革迫在眉睫。

从数字化转型与创新的动力上看，人们是否愿意积极参与到这一过程中，取决于人们对社会—技术交互变迁前景的认知与预判。习惯于现状和追求稳定性的人，可能对技术的迭代更新很不适应；而对新技术持开放和乐观态度的人，则更愿意拥抱技术变革带来的改变，也甘于承受变革带来的阵痛。从国家和企业战略上讲，数字化转型和创新是新经济诞生、增长和发展的过程，也是在国际竞争中"弯道超车"的重要机会。

但是，数字化转型与创新也充满着困难和风险，如战略风险、技术风险、人才风险和业务风险等。战略风险包括企业如何判定新技术与未来业务发展的关系，如何判定新技术的战略价值，选择在什么时机、哪些业务中采纳新技术，投入什么样的资源，等等。技术风险则不仅来源于新技术的种类太多，而且更是因为新技术迭代更新的速度很快、技术的前景充满不确定性、技术应用的业务场景并不明确等。人才风险体现在新技术对人才素质和学历的要求很高，而人才又非常稀缺且大多集中在北上广深等区域，中小企业不容易获得相匹配的人才资源等方面。在业务风险上，互联网企业是天然的技术爱好者，它们通过网络优势获得了客户的各类流量入口，对依赖传统渠道的企业构成了严峻的挑战；它们还凭借大数据资源对客户需求做出精准分析和预判，掌握了消费者对产品的评价、需求与偏好，而这些信息对传统制造企业来说都是至关重要的。

正是在这一背景下，我们开始着力投入对企业数字化转型的研究。北京大学光华管理学院研究团队与锦囊专家经过将近两年的合作，在选题确定、文献调研、指标体系设计、案例访谈、问卷调查等各种研究方法基础上，通过多次迭代和修改，提出了具有中国特色的数字企业模型，并在2018年年底发布了包含数字企业模型、数据调研和企业案例的《中国数字企业白皮书》，受到了社会的广泛关注和重视。在与企业家的交流和反馈中，我们明显感知到大家迫切需要理论和实践的指导。为此，研究团队成员牺牲了2019年春节假期，全力以赴甚至有的成员带病坚持工作，终于在2019年4月完成全书的写作。在这个过程中，我们是带着使命感、责任感、情怀和CIO（首席信息官）们的期待来完成这项研究工作的。与以往其他著作相比，这本书主要有两个特点：

（1）核心作者具有理论与实践双重背景。也就是说，本书是大学与企业合作完成。核心作者中，既有人在信息化领域耕耘30年，不仅撰写过大量中国企业信息化转型案例，而且与Gartner、麦肯锡和IDC等机构有过多次合作，对CIO战略领导力有比较深入的理解。也有数字化转型与创新的新锐年轻学者，比如北京工商大学电商与物流学院戴亦舒老师的博士论文以数字化创新为研究主题，北京邮电大学经济管理学院晏梦灵老师在数字化成熟度方面有长远的研究计划。更有在信息化、数字化领域耕耘多年的首席信息官，比如陈其伟老师是独立CIO，拥有30年的从业经历，先后在惠普（青岛）、博士伦（中国）、华胜天成等国内外多家知名企业担任供应链主管和CIO，近年来专注于企业数字化转型与创新的探索、研究和实践，也是"IDC中国数字化转型大奖"2017、2018和2019年度的外部专家评委。李然辉是国际数据管理协会会员，CDMP认证的数据管理专家，中国企业数据治理联盟成员，从事数据管理工作10年以上，拥有丰富的数字资产管理体系搭建、数据资产价值评估、数据资产运营、数据治理等领域的管理实践经验。史凯是具有大数据和人工智能技术背景的数字化转型专家，为华为、戴姆勒等众多企业转型做过咨询。锦囊专家创始人李圆和秦丽等团队成员在企业数字化和信息化案例报道和调研方面有近20年的经验积累，具备敏锐的媒体视角和观察力。

（2）重视概念、框架、数据和案例。数字化转型与创新作为新的课题，其知识体系尚未建立和稳定，这给本书的写作带来了很多困难和挑战。同时，企业数字化转型实践也在推进当中，其发展充满着动态性。在这种情况下，研究团队力求在理论与实践、宏观与微观、定性与定量、现在与未来中保持平衡，这样做大大增加了研究的跨度和难度，使研究团队常常有力不从心的感觉。但是，我们希望数字企业模型是一个相对稳定的理论架构和概念体系，在对关键概念、模型、方法进行梳理的基础上，通过数据和案例提供鲜活的素材，帮助读者在解决数字化转型与创新的挑战与困难时，既掌握为什么（why）方面的知识，又掌握如何做（how）的信息。

作为本次研究项目的发起者和负责人，我与锦囊专家创始人李圆有多年合作经历，双方有共同使命感和价值观，并对她及其团队的创业勇气、情怀、追求非常钦佩。锦囊专家的支持是此次研究得以实施和深入的重要条件。李圆团队所拥有的广泛CIO专家资源使研究团队有机会与企业数字化第一负责人直接交流，分享案例和经验教训，这对本书贡献很大。她和团队的核心成员秦丽等人在本书写作中投入了很多心血，参与问卷调研、企业走访、案例采访、稿件汇总编辑等工作，对本书给予了大力支持，甚至通宵达旦地工作，令人感动。我们深知数字化转型与创新的大幕刚刚拉开，我们的研究还有很多不成熟和不完善的地方，一方面我们希望起到抛砖引玉的作用，另一方面也恳请各方面专家的批评指正。

本书也是"光华思想力"项目课题之一。"光华思想力"是北京大学光华管理学院的智库平台，旨在立足新时代中国，遵规范的学术标准，循前沿的科学方法，做世界水平的中国学问。"光华思想力"扎根中国大地，紧紧围绕中国经济和商业实践开展研究；提供政策建议和咨询，服务经济社会发展；研究市场规律和趋势，服务企业前沿实践；讲好中国故事，提升商学教育，支撑中国实践，贡献中国方案。

全书的分工情况如下：董小英、戴亦舒，第1、2、3、4、6、9、11章，负责全书体系设计、数字企业模型的设计与修订、问卷设计与修订、案例结构优化等工作；晏梦灵，第7、8、10章，负责问卷设计与更新、数据处理和参考文献工作；陈其伟，第5、13章；李然辉，第12章；史凯，参与第4章部分修改工作。北京大学光华管理学院博士生叶丽莎、胡燕妮、廖琳负责资料搜集、翻译和整理工作；博士生赵乘、本科生刘之铭负责数据处理、图表展示工作；锦囊专家秦丽全程统筹书籍图表格式，编辑团队付媛媛、李国欢、徐达等参与了案例的采访与撰写工作；设计团队的陈姣、李怡茹等辅助参与了本书中部分图表以及调研方面的设计工作。

作者特别感谢北京大学出版社经济与管理图书事业部林君秀主任一直以来对我们的支持；特别是徐冰副主任作为我们近年来出版的著作《华为启示录：从追赶到领先》（2018）、《思科实访录：从创新到运营》（2018）、《中关村模式：科技+资本双引擎驱动》（2017）的主要责任编辑，不仅为书籍的名称、内容、封面提出了非常好的建议，同时也对全书文字修改润色投入大量心血，在此表示衷心的感谢。本书的作者还特别感谢我们的家人对研究工作的理解和支持，使我们得以利用大量节假日和休息时间，放弃对家人的陪伴，心无旁骛地工作。

作者特别感谢以下专家及CIO们对本书核心理论及案例的大力支持：黎

江、孙惠民、刘东、颜艳春、李红、赵德旭、姜琦、孙为平、柳骏、令狐荣茂、谷云松、马玉铭、王文辉、路晨曦、刘京、徐伟、徐泰伟、耿峰、王亚楠、谢磊、毛健、王永红、夏循华、刘佑兴、郭智勇、杨通鹏。

2020年8月28日于北大燕园

鸣 谢

本书作者感谢以下CIO合作组织对数据和案例调研的大力支持：

安徽省首席信息官协会

CIO运动商学院

成都企业信息化促进会

福建信息主管（CIO）网

广州市首席信息官协会

海南CIO协会

河北CIO联盟

江苏省CIO联盟

榕锦（大华南）IT高管共赢圈

山东CIO联盟

陕西CIO小圈子

上海CIO联盟

四川CIO俱乐部

台湾地区CIO协会

武汉企业信息化推进中心

西南CIO联盟

中山连线IT经理沙龙

中国CIO自媒体联盟

江苏省企业信息化协会

浙江省信息化促进会

雄安CIO联盟

目 录
Contents

第1章　数字化环境　/ 001

　　1.1　什么是数字经济　/ 002
　　1.2　数字经济发展的技术基础　/ 005
　　1.3　数字经济的结构及战略意义　/ 009
　　1.4　数字原生企业的快速崛起　/ 014
　　1.5　工业互联网的发展前景　/ 017

第2章　数字企业模型　/ 023

　　2.1　数字企业模型简介　/ 024
　　2.2　数字企业关键概念解读　/ 028
　　2.3　普华永道工业4.0成熟度模型　/ 033
　　2.4　德勤数字化转型模型　/ 039
　　2.5　IDC数字化转型能力积分卡　/ 041
　　2.6　埃森哲数字化能力架构模型　/ 047
　　2.7　IBM数字化转型能力模型　/ 049

第3章　数字化战略　/ 053

　　3.1　什么是数字化战略　/ 054
　　3.2　数字化转型的战略层面　/ 056
　　3.3　数字化转型的业务—结果层面　/ 059
　　3.4　数字化转型的组织层面　/ 061
　　3.5　数字化转型的资源配置　/ 064
　　3.6　我国企业数字化战略调研发现　/ 064

第4章　数字化技术　/ 077

　　4.1　什么是数字化技术　/ 078
　　4.2　数字化技术的主要类型　/ 080

4.3　数字化技术的影响　/ 090

4.4　企业技术中台的建设　/ 092

4.5　我国企业数字化技术应用调研发现　/ 094

第5章　数字化人才　/ 097

5.1　什么是数字化人才　/ 098

5.2　构建敏捷的组织　/ 099

5.3　数字化人才及核心能力　/ 105

5.4　数字化人才能力测评与提升　/ 111

5.5　推进人机高效协同　/ 115

5.6　我国企业数字化人才调研发现　/ 121

附录5.1　数字化人才能力模型　/ 126

第6章　数字化生产　/ 133

6.1　什么是数字化生产　/ 134

6.2　信息系统集成是数字化工厂的基础　/ 139

6.3　数字化工厂的建设　/ 140

6.4　打造数字双胞胎　/ 142

6.5　实现智能制造　/ 147

6.6　我国企业数字化生产调研发现　/ 149

第7章　数字化运营　/ 153

7.1　什么是数字化运营　/ 154

7.2　数字化运营关键要素之一：重塑企业文化　/ 156

7.3　数字化运营关键要素之二：打造更敏捷的组织形态　/ 158

7.4　数字化运营关键要素之三：搭建高效的信息系统平台　/ 161

7.5　我国企业数字化运营调研发现　/ 165

第8章　数字化营销　/ 171

8.1　什么是数字化营销　/ 172

8.2　数字化营销中的用户识别　/ 176

8.3 数字化营销中用户触达与覆盖 / 179
8.4 数字化营销与客户交易关系 / 182
8.5 实现交易与回报 / 184
8.6 我国企业数字化营销调研发现 / 187
附录8.1 数字化技术对营销活动的改变 / 192

第9章 数字化决策 / 195

9.1 什么是数字化决策 / 196
9.2 数字化决策与商业智能的不同 / 198
9.3 基于大数据的决策支持体系 / 200
9.4 基于大数据的决策支持能力建设 / 204
9.5 我国企业数字化决策调研发现 / 207

第10章 数字化生态 / 209

10.1 什么是数字化生态 / 210
10.2 构建数字化生态的关键要素 / 212
10.3 核心企业在数字化生态中的作用 / 220
10.4 我国企业数字化生态现状 / 223

第11章 数字化创新 / 227

11.1 什么是数字化创新 / 228
11.2 数字化创新的演化历程 / 231
11.3 颠覆式数字化创新的特点 / 237
11.4 数字化创新的组织文化 / 238
11.5 我国企业数字化创新调研发现 / 240

第12章 数字化资产 / 243

12.1 什么是数字化资产 / 244
12.2 数字化资产分类 / 245
12.3 数字化资产规划 / 247

12.4　数字化资产治理　/ 250
12.5　数字化资产增值　/ 261
12.6　数字化资产变现　/ 264
12.7　如何用数字化资产为企业赋能：以某独角兽公司为例　/ 269
12.8　我国企业数字化资产调研发现　/ 277

第13章　数字化绩效　/ 281

13.1　什么是数字化绩效　/ 282
13.2　数字化绩效关键指标　/ 284
13.3　财务指标的达成　/ 287
13.4　客户满意度指标的达成　/ 291
13.5　核心业务运营效率指标达成　/ 292
13.6　企业创新与成长指标的达成　/ 294
13.7　我国企业数字化绩效调研发现　/ 295

第14章　数字化转型案例　/ 299

14.1　华为的数字化转型　/ 300
14.2　美的集团数字化转型与决策支持　/ 309
14.3　酷特智能：数据驱动的商业模式创新　/ 327
14.4　大搜车：汽车产业互联网生态的创新实践　/ 340
14.5　上汽大通：用户驱动的数字化战略转型实践　/ 348
14.6　良品铺子的数字化实践与探索　/ 366
14.7　企业CXO与专家维基数字化　/ 375

CHAPTER

01

第1章

数字化环境

1.1 什么是数字经济

数字经济（digital economy）最早于1996年由美国管理咨询专家唐·塔普斯科特（Don Tapscott）提出[1]，但迄今为止，政产学研各界对这个概念尚未形成统一的认识。经济合作与发展组织（OECD）将数字经济定义为通过电子商务实现和进行的商品和服务贸易。日本通产省将数字经济定义为广义的电子商务。美国商务部认为数字经济是电子商务以及使电子商务成为可能的信息技术产业，具体包括基础设施、电子商务流程和电子商务贸易。[2]

中国在2016年《二十国集团数字经济发展与合作倡议》中首次将"数字经济"列为创新增长蓝图的一项重要议题，提出"数字经济是指以使用数字化的知识和信息作为关键生产要素、以现代信息网络作为重要载体、以信息通信技术的有效使用作为效率提升和经济结构优化的重要推动力的一系列经济活动"[3]。我国高度重视数字经济对社会发展贡献的巨大潜能。2017年的《政府工作报告》正式将"数字经济"列入议事日程，2018年的《政府工作报告》进一步提出加强对"互联网+"和"数字经济"相关产业的布局。数字经济作为信息化发展的高级阶段，是继农业经济、工业经济后的新型经济形态。数字经济通过数字化要素供给、网络化的要素连接、智能化的要素配

---

[1] Tapscott D. 1996. The Digital Economy: Promise and Peril in the Age of Networked Intelligence [M]. New York: McGraw-Hill.
[2] Henry D, et al. 1999. The Emerging Digital Economy II [M]. Washington: U. S. Department of Commerce.
[3] 中共中央网络安全和信息化领导小组办公室. 2016. 二十国集团数字经济发展与合作倡议 [EB/OL]. (2016.09.29)[2019.12.12]. http://www.cac.gov.cn/2016-09/29/c_1119648520.htm.

置，极大地降低了社会成员交易活动中信息搜寻、信息共享的成本，提升了产出效能，是经济增长的全新引擎。在数字经济的新形态中，知识成为关键战略资源和核心资产，如何有效地生产和管理数字经济时代的知识，是理论和实践者面临的新挑战、新问题。

根据中国信息通信研究院（以下简称"信通院"）的报告①，数字经济主要分为数字产业化与产业数字化两大部分。数字产业化对应的产业主要包括信息制造业、信息通信业、软件服务业等信息产业，以及基于互联网平台的信息技术服务业新业态、新模式。产业数字化主要集中在传统产业部门对信息技术应用的环节，它是数字经济的重要组成部分，具体包括数字化投入对传统农业、工业、服务业的贡献。

学术界对数字经济有不同的理解。数字经济是由相互堆叠的平台组合而成的复杂结构，最终用户通过"虫洞"②无缝地从一个环境/平台转向另一个环境/平台，内容和服务提供商也可以通过多种路径直达最终用户。基于网络效应理论，数字化市场也有可能呈现"赢者通吃"的情况。在数字经济环境中，企业的边界非常模糊，竞争对手很难被排除在外，居于领先地位的"数字冠军"或"互联网领先企业"必须持续创新才能维系自身地位，防止颠覆式创新的企业通过突破市场边界对自身构成威胁。网络效应和这种市场的可竞争性使数字经济呈现显著的动态性。

根据麦肯锡2017年的一份报告③，中国正逐渐成为全球数字经济的引领者，中国在全球电子商务中占据42%的市场份额，移动支付是美国的11倍，独

---

① 中国信息通信研究院. 2018. G20国家数字经济发展研究报告（2018）[R/OL]. (2018.12.19)[2020.04.01]. https://max.book118.com/html/2018/1224/5333204114001342.shtm.

② 虫洞（wormholes）是爱因斯坦广义相对论中提及的奇特天体，尽管迄今没有实验证实虫洞的真实存在，但科学家将虫洞视为时空端口之间的捷径。

③ 王玮等. 2017. 重新定义新零售时代的客户体验：麦肯锡2017中国数字消费者研究[R/OL]. (2017.06.23)[2020.04.01]. https://www.mckinsey.com.cn/wp-content/uploads/2017/06/China-iConsumer-Survey-2017_CN_FNL.pdf.

角兽企业占全球的1/3。中国数字经济快速发展主要得益于三个因素：一是中国庞大而年轻的消费市场促使数字企业模式快速商业化；二是数字企业巨头打造了良好的数字生态系统，营造了极其便利的创业创新环境；三是政府允许数字企业试验、探索。

根据信通院报告，发达国家数字经济的增速明显低于发展中国家。2016—2017年，二十国集团中发达国家的数字经济平均增速约为8.47%，而发展中国家平均增速则高达16.83%，高出发达国家8.36个百分点。导致发达国家增速相对较低的原因，一方面可能源于发达国家传统经济发展相对成熟，应用数字技术的转换成本较高；另一方面可能源于发达国家数字经济规模基数显著高于发展中国家。相比之下，发展中国家数字经济规模均呈现10%以上的增长，俄罗斯增速更是高达24.95%，发展势头极为强劲（见图1.1）。

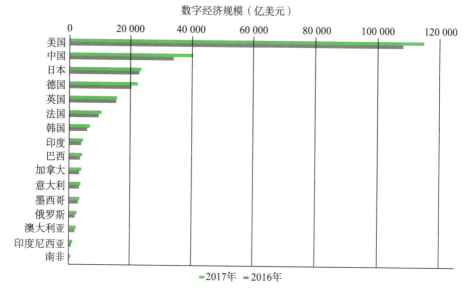

图1.1　2016—2017年二十国集团数字经济规模

资料来源：中国信通院. 2018. G20国家数字经济发展研究报告（2018）[R/OL]. (2018.12.19) [2020.04.01]. https://max.book118.com/html/2018/1224/5333204114001342.shtm.

根据国际数据公司（IDC）2018年对数字经济的未来展望：[①]

2021年，至少50%的全球GDP将会被"数字化"，即其主要来自数字化带来的产品、服务，以及运营和关系的改善。

2020年，投资者将把平台、数据价值和客户参与度当做衡量所有企业价值的关键要素。2020年，60%的企业将有明确的全企业范围内的数字化转型战略，战略将得到实施，并且企业将其作为数字经济时代竞争的核心战略。

2021年，企业在云计算、云服务、基于云的软硬件和服务上的投资将翻倍，总额将达到5 300亿美元。

1.2　数字经济发展的技术基础

我们将数字化技术主要分为两类：战略通用技术和使能技术。所谓战略通用技术，是指能够引发大量激进式创新、颠覆式创新、改变传统游戏规则能力的技术。它通常有三个关键特征：一是作为一项通用技术，它具有在社会各个领域广泛渗透和应用的能力，而其战略性体现在它具有重构传统产业和组织结构、颠覆既有运行体系和商业模式的能力；二是该技术具有持续演化和改进能力，因此，它能在相当长的一段时间内成为主导性的动机机制和支持体系；三是战略通用技术通过与其他技术的结合，特别是与使能技术的结合，能够引发一系列的互补式、组合式创新。

战略通用技术使用周期较长，社会应用广泛，经济效益可观，会触发一系列的创新与变革，形成全新的社会、产业、企业和生活形态。战略通用技

---

① Findling S, Strohlein M, Pucciarelli J C. 2018. IDC FutureScape: Worldwide CIO Agenda 2019 Predictions[R/OL]. (2018.10) [2020.04.03]. https://www.idc.com/downloads/IDC_Worldwide_CIO_Agenda_2019_Predictions.pdf/.

术可以是一个技术、一个组织系统或一个社会形态。作为激进式创新,它的应用将在较长时间内逐渐渗透、扩散至社会的各个领域,通过与使能技术的组合与叠加,不断形成新的创新浪潮。但是,由于其适用性、社会及商业价值往往需要十年或更长时间才能显现出来,所以很多人一开始未能识别其价值,随着时间的推移,其累积效应会越来越显著。人类历史上,真正算得上划时代意义的战略通用技术寥寥无几,比如印刷术、电力、内燃机、铁路、机动车、激光、互联网和基因编辑技术等。

20世纪70年代由阿帕网(ARPANET)扩展成的互联网,至今有40多年的发展历史,是数字化应用中的一种战略通用技术。互联网作为网络与网络串联而成的庞大网络,以一组标准的网络TCP/IP协议簇相连,连接全世界几十亿个设备,形成逻辑上的单一巨大国际网络。互联网遵循梅特卡夫定律,即网络价值与联网用户数的平方成正比,也就是每位用户所获得的效益并非常量,而是大约随着网络用户总人数线性成长,由此形成了网络效应(在商业活动中,消费者选用某项商品或服务,所获得的效用与使用该商品或服务的其他用户人数相关时,该商品或服务即被称为具有网络效应或网络外部性)。根据2018年的统计数据,全球互联网上网人数达到40亿,占全球76亿人口的52.6%;全球约2/3的人已经拥有手机,且超过半数为"智能型"设备,这意味着人们可以随时随地、更加轻松地获取丰富的互联网体验。其中,智能手机是全球互联网用户的首选设备,其流量份额占比较所有其他设备流量占比的总和还要多。根据中国互联网络信息中心(CNNIC)的一份报告,截至2018年12月,我国网民规模达8.29亿,普及率达59.6%。其中,我国手机网民规模达8.17亿,网民通过手机接入互联网的比例高达98.6%[1]。聚集如此庞大人群的互联网成为数字经济发展最重要的温床。

---

[1] CNNIC. 2019. 第44次中国互联网络发展状况统计报告[EB/OL]. (2019.08.30)[2020.04.03]. http://www.cac.gov.cn/2019-08/30/c_1124938750.htm.

使能技术被认为是初级的战略通用技术，它可能具备战略通用技术的第二个或第三个特征，但使能技术不具备独立进行颠覆式创新或改变游戏规则的特征和能力。在数字经济环境下，新出现的使能技术包括云计算、大数据、物联网、移动互联网、人工智能、区块链等，在与互联网结合起来之后，形成了新一轮创新应用的浪潮。特别是移动互联网、云计算、大数据、人工智能等技术的同时成熟及其应用成本的下降，对数字经济发展尤其重要。

在使能技术的开发利用中，我们特别要关注摩尔定律的影响。1965年，时任仙童半导体公司研究开发实验室主任的戈登·摩尔提出了著名的"摩尔定律"：当价格不变时，集成电路上可容纳的元器件的数目，每隔18—24个月便会增加一倍，性能也将提升一倍。集成电路是IT行业中非常关键的元器件，集成电路的飞速进步意味着IT行业的硬件性能和基于硬件的软件性能都会以同样的速度提高。因此，摩尔定律揭示了信息技术进步速度的规律[1]。摩尔定律在数字化进程中是非常关键的，它解释了为什么信息技术本身可以不断进行创新和颠覆，同样解释了为什么信息技术能够成为产品、流程、商业模式等组织创新和社会创新的驱动力。比如，计算机集成电路可以嵌入手机中，形成如今的智能手机，随着功能越来越丰富，智能手机可以改变人们的生活和工作方式。摩尔定律说明了数字化设备的计算能力将会不断增强，信息的流动速度将会不断提高。智能设备的大量普及和使用令泛在计算（ubiquitous computing）成为可能，它为数字经济的繁荣创造了全新的空间和环境。

泛在计算，又称普适计算、普及计算、遍布式计算，是软件工程和计算机科学中的一个概念，它使计算随时随地出现。与桌面计算不同，泛在计算

---

[1] Fichman R G, Dos Santos B L, Zheng Z. 2014. Digital innovation as a fundamental and powerful concept in the information systems curribulum[J]. MIS Quarterly, 38(2): 329-353.

可以使用任何设备、在任何位置和以任何格式进行。用户与计算机交互，计算机可以以多种形式存在，包括笔记本电脑、平板电脑和日常物品终端。支持泛在计算的基础技术包括互联网、高级中间件、操作系统、移动代码、传感器、微处理器、新的I/O（输入/输出）和用户界面、网络、移动协议、位置和定位及新材料等。

泛在计算的概念是由马克·威瑟（Mark Weiser）于1988年在施乐公司的帕洛阿尔托研究中心的计算机科学实验室提出并定义的。它描述了未来社会将随着无线通信能力、网络基础设施、开放网络、计算能力、电池技术、软件架构灵活性的增强而加速发展。泛在计算的工作形态是：在用户移动的同时，任何计算设备都能够构建大量基于环境的动态模型，并配置相应的服务。

泛在计算环境具备三个特征：移动性、数字化融合与规模性。其中，移动性表现在泛在计算突破了以往计算服务只能在固定工作站提供的模式，用户可以在任何时间、任何地点获得计算服务。用户不仅可以随时随地获得所需的计算服务，还可以在不同地点使用不同设备获取相似服务，服务可以在设备间传递。这恰恰是手机产品的核心发展特征，其他智能设备和智能终端也符合这个特征。

数字化融合是指在泛在计算环境下，各类新的技术、设备和服务（如搜索引擎、电子商务、社交网络、共享平台）相互依赖、频繁交互，形成了数字化技术与新的商业模式、社会组织、相关群体的共同演化和深度嵌入，带来了经济与社会领域的巨大变革。

规模性体现在移动设备的数量、使用移动设备的人群、支持移动化运营的组织和平台、支持泛在计算和移动技术的企业和机构在不断增加，它们共同构成了数字经济的技术基础。

1.3 数字经济的结构及战略意义

数字经济的结构如图1.2所示,主要由三个部分构成:一是数字产业化;二是产业数字化,三是社会数字化。

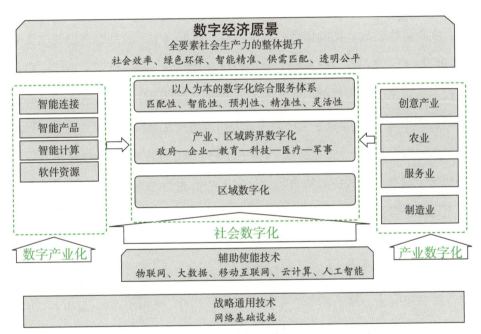

图1.2 数字经济的结构

数字产业化。根据中国信通院发布的《中国数字经济发展白皮书(2017)》,数字产业化也称为数字经济基础部分,即信息产业,具体业态包括电子信息制造业、信息通信业、软件服务业等[①]。

数字化产业是指数字经济发展所需硬件、软件和集成服务的智能连接、

---

① 中国信息通信研究院. 2017. 中国数字经济发展白皮书(2017)[R/OL]. (2017.07.13) [2020.04.03]. http://www.199it.com/archives/612927.html.

智能产品、智能计算、软件资源、平台和服务体系。随着全社会对数字化建设、5G技术、移动设备、智能硬件和物联网等相关产品的需求不断增加，数字化产业呈现急剧增长的发展态势。

产业数字化。产业数字化是指在各个产业（如制造业、服务业、农业、创意产业等）与数字技术和解决方案的深度融合和相互嵌入，在企业、上下游供应链、端到端价值链和企业生态的不同范围内实现数字化，以增强产业内企业的数字连接、数字增值、资源整合、智能分析和资源配置的水平，实现降本提效、拓展市场的经营目标。根据《中国数字经济发展白皮书（2017）》，产业数字化也称为数字经济融合部分，指传统产业由于应用数字技术所带来的生产数量和生产效率的提升，其新增产出构成数字经济的重要组成部分[①]。在产业数字化框架内，会出现消费互联网、工业互联网、行业互联网（如金融业、建筑业）、专业互联网（如法律、医疗平台网络）等。2016年，服务业中数字经济占产业比例平均值为29.6%，工业中数字经济占产业比例平均值为17%，农业中数字经济占产业比例平均值为6.2%[②]。总体来说，这些产业的数字化水平仍然较低，未来随着企业和机构进一步加大对数字化转型的投入，将给产业数字化带来巨大的增长空间。

社会数字化。除了数字产业化和产业数字化，纵横捭阖的跨部门、跨行业、跨地域和跨国家的数字化连接，会带来一系列的治理创新、模式创新和结构创新。在数字化连接的体系框架内，社会各要素的交互、运营和管理变得更加便捷、更加透明。因此，我们所提出的社会数字化具体是指数字化技术的泛社会化应用，涉及政府、企业、教育、医疗、交通科技等社会公共服务体系和社会组织，通过建设智慧城市、城市大脑等管理平台，打破政府管

[①] 中国信息通信研究院. 2017. 中国数字经济发展白皮书（2017）[R/OL]. (2017.07.13) [2020.04.03]. http://www.199it.com/archives/612927.html.

[②] 同上。

理的信息"孤岛"和部门"烟囱",利用数字化技术建设高效的公共服务平台和体系,实现公民服务和社会治理的透明化和高效率。社会数字化的一个重要成果是实现了行业、区域间的跨界融合,部门、行业、地域障碍被逐渐消除,跨界协作和协同得以实现。社会数字化的最终目标是建设以人为本的数字化综合服务体系,支持社会的高质量发展,并用匹配性、体验性、精准性、灵活性和预判性作为衡量高质量的重要标准。

由这三大体系组合而成的数字经济体系,一方面通过数字技术赋能,逐步改善传统产业盲目决策、运营管理成本高、供应链"牛鞭效应"严重、价值链效率低下、对市场变化响应速度慢、难以精准把握消费者需求等痛点问题;另一方面,数字化产业在为传统产业赋能的同时,不断通过新的场景来提升自身的技术创新能力,数字化产业的规模和深度亦随之扩大和深化。社会数字化体系中的跨界融合为整体提升全要素社会生产率、实现有效的社会治理与管理创新、促进商业模式和社会公共服务体系创新提供了难得的机会和广阔的前景,使中国在数字经济时代,有可能通过解决自身的难点问题为其他国家提供一个参考案例和样本。

总而言之,数字经济将主要围绕个人、企业、产业、社会等多层面开展和扩散。在个人层面,人们通过使用计算机、智能终端设备,在生活、工作、社交、学习等多维度演绎数字化生存方式。在企业层面,数字化技术给企业的竞争策略、价值主张、客户关系、生产制造、人力资源和运营管理等方面带来了改变,企业需要在决策制定、数据存储、数据开发、数据资产等方面采取适应性调整。在产业层面,数字经济对企业间的合作网络、产业结构等方面产生了影响。在社会层面,数字化技术对劳动力雇佣、社会生产力、消费者剩余等方面产生了作用。数字经济发展的积极影响包括了专业技术员工雇佣的增加、生产力的提升与消费者剩余的增加;而同时,数字化创新对劳动力雇佣提出了新的挑战,如数字化技术比人工"性价比"更高、犯的错误更少，因此会不断替代人工劳动力，对就业问题产生冲击。

数字经济结构的形成将对我国经济转型和国际竞争力带来五个方面的影响：

全要素生产率的提升。全要素生产率是指所有资源的开发利用效率，等同于一定时间内国民经济总产出与要素总投入的比值。全要素生产率增长率并非是指所有要素的生产率增长，而是指经济增长中不能归因于有形生产要素的增长，只能用来衡量有形生产要素以外的纯技术进步或是资源配置效率提升而引致的生产率增长。因此，全要素生产率增长率是指当全部生产要素（包括资本、劳动、土地等）的投入量都不变时，生产量仍能增加的部分。一般认为，全要素生产率有三个来源，分别是效率改善（如宏观上国家体制和政策的优化，以及微观上企业科学化管理水平的提升），技术进步（各种科学技术的发展与应用），以及规模效应（通过增大规模带来的经济效益提高）[①]。全要素生产率的增长率常常被视为科技进步的重要指标，它的来源包括技术进步与应用、组织创新、专业化和生产创新等。作为宏观经济学中的一个重要概念，全要素生产率的提升既是分析经济增长源泉的重要工具，也是政府制定长期可持续增长政策的重要依据。

新一代信息与通信技术的进步与应用，对在社会—经济层面提升经济和社会要素的连接、交互、整合和协同具有重要战略意义。随之而来的数字资产的积累、异构数据的整合、网络平台的商业模式创新、基于人工智能的人机互动和动态分析预测及决策支持、需求驱动的供给侧匹配、基于场景的服务与创新等，都有助于宏观、中观和微观层面通过网络空间的数字化管理与创新，优化实体空间有形资产的使用、配置和协作，逐步做到供需匹配、高效协同、智能精准、透明公正、绿色环保等。这对推动和赋能各个行业的

---

① 刘俏. 2019. 中国经济面临的七个长期挑战[EB/OL]. [2020.04.03]. http://www.gsm.pku.edu.cn/thought_leadership/info/1007/1251.htm.

（特别是传统行业）、跨行业的（如金融与实体经济、互联网企业与制造业、医疗、交通、教育、公益等）、社会的数字化融合与创新，具有重要意义。它从更大范围、更深程度上，以更快速度实现了数据驱动的管理创新与价值创造。

社会—经济结构的改变。 随着5G及其他传感技术的发展和应用，除了数字原生企业，工业互联网、产业互联网和专业互联网将获得巨大的发展空间，进一步促进人与人之间、人与物之间、物与物之间、人与物与过程之间的互联互通，大大降低在微观（组织）、中观（地区之间、企业集团、政府部门、产业之间）和宏观（跨部门、跨地区、跨组织、跨产业）层面的连接、沟通、协同与配置的搜索成本、交易成本和信用成本，提高整个社会经济资源的整合速度、规模和效率，并以此为基础改善人们的生活、工作体验和效率，缩小城市之间、城乡之间的数字鸿沟，提高数字包容性，从而在更广和更深的层面提升整个国家的综合实力和竞争力。

数据资产化和新资源价值的开发。 在中国经济结构转型的关键阶段，土地、劳动力、自然资源、资本等资源红利已经被透支，万物互联所汇聚的数字化资源将成为新的战略资源。在这个过程中，实物资产的数字化，交易过程的数字化，数字资产的管理、整合、开发与利用，数字资产的资本化与价值变现，是一个巨大的资源宝库。考虑到中国市场的人口密度和交易密度，实现数据资产化和新资源的价值创新，将是助力中国经济转型升级的重要抓手。

平台集成与创新模式的涌现。 中国已经出现了阿里巴巴、腾讯、京东、滴滴等以互联网平台为核心的电商、社交网络、出行服务企业，它们在掌握大量客户数据的基础上，进一步多元化，扩展至物流、金融、交通、医疗、制造等传统领域。在这一趋势背后，是大数据整合、云计算应用、人工智能分析的支持，这种异构资源的整合能力是企业商业模式创新的基础。同时，

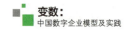

在制造行业，智能工厂、数字工厂、智能供应链的建设，也会进一步整合供应链金融、物流、消费者等资源。在网络空间的数字化资源之间、网络空间与实体空间之间，各类型资源都有整合、融合的机会，这为商业模式的重构和创新提供了无限的可能。

智能决策能力的升级。人的智能是创造力的源泉，人工智能与人机交互不仅大大拓展了人的智能，而且同时，基于大数据的机器学习、深度学习，使人类可以做出超过常人智力的认知、洞察、预判与关联分析，并在此基础上构筑智慧大脑、智慧企业、智慧供应链、智慧政府和城市等新的生态，这对社会文明来说是一个重要的推动力。

资源配置更加精准与供需关系的进一步改善。数字经济的最终目的，是通过推动和赋能各行业、跨行业和全社会的数字化融合与创新，达到供需匹配、高效协同、智能精准、透明公正和绿色环保，其核心是改善人们的生活环境，节俭而高效地利用地球资源，促进社会繁荣和共同发展。

1.4 数字原生企业的快速崛起

数字原生企业（digital native enterprise，DNE）也称为互联网企业，是由IDC提出的一个概念。数字原生企业有七个关键特征：一是其业务以互联网为核心平台（如谷歌、亚马逊、阿里巴巴、京东、百度等），并依存这个平台生存和发展；二是快速扩大业务规模，数字原生企业在资本的支持下，将获客数量和规模作为核心发展战略，因此获得比传统企业高得多的发展速度和规模；三是始终以客户为核心，将客户的需求、体验和忠诚度作为企业最重要的核心竞争力；四是勇于承担风险进行探索和创新，企业不断试错迭代、持续推出新的服务；五是将高科技人才、信息基础设施、技术体系、数据资产和算法作为企业的战略资产，持续开发、优化上述资产；六是重视商业生态的拓展及维护，将生态系统开发、平台整合能力和核心IP视为同等重要的能力，通过不断整合外部资源，提供新的产品和服务，确保客户的多元需求得到满足，增强客户的黏性和忠诚度；七是将网络空间海量数据的分析处理、异构数据的整合、分析与决策支持能力和人工智能技术的应用作为组织的关键知识。

数字原生企业的核心竞争战略和方法包括：

成为各类客户流量入口的"守门人"。我们看到这类企业在做战略投资和布局时，通过购入多种流量入口，为终端用户提供购物、外卖、交通出行、娱乐等全方位的数字服务。当公司在不同领域拥有多个平台，即可通过用户数据链接平台，通过组合来自多个用户的数据平台，提高交叉销售和综合服务水平，同时，数字平台运营商始终将自己视为终端用户不可或缺的"守门人"。

将客户注意力作为战略资产。无论是流量经济还是粉丝经济，数字原生企业的核心目标就是要尽可能快、尽可能深度地聚合消费者的注意力，从微信的朋友圈、今日头条的定制新闻到抖音的搞笑视频，企业背后的战略目的都是要聚合消费者的注意力。聚合消费者注意力的数字原生企业通常有三种商业模式：一是最终用户为服务付费的订阅模式（如视频网站的会员制）；二是终端用户通过广告（如视频网站非会员需观看广告）获得间接收入；三是将内容或应用程序提供给终端用户（如应用程序商店）。

快速形成网络效应。这些基于平台的商业模式的共同特点是它们都是基于网络效应的，当一个平台对消费者的吸引力增加时，其网络效应就直接或间接地显现出来；直接的网络效应就是随着消费者总数增加，平台对消费者吸引力也越大；间接的网络效应是当一个平台变得更有吸引力时，服务和内容提供者的数量也会快速增加。企业一旦获得了网络效应，就很容易形成

"赢者通吃"的局面，当这个平台形成规模并稳定时，网络效应会使得竞争者越来越难以挑战该平台的地位。

重视先发优势。先发优势可以产生巨大的竞争差异，数字原生企业期待通过先发优势占领消费者的心智空间，其品牌建设过程与消费者体验紧密相关。不管使用何种商业模式，许多在线业务都依赖于吸引终端用户的注意力。因此，它们相互竞争，争夺用户。在网络商业模式的营销组合中，价格的地位并不是那么明显，因为向终端用户（直接）收取费用并不总是有利可图的。通过向广告商出售受众访问权（如谷歌所做的）或同时出售服务，通常可以获得更多收益。

创新成为常态、冒险成为必然。与传统企业的渐进式创新不同，数字原生企业深知激进式创新的重要性。作为一个全新的商业形态，它们没有现成的模式和路径可以复制。尽管一些领先者占据了"守门人"的位置，但"守门人"的高额利润会吸引更多的竞争者进入这一领域，通过更快速的创新迭代、更精准的市场定位，挑战"守门人"的市场地位。因此，创新理念与方法是数字原生企业生存与发展的第一准则，而复制和模仿者在商业模式上很难获得成功。新进入者必须寻找消费者偏好差异进行探索（如拼多多对阿里巴巴），发现"守门人"忽视的市场，绕过"守门人"的防线。

掌握挖掘数据资产的核心技术和标准。由于数据的战略价值极其重要，很多数字原生企业不愿分享其数据资产，以此来锁定各自的消费者，导致不同大型平台彼此之间的互操作性较低；互操作性低会造成进入壁垒高，"守门人"一方面控制核心技术，另一方面通过建立标准以维护自身所处生态的内在关联。因此，政府需要在数字化治理、数字安全、数据共享、隐私保护等公共利益和产品上发挥重要作用。

快速打造数字化生态。数字原生企业非常重视生态建设，利用资本途径进行产业布局，通过差异化的资源组合，为自身的安全与发展打造多元的生态体系。在生态建设策略上，这些企业的策略各不相同。比如，阿里巴巴采取紧耦合的投资策略，也就是重金投入并与自身业务深度整合，在投资的选择上更倾向于"买流量"。阿里的电商业务一直是其主要的收入来源，如数字媒体和娱乐、云计算等分支都是围绕电商业务通过全资收购或控股企业所得，主要的目的依然是为电商业务提供更好的支持以获得更多流量。腾讯则采取松耦合的策略广泛布局，因为腾讯最不缺少的是流量，而缺少的是电商、短视频等基因，因此在投资选择上更加开放。来自创业者的好项目、好产品甚至好创意，腾讯都可以跟进资本，从而进行流量补贴，帮助创业者更好、更快地壮大自己、抢占市场。腾讯的投资行业涉猎广泛，文化娱乐、游戏、企业服务、汽车交通、医疗健康、社交网络、本地生活、金融、硬件、教育等热门行业均有腾讯的身影。

1.5 工业互联网的发展前景

对于制造业和其他传统行业来说，随着5G技术的应用所带来的信息基础设施的进一步改善，工业互联网（包括行业互联网和专业互联网）将成为数字经济的新的增长点。工业互联网整合了工业革命与网络革命两大优势，即将工业革命成果及其带来的机器、机组和物理网络与近年发展迅速的互联网革命带来的智能设备、智能网络和智能决策融合到一起。工业互联网主要包含三种关键元素：智能机器、高级分析和工作人员。智能机器是现实世界中的机器、设备、团队和网络通过先进的传感器、控制器和软件应用程序，以崭新的方式连接起来形成的集成系统。高级分析是使用基于物理的分析法、预测算法、关键学科的专业知识，来理解机器和大型系统运作方式的一种方法。各种工作场所人员之间的实时连接，则能够为更加智能的设计、操作、维护及高质量的服务提供支持与安全保障。工业互联网将提升工业系统各层面的运转表现，提高资产可靠性，改善机组以及工业网络的运行效率，从而为商业和全球经济带来巨大的效益。[1] 工业互联网是新一代信息通信技术与工业经济深度融合的全新工业生态、关键基础设施和新型应用模式，通过人、机、物的全面互联，实现全要素、全产业链、全价值链的全面连接，它将推动形成全新的工业生产制造和服务体系。[2]

工业互联网的核心特征有五个方面：一是生产过程的信息化，重点在于连接生产、资源和管理过程。通过企业资源计划（ERP）、制造执行系统（MES）等系列化信息系统的应用，采集整个生产、资源和管理过程的数据并进行分析。二是生产装备的数字化。通过部署工业互联网，在装备上布置传感器，对装备加工、运行数据进行建模分析并根据工况进行优化，有效提高装备运行的稳定性并提升加工精度。三是供应链的集成化。企业内外部价值网络中的信息在网络空间大范围集成和交换，打破了局部物理对象之间的屏障，消除了企业内外的信息孤岛，使资源集成的速度、广度和深度大幅提升[3]。四是管理决策的智能化。企业在从生产过程、生产设备和供应链采集的大量数据的基础上，利用数据分析工具和算法，对生产设备和生产过程的差异性进行对比和相似性分析，生成可视化的决策支持信息，帮助管理人员做出正确、可靠的决策。智能分析和决策能力是实现智能制造的核心，在整个制造服务流程中形成"主脑"，像人类大脑一样全面接收内外部信息并产生"自我意识"，全面了解生产和管理的实际情况，并做出准确的判断。

---

[1] 延建林, 孔德婧. 2015. 解析"工业互联网"与"工业4.0"及其对中国制造业发展的启示[J]. 中国工程科学, 7: 151-153.

[2] 董菁. 2019. 专访余晓晖：大力推进工业互联网建设，赋能制造业转型升级[EB/OL]. (2019.03.10) [2020.04.03]. http://industry.people.com.cn/n1/2019/0310/c413883-30967422-2.html.

[3] 戴亦舒, 叶丽莎, 董小英, 胡燕妮. 2018. CPS与未来制造业的发展：中德美政策与能力构建的比较研究[J]. 中国软科学, 2: 11-20.

构建智能决策能力需要考虑三个因素：研发先进的智能分析技术（如机器学习、用户建模、智慧决策等）；将知识资源可视化处理；通过开发移动端的应用软件等手段保障专家与知识资源交互的便捷。五是端到端价值链的柔性、敏捷、绿色和高效。工业互联网通过平台和内在系统互联、整合数据，能够根据市场需求的变化快速调整方向、频率，精准地配置资源，满足市场动态变化和个性化定制的需求。

与数字原生企业相比，工业互联网有五个方面的不同：

以人为核心和以产品为核心。数字原生企业的连接对象主要是人，以人们的衣食住行、社交、消费物流、支付等为核心应用场景，客户的数量和多样性、平台的使用频率、对平台的依赖度是平台企业的核心竞争力。而工业互联网需要连接人、机、物、系统等，以产品为核心，工业互联网企业需要集成的供应链具有相当的深度和广度，场景非常复杂。传统互联网应用门槛低，发展模式的可复制性强，并且投资回收期短，容易获得社会资本的支持。而工业互联网应用专业化、行业标准多，难以找到普适性的发展模式，制造企业在产业推进中发挥至关重要的作用。另外，工业互联网资产专用性强，投资回报周期长，难以吸引社会资本投入[1]。

通用与专业。消费互联网尽管面向十多亿网民，但很多需求是通用的，如电商、物流，产品和服务体系可以标准化。而工业互联网、行业互联网因行业不同、产品不同、上下游结构不同、客户需求不同，需要具有多年积累形成的知识体系，专业技能和工艺（know-how）也非常重要，因此，进入的壁垒高、难度大。我们难以用数字原生企业的发展方式做工业互联网，资本可以助力，但却不是核心要素[2]。

---

[1] 董菁. 2019. 专访余晓晖：大力推进工业互联网建设，赋能制造业转型升级[EB/OL]. (2019.03.10) [2020.04.03]. http://industry.people.com.cn/n1/2019/0310/c413883-30967422-2.html.

[2] 邬贺铨. 2019. 工业互联网为什么企业看不清、摸不着[EB/OL]. (2019.02.21) [2020.04.03]. https://finance.sina.com.cn/roll/2019-02-21/doc-ihqfskcp7386714.shtml.

连接海量C端与整合复杂B端。对于数字原生企业来说，通过平台连接与整合既有资源是发展的重要策略，只要客户下载一个App，就可以使用企业的服务，连接C端的路径短、方便容易。但工业互联网的应用需要实现过程、产品、资源、供应链、客户的整体连接，系统复杂度高，数字异构性强，连接难度大。同时，工业互联网平台要连接不同的利益相关者，涉及治理、数据共享、利益分配、网络安全、商业秘密、企业关系等多种问题，管理的复杂程度高。同时，工业互联网的网络安全更为重要，网络必须具有更低时延、更强可靠性和安全性，以满足工业生产的需要。

外在拓展与内在协同。在发展战略和发展目标上，数字原生企业和工业互联网企业是不同的。数字原生企业的核心目标是获客、获取消费者消费入口、打造生态、进入与核心业务紧密关联的领域。而工业互联网应用场景和核心目标主要是四个：一是智能化生产，通过部署工业互联网综合解决方案，实现对关键设备、生产过程、工厂等的全方位智能管控与决策优化，提升生产效率，降低生产成本。二是网络化协同，通过工业互联网整合分布于全球的设计、生产、供应链和销售资源等，形成协同设计、众包众创、协同制造等一系列新模式、新业态，能够大幅降低产品研发制造成本、缩短产品上市周期。三是规模化定制，基于工业互联网精准获取用户需求，通过灵活的组织设计、制造资源与生产流程，实现低成本条件下的大规模定制。四是服务化延伸，依托工业互联网对产品的运行状态进行实时监测，并为用户提供远程维护、故障预测、性能优化等一系列增值服务，推动企业实现服务化转型。

市场消费群与工业航母群。数字原生企业与工业互联网企业对经济结构的战略意义是不同的：前者与消费者的衣食住行密切相关，提高了人们生活的便利性和整体效率，带来了生活、学习、工作方式的巨大改变，人们能够普遍感知和体验到这些服务的价值；数字原生企业品牌的可见度、可感知度很高，特别是对于像中国这样人口基数大、密度高的国家来说，这类企业的市场空间巨大，受到资本的青睐。而工业互联网企业宛如深海静流，表面上波澜不惊，但内在变革与转型背负着厚重的历史遗产和负担，价值链与数字资源的整合充满各种阻力与困难。但是，作为国家基础工业与战略产业的基石，工业互联网对工业和其他产业、对国家的综合竞争力却具有深远的战略意义。

第 2 章

数字企业模型

2.1 数字企业模型[①]简介

数字企业模型以战略驱动的数字化转型为核心目标，以数字化转型中关键要素、领域为重点，以数字化转型的演进路径为主体逻辑，共由5个主概念层和11个子要素构成，如图2.1所示。5个核心概念层分别是战略层、资源层、能力层、资产层和结果层。在这5个核心概念层内，共提出了11个要素，战略层以数字化战略为要素；资源层以数字化技术和数字化人才为要素；能力层以数字化生产、数字化运营、数字化营销、数字化决策、数字化创新、数字化生态为要素；资产层以数字化资产为要素；结果层以数字化绩效为要素。目的是从组织战略、人、技术、过程、资产、结果等不同维度，立体呈现企业数字化转型需要关注的问题和进程。对于上述11个要素，研究团队通过三轮"问卷开发设计——数据调研——统计分析——问卷修订"的过程，进一步细化指标体系设定，据此衡量每个要素的内容和执行情况，从而期待以量化的方式衡量企业数字化的现状与水平，调研结果将在后续11章内容中分别呈现。

[①] 该模型的提出基于作者研究团队近三十年的研究积累，对大量国内外学术研究文献的阅读整理，对国内外咨询公司提出的相关模型的搜集整理，对97家企业进行的走访调研结果，与企业CIO进行的深度交谈，以及问卷调研（经历了三轮统计验证与修订）。

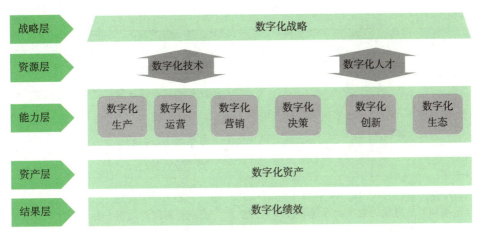

图2.1　数字企业模型

数字企业模型的指标体系包括一级指标（11个）和二级指标（44个），如表2.1所示。一级指标即实现数字企业整体目标所不可或缺的11个维度或领域；二级指标是为了确保一级指标有效而分解出的一些关键成功要素（或高优先级目标）。

表2.1　数字企业模型指标体系

一级指标	二级指标（战略目标或关键成功）
数字化战略 是指通过利用新一代信息技术，实现组织内外部的流程、交互、结构和关系数字化的过程，包括设备的数字化、生产的数字化、产品的数字化、流程的数字化、资产的数字化、管理决策的数字化和消费者交互等业务的几乎所有环节	数字化战略的动力
	数字化战略的定位、重点与目标
	数字化战略与领导人的作用
	数字化战略的资源配置
数字化技术 是为了进行数字化转型与创新，组织必须接纳、采用和精通的新一代信息与通信技术，目前主要包括云计算、大数据、物联网、人工智能、移动互联网、区块链等	把握数字化技术的特征
	接纳、采用和精通数字化技术
	数字化技术的影响
	建设企业技术中台
数字化人才 是指具有数字化思维和能力（知识、专业技能、行为技能），取得相关资格与认证，拥有相应的专业和行业经验，并能交付特定成果的人	构建敏捷的组织
	形成有竞争力的数字化人才核心能力
	识别和发展所需的数字化人才
	推进人机高效协同

续表

一级指标	二级指标（战略目标或关键成功）
数字化生产 是指将新一代数字化技术嵌入设计、生产、制造、服务的全过程	明确数字化生产的战略目标
	信息系统集成是数字化工厂的基础
	建设数字化工厂
	打造数字双胞胎
	实现智能制造
数字化运营 是指利用信息化、数字化系统和技术支持生产运营全过程	重塑企业文化
	打造更敏捷的组织形态
	搭建高效的信息系统平台
数字化营销 是指由数字化技术辅助的、为消费者及其他利益相关者创造、沟通和创造价值的活动、机构和过程	识别用户
	覆盖与触达用户
	建立持续交易基础
	实现交易与回报
数字化决策 是指企业利用大数据，并采取有效、智能的分析方法，构建精细化的数据管理看板、全员数据赋能系统和全方位的数据决策支持，更好地理解和预测生产过程和客户行为	企业决策支持体系与要素
	大数据的来源、类型及其处理
	智能决策支持系统
	基于大数据的决策支持能力
数字化创新 是指由数字化技术驱动或嵌入的创新，涉及产品和服务的创新、业务流程创新与商业模式创新	创新方式
	增强式数字化创新
	颠覆式数字化创新
	数字化创新要素
数字化生态 是指跨组织的系统，由不同组织共同推动数字技术商业价值的实现，并将价值传递给消费者的网络	驱动广泛的跨界联系
	形成相对稳定的价值创造逻辑
	构建生态运营平台
	实现资源动态重组
数字化资产 是指由企业拥有或控制的、任何以数字化形式存在的或由数字化方式生成的或当转化为数字化形式时预期会给企业带来经济利益的资料	探寻丰富可用的数字化资源
	提供优质安全的数字化资产
	挖掘数字化资产潜在的价值
	创造更多的直接和间接收益

续表

一级指标	二级指标（战略目标或关键成功）
数字化绩效 是指通过数字化转型获得财务绩效的改善，以及非财务的改善目标类的引领指标的改善	达成对外财务绩效目标
	提升客户口碑
	提高核心业务流程效率
	打造企业长期发展与提升的环境

数字企业是指企业高层领导人通过制定数字化战略，充分利用云计算、大数据、物联网、移动互联网、人工智能等新一代信息技术带来的商业创新机会，持续赋能和优化业务流程，连接消费者、员工、合作伙伴、产品设备和服务，积累和开发大数据资产，打造动态、透明、高效、敏捷、精准、供需匹配的运营体系，创新商业模式和推动组织变革，获得在互联网和数字化时代竞争优势的过程。

对传统行业来说，数字企业基于工业软件和自动化的一体化、通信网络的扩大和安全体系建设，逐步实现业务流程和供应链的数字化集成和价值链运营体系数据的可视化，通过动态收集和评估数据，对生产和服务进行监督和改善，不断吸纳消费者意见对体系进行调整，对异常情况及时预判，甚至在不停机和不间断工作的情况下对设备进行维护。

从过程上讲，数字企业的建设内容包括设备的数字化、产品/服务数字化、过程数字化、资产数字化和交互数字化；通过利用数字资产的量化、整合、分享、应用中的高速度、大范围、低成本、可视化、可挖掘、精准性等特性，构建成为跨行业、跨边界、跨文化的数字神经网络，通过人工智能技术赋能人的分析、判断与决策能力。

数字企业是一个动态概念，随着信息技术的持续创新迭代，数字化技术不断与企业业务体系向更深度融合，通过技术的独特价值支持或引领企业业务的发展和增长，以新的方式和手段提升消费者体验和满意度，通过数字化资产的积累与开发增加企业的价值。

数字企业是智力资本密集型的轻资产公司，其智力资本（包括人力资本、市场资本、数字资本、研发资本与智能资本）是其核心资产，智力资本的开发、再生与创造是数字企业可持续发展的基础，这类企业高度关注运营模式的精简、敏捷和灵活，重视研发在推动其增长中的关键作用。在全球市值最高的企业中，数字企业的比例最大。比如，美国的谷歌、亚马逊、苹果，中国的阿里巴巴、腾讯、京东等数字原生企业，都是市场价值比较高的企业。根据麦肯锡的调查，数字化制造企业（如苹果、高通、华为、小米等）的收益率比固定资产密集型企业高5—8倍。

数字企业的建设既受到外部环境的竞争压力，也受到国家数字经济战略与企业发展需求的牵引，数字化转型正在改变企业和整个产业的运行规律。在数字化转型的过程中，大量数字原生企业正在"围攻"已有的大型成功企业，它们在对传统的市场规则和边界发起冲击，这些企业凭借更加密集的资本投资，更强有力的客户关系、更加敏捷的运营体系和强有力的品牌，获得了更广泛的能力，甚至突破了存在几十年的运营机制。大量独角兽企业的涌现就是一个最明显的特征。

2.2 数字企业关键概念解读

数字化战略。数字化战略是指组织最高领导层对数字化技术的商业价值及其对业务影响的评估和判断。这种判断决定了企业在数字化转型中的战略选择。在实践中，数字化战略是指企业在互联网平台上，通过利用新一代信息技术（如云计算、大数据、物联网、移动互联网、人工智能等），实现组织内外部的流程、交互、结构和关系数字化的过程，包括设备的数字化、生产的数字化、产品的数字化、流程的数字化、资产的数字化、管理决策的数字化和消费者交互等业务的几乎所有环节。实行数字化战略的企业特别关注数字化技术对客户、消费者、竞争对手（现任和潜在）、合作伙伴、数字原生企业和政府政策的影响，重视用数字化技术构建企业的新能力和新优势，期待数字化技术帮助企业打造服务客户、数据驱动的价值创造以及组织生态交互能力，提升其在行业、市场和竞争环境中的地位和优势。

数字化技术。数字化技术包括：（1）云计算，即通过互联网提供各类信息基础设施服务（如存储空间、计算能力和应用软件等）；（2）大数据，即从不同渠道搜集结构化和非结构化数据并对其进行分析、评估和利用，为优化公司战略和业务流程提供决策帮助；（3）物联网，即连接设备、物体、整个工厂的数字网络；（4）人工智能，即有能力独立运算或自我改善的计算机系统和软件程序，如自学习软件、机器学习等；（5）移动互联网，是将移动通信和互联网二者结合起来，是互联网的技术、平台、商业模式和应用与移动通信技术结合并实践的活动总称；（6）区块链，是指分布式、共享的数据库，内含不断增长的交易数据，这些数据无法被修改，区块链的主要目标是改善信用管理、提高预测能力、改善市场相关利益者交易的透明度。

数字化人才。数字化人才是指具有数字化思维和能力（知识、专业技能、行为技能），取得相关资格与认证，拥有相应的专业和行业经验，并能交付特定成果的人。数字企业需要开放、消除边界、生态化、柔性化、"小团队+大中台"，以及敏捷的企业组织形态和架构；调整岗位角色和员工队伍结构，并重塑员工能力；识别和发展大量数字人才；同时，智能设备、智能系统及流程自动化等正在成为数字企业新的"数字员工"，人机协同将重构未来的工作。

数字化生产。数字化生产是指将新一代数字化技术嵌入设计、生产、制造、服务的全过程。在组织内部，数字化生产与数字双胞胎、网络—实体系统（cyber-phsical system，CPS）、数字化工厂、智能制造等概念密切相关，生产设备、生产过程、所需资源、产品通过数字化连接、数据分析、网络集成和智能分析[①]技术，能够被协同地控制、监管和优化。在组织外部，由于数字化技术更深度地将供应商、合作伙伴和消费者紧密地联系在一起，形成了企业间网络、智能工厂网络，增强了复杂生产系统之间的彼此互联、实体工厂与数字化网络的互联，进一步增强了个性化产品和同步生产的灵活性和效率[②]，因此，数字化生产又与工业互联网、工业4.0等概念密切相关，是制造企业纵向集成、端对端集成和横向集成的关键基础。

数字化运营。传统的运营体系包括产品与服务的开发、采购、生产、制造、物流仓储、分销、交付、提供和销售的所有环节。数字化运营则指利用信息化、数字化系统和技术支持生产运营全过程。IDC的一份报告将数字化运营定义为"数字化技术的场景化应用"[③]。在本章中，为避免与其他章节内容交叉重合，我们将运营的范围缩小为数字化技术对企业内部职能部门的智能支持与管控。

数字化营销。数字化营销可以看作由数字化技术辅助的、为消费者及其他利益相关者创造、沟通和创造价值的活动、机构和过程。

数字化决策。由于大数据的海量、快速和多样性，数据成为支持企业客观衡量生产过程和消费者行为的关键资源。大数据的特征使其超过了过去关系数据库的功能，一批新的技术、平台和方法应运而生。大数据的数据源相对较新、数据量大、数据结构不同，企业需要采取更有效、更智能的分析方

[①] LEE E A. 2018. Cyber Physical Systems: Design challenges[C]. // 2008 11th IEEE International Symposium on Object and Component-Oriented Real-Time Distributed Computing (ISORC). France: IEEE PRESS: 363-369.

[②] Hessman. 2013. The dawn of the smart factory[J]. Industry Week, 14: 14–19.

[③] IDC. 2018. 数字经济，创新引领——2018中国企业数字化发展报告. [R/OL]. (2018.07.25) [2020.03.02]. https://sq.163yun.com/blog/article/180499581314621440.

法，通过异构计算、知识计算、社会计算、可视化等方法，构建精细化的数据管理看板、全员数据赋能系统和全方位的数据决策支持，更好地理解和预测生产过程和客户行为，从而真正实现科学化决策[1]。

数字化创新。数字化创新是指由数字化技术驱动或嵌入的创新，涉及产品和服务的创新、业务流程创新与商业模式创新[2]。产品和服务的数字化创新是指将数字化技术嵌入和应用在产品和服务中，使产品和服务具有数字化技术的属性（如智能手机、智能跑鞋等）；业务流程的数字化创新是指将数字化技术嵌入和应用在组织运作流程中，改变组织的生产过程、决策过程、交易过程、客户交互过程等；商业模式的数字化创新是指数字化技术的使用产生了新的价值创造方式。从组织层面来看，一个组织可能会出现多种数字化创新[3]。

数字化生态。数字化生态是指跨组织的系统，由不同组织共同推动数字技术商业价值的实现，并将价值传递给消费者的网络。在这个网络中，一群经济参与者通过彼此协作向终端用户交付价值，每个参与者对网络的成功或失败承担一定责任[4]。数字化生态是企业生态系统的数字化呈现。企业生态系统超越了传统价值链、生产链、管理链、资金链、运营理念和商业模式，是供应商、经销商、外包服务公司、融资机构、关键技术提供商、互补和替代产品制造商、客户和监管机构与媒体等企业利益相关者共生、互信、互补、共赢的经济社会共同体。

---

[1] Watson H J, Marjanovic O. 2013. Big data: The fourth data management generation[J]. Business Intelligence Journal, 3: 4-8.

[2] Fichman R G, Dos Santos B L, Zheng Z. 2014. Digital innovation as a fundamental and powerful concept in the information systems curribulum[J]. MIS Quarterly, 38(2): 329-353.

[3] Nambisan S, et al. 2017. Digital innovation management: Reinventing innovation management research in a digital world[J]. MIS Quarterly, 41(1):223-238.

[4] Pagani M. 2013. Digital business strategy and value creation: Framing the dynamic cycle of control points[J]. MIS Quarterly, 37(2):617-632.

数字化资产。数字化资产是指由企业拥有或控制的，任何以数字化形式存在的或由数字化方式生成的或当转化为数字化形式时预期会给企业带来经济利益的资料。相比数据资产，数字化资产是一个外延更大、包容性更强的概念。数据资产的对象是数据，而数字化资产的对象包括数据（数字化形式存在）和能够通过技术手段转化为数字化形式（数据）的一切资源，比如一篇杂志文章、一张照片、一段录音或录像等。以一份合同为例，在通过光学字符识别等技术将纸质合同转化为半结构化或者结构的数据之后，就是转化好的、可利用的、有价值的数字化资产了。

数字化绩效。数字化绩效包括"多打粮食"和"提升土壤肥力"两个方面的指标达成情况，通过定义目标和适时衡量关键结果，引领团队朝着明确的方向前进，迈向成功。"多打粮食"即通过数字化转型获得组织期望的总体绩效结果，通常包括销售额、利润及数字化业务带来的销售及其增长率等财务绩效；"提升土壤肥力"方面的指标包括客户层面、内部运营和学习、创新与成长等非财务的改善目标类的引领指标，用于监控和引领企业的数字化转型、运营和创新的过程及投资，确保"土壤肥力"得到有效、持续的提升。其中，达到对外财务绩效目标，提升客户口碑，改善核心业务流程效率，以及创造助力成长和改善的环境等四大目标，是确保达成企业数字化绩效的关键。

在数字化转型中，我们发现数字化的价值主要体现在三个方面：一是数字技术对业务的牵引力，它直接影响企业在市场上的竞争力与竞争优势[①]。数字化对企业的牵引力与企业市值关系密切，很多独角兽企业的估值也是基于此关键指标。二是数字化技术对提高客户满意度的能力，当客户满意度高、

---

① 竞争力与竞争优势是两个不同的概念：竞争力是指企业与同类竞争对手相比所具有的能力水平；竞争优势是指企业在资源和能力层面所构建的差异化的情况。

净推荐值①提升时，企业市场营销成本可以大幅度降低。所以它有助于企业大幅度降低营销和服务成本，提升企业的毛利率和净利率。三是开发数字化产品并提供相应的服务，如企业通过生产数控机床、智能化可穿戴设备等，在完成产品销售后，可以通过数据采集、传输、分析、预判等活动，提供对设备的售后服务和精准维修服务，实现数字资产转化为价值的能力。数字技术对业务的牵引力表现在通过线上渠道扩大了企业的市场销售规模。提高客户满意度虽然是非财务指标，但是它对企业的可持续发展、客户的忠诚度、占据客户的心智空间具有重要意义。数字资产转化为价值更多的是从财务视角评价数字化转型的结果。在调研中，我们的提问范围就涉及以上这三个方面，比如数字化渠道销售额占比、数字化产品和服务销售额占比、数字化转型的绩效、数字化运营效率和企业数字化价值创造评估等。

2.3 普华永道工业4.0成熟度模型②

2016年，普华永道在全球举办的工业4.0调查是全球同类调查中规模最大的一次，共有来自9个主要工业部门和26个国家的2 000多人参与。这项研究探讨了公司将横向价值链和纵向价值链数字化集成的好处，以及怎样构建数字产品和服务的投资组合。该项研究将研究者和企业家团结起来。

在普华永道看来，企业在推进数字化转型时面临的最大问题是组织内部有大量信息孤岛存在，如何通过整体框架和方法论，提高数字化水平，对推进工业互联网或工业4.0建设都至关重要。因此，构建一个全面综合的工业

---

① 净推荐值（net promoter score, NPS），相当于口碑，是计量某个客户向他人推荐某企业或服务可能性的指数。

② Geissbauer R, Vedso J, Schrauf S. 2016. Industry 4.0: Building the digital enterprise[R/OL]. [2020.03.02]. https://www.pwc.nl/nl/assets/documents/industry-4-0-building-your-digital-enterprise-april-2016.pdf.

4.0成熟度水平模型，可以帮助企业了解自身所处的地位和优劣势，并以系统化和流程化的方式集成到整体的解决方案中。普华永道的工业4.0成熟度模型作为一个工具，目的在于帮助企业通过自我诊断实现数字化转型。该模型跨越了七个维度和四个阶段（见表2.2）。

表2.2　普华永道工业4.0成熟度模型

	数字化新手	纵向集成者	横向协作者	数字化冠军
数字化商业模式和客户入口	初始的数字化解决方案和孤立的、激励性的应用	以软件、网络（M2M）和数据作为关键区别的数字化产品和服务组合	与外部合作伙伴一起，打造以客户为核心的供应链，提供以客户为核心的解决方案	创新产品和服务组合的新商业模式典范
产品和服务的数字化	线上与线下渠道分隔，关注的是产品而不是客户	集成使用线上和线下渠道的多渠道销售系统；有效利用数据分析，例如个性化设置	与价值链的合作伙伴一起，为客户提供接触途径和交互方式，共享可集成的界面	基于客户关爱和客户关系管理系统，通过客户路径管理系统覆盖所有数字营销和销售渠道
横向和纵向价值链的数字化集成	部分数字化集成	集中推动内部数字化、标准化，整合内部流程和数据流；与外部伙伴存在有限集成	与客户和外部合作伙伴的流程和数据流的横向集成	通过自我优化的虚拟化流程，提供完全数字化、集成化的合作伙伴生态系统，这些合作伙伴具有核心能力，以分布式自组织方式存在，为它们提供接近实时访问的可拓展信息集
数据分析能力	主要基于半手动的数据提取；有选择地进行监控和数据处理；没有事件管理	分析能力基于核心商业智能系统；分隔的、未标准化的决策支持系统	整合内部和外部信息资源的核心商业智能系统，有一些预测性分析，有特定决策支持和事件管理系统	在智能数据库和自主学习算法支持下，使用预测分析进行实时优化和自动事件处理，实现影响分析和决策支持
IT结构的敏捷性	碎片化	企业内部同质的IT结构；连接不同的数据块	合作伙伴网络存在共同的IT结构；高性能架构中存在互联互通的单数据池	有外部数据集成功能的单数据池及灵活结构；合作伙伴服务总线，安全的数据交换

续表

	数字化新手	纵向集成者	横向协作者	数字化冠军
合规、安全、法律和税收	以传统架构为主，数字化不是重点	已意识到数字化带来的挑战，但并未全面阐述	防范、处理与合作伙伴的各种法律风险	以合规、安全、合法和税收为目标优化价值链
数字化文化	没有清晰的数字化文化	交叉的跨职能部门的协作，但不是结构化和持续的	鼓励跨越企业边界的文化融合，以及分享与协作	协作是关键的价值驱动因素

企业工业4.0成熟度的四个阶段分别是：数字化新手、纵向集成者、横向协作者和数字化冠军。在纵轴中，测量工业4.0成熟度的七个维度分别是：数字化商业模式和客户入口，产品和服务的数字化，横向和纵向价值链的数字化集成，数据分析能力，IT结构的敏捷性，合规、安全、法律和税收，以及数字化文化。

在数字化新手阶段，企业数字化刚刚起步，在数字化商业模式上，只有初始的数字化解决方案和一些孤立的、激励性的应用；产品和服务线上、线下渠道分隔，企业关注的是产品而不是客户；数字化新手对横向和纵向价值链只有部分数字化集成；数据分析能力主要基于半手动的数据提取；IT架构呈现碎片化的形式；合规、安全、法律和税收方面以传统架构为主，数字化不是重点；还没有形成清晰的数字化文化。

在纵向集成者阶段，企业集中推动内部的数字化和标准化，整合企业的内部流程和数据流，与外部合作伙伴存在有限集成。在产品和服务数字化方面，集成使用线上和线下渠道的多渠道销售系统；有效利用数据分析。开发企业内的核心商业智能（BI）系统，通过IT系统连接企业内部不同的数据块。合规、安全、法律和税收专家已经意识到了数字化带来的挑战，但并未对问题进行全面阐述。数字化文化萌芽体现在企业内部具有跨职能部门的协作。

在横向协作者阶段，企业重视与客户和外部合作伙伴的流程和数据流的横向集成。此外，横向协作者具备能整合内外部信息资源的核心商业智能（BI）系统，有一些预测性分析，有特定决策支持和事件管理系统。合规、安全、法律和税收专家在防范和处理与合作伙伴的各种法律风险。在数字化文化上，企业鼓励跨越企业边界的文化融合，以及分享与协作。

在数字化冠军阶段，企业在客户解决方案体系中建立了成熟的数字化产品和服务，采用多种渠道与客户互动，并将运营、技术和人才体系与客户解决方案体系无缝整合。数字化冠军是创新产品和服务组合的新商业模式典范，横向和纵向价值链完全数字化，通过整合客户解决方案体系创造价值。数字化冠军利用开放平台打破内外部界限，持续改善数字化产品和服务。他们具有超群的客户洞察力，依据客户需求提供定制化的解决方案，通过服务、软件、数据分析和合作伙伴网络扩展带来的附加价值优化传统产品。此外，数字化冠军通过整合运营、技术和人才体系为客户提供具有竞争力的端到端解决方案。先进的客户解决方案体系能为客户提供完整的数字化产品和服务，并在大多数情况下与成熟的合作伙伴网络进行合作。客户解决方案体系有合适的运营体系支撑，辅之以技术、人才和企业文化。借助自身及合作伙伴的核心优势，数字化冠军将上述体系融会贯通，清晰定义客户解决方案，并根据客户需求设定运营目标，驱动技术和人才体系的融合。通过此类融合，数字化冠军创造了"1+1>2"的效应，并将其转化为战略优势。数字化冠军凭借对客户解决方案体系（又称业务模式和客户价值层面）、运营体系（又称解决方案支撑和价值链效率层面）、技术体系和人才体系这四大业务生态体系的融会贯通，建立起独一无二的优势。在这个阶段，企业以合规、安全、合法和税收为目标优化价值链。大部分数字化冠军还拥有成熟的数字企业文化，协作是企业文化中关键的价值驱动因素。

在这个模型里，我们看到了工业4.0在横向与纵向价值链里呈现的众多机会。抓住这些机会，便有可能抓住下一个井喷式发展和增长的机会，这些机会涉及七个领域：新数字化商业模式、数字化工程、纵向集成、横向集成、智能维护/服务、数字化工作场所和数字化营销（见表2.3）。

表2.3 横向与纵向运营价值链与工业4.0发展逻辑

新数字化商业模式	数字化工程	纵向集成		横向集成	智能维护/服务	数字化工作场所	数字化营销
数字化硬件优化及运行时间保证	研发上的数字化协作	数字化生产协作控制	端到端的产品生命周期管理	集成端到端的计划和实时执行	预防性维护	电子金融/控制	数字化客户关系管理
							全渠道贸易
使用付费模型	数字化建模、模拟与仿真处理		数字化工厂	规范的价值链预测分析	集成的数字化工程	人力资源管理数字化	自助门户网站
平台全面管理模型			生产自动化	数字化采购		内部知识管理和共享	动态定价
大数据分析和可视化的绩效管理模型			制造执行系统	智能仓库和物流	虚拟现实/增强现实解决方案	敏捷的IT服务	个性化销售与营销服务
			先进的资产管理系统	智能零部件存货管理			电子支付

新数字化商业模式是指企业根据战略资源，结合市场状况与合作伙伴的利益诉求，设计新的商业运行模式和新的利润模型，包括价值创造方式、平台模式和跨界融合等。数字化工程是将复杂多变的信息转变为可以度量的数据，再建立起适当的数字化模型，把它们转变为一系列二进制代码，引入计算机进行统一处理。纵向集成是指垂直整合供应链体系上下游各个系统和数据。横向集成又称为水平集成，是指协调集成平行部门间的关系。横向集成的各部分之间具有相近的工作细化程度和密切的工作联系，物流集成就是典型的横向集成。智能维护则是基于云计算、大数据等核心技术，寻找和使用合适的IT解决方案来管理工业设备，确保其高效运转。软件系统可以对设备进行微调，确保其在正常误差范围内工作，帮助技术人员及时解决问题。智能服务是制造服务智能化的具体应用，结合服务设计虚实结合和数据的复杂性，利用工业大数据满足服务需求。数字化工作场所是指企业利用新技术和移动通信工具，打造一个旨在提高透明度、提高协同效率、提升员工敬业度、

提升团队生产力的线上工作环境。而数字化营销主要指利用网络、通信技术、交互媒体等实现企业或商家的营销目标。

新数字化商业模式包括（1）数字化硬件优化及运行时间保证；（2）使用付费模型；（3）平台全面管理模型；（4）大数据分析和可视化的绩效管理模型。

数字化工程涉及研发上的数字化协作、数字化建模、模拟与仿真处理的变革。

纵向集成。由于整个经济和生态环境发生了巨大变化，现在企业很多时候都力求做到端到端对接，催生了相关的管理需求，同时也需要建立数字化工厂，把端到端需求传达到工厂，通过生产自动化、制造执行系统及先进的资产管理系统，实现纵向的从市场需求、生产、配套、管理到资金的跨界流动和整合。同时，运用数字化大生产协作介入管理控制。

横向集成简单来说包括集成端到端的计划及实时执行，规范的价值链预测分析，数字化采购，智能仓库和物流，智能零部件存货管理等。无论企业立足于哪个环节，都要考虑如何实现从输入到输出的管理、协同与流程配置。这并不等于企业完全靠自己投资去做，而是可以通过横向合作，达到强强联合，减少成本，提高效率，增强企业的抗风险能力。总而言之，企业在纵向和横向上的集成是必然的，也是大势所趋的，是生存和发展之道。

智能维护/服务主要包括预防性维护，集成的数字化工程，以及通过利用虚拟现实/增强现实（AR/VR）技术提供解决方案。

数字化工作场所主要涉及电子金融/控制、人力资源管理数字化、内部知识管理和共享、敏捷的IT服务等。它可以大大提高工作效率和透明度。

当企业销售和市场开发等都发生很大变化时，数字化营销使企业在数字化客户关系管理、动态定价和电子支付等方面可以占据主动地位。

2.4 德勤数字化转型模型

2015年，G.C.Kane等教授与德勤联合提出了数字化成熟度模型。[①]

衡量数字化成熟度的维度主要有数字化转型的障碍、战略、文化、能力开发和领导力五个。研究表明，数字化成熟度最大差异体现在组织战略和业务两个方面。例如，数字化成熟度比较高的企业在数字化战略的清晰度上比数字化早期企业至少高5倍，这样的企业更有可能形成鼓励勇担风险和推进合作的文化。

研究者为了评估企业数字化成熟度状况，要求受访者"想象一个理想的组织，通过数字技术和能力，如何改善业务流程、吸引人才并推动新的价值创造"。研究者要求他们按照从1到10的等级对公司进行评级。最后出现了三组数字化成熟度不同的组织："早期"、"发展"和"成熟"。三种成熟度阶段组织指标差异请参见表2.4。

表2.4 德勤数字化转型模型

	数字化早期阶段	数字化发展阶段	数字化成熟阶段
障碍	·缺乏明晰的数字化战略 ·超过一半被访者认为"缺乏数字化战略"是排在前三的障碍	·管理变革带来的扰动大 ·有近一半被访者认为有太多战略互相竞争 ·"缺乏数字化战略"的障碍仍然排在前三	·聚焦安全问题 ·近30%的人认为安全是前三的障碍之一，38%的人担心太多战略相互竞争

---

① Kane G C, Palmer D, Phillips A N, et al. 2015. Strategy, not technology, drives digital transformation: Becoming a digitally mature enterprise[R/OL]. (2015.07.14) [2020.04.03]. https://sloanreview.mit.edu/projects/strategy-drives-digital-transformation/.

续表

	数字化早期阶段	数字化发展阶段	数字化成熟阶段
战略	·客户和生产力驱动 ·80%关注客户体验和效率	·企业增长视角 ·关注客户体验和效率；超过70%关注交易，创新和决策制定	·与客户的交易视角 ·超过87%关注交易、创新和决策的制定
文化	·孤立的系统 ·34%认为所在组织是相互协作的；26%认为组织比竞争对手更有创新性	·集成的组织 ·57%认为所在组织是相互协作的；54%认为组织与竞争者相比更有创新性	·集成化和创新性 ·81%认为所在组织是相互协作的；83%认为组织与竞争者相比更有创新性
能力开发	·对新能力构建兴趣冷淡 ·19%认为企业提供了获得数字技术的资源	·开始对数字化进行投资 ·43%认为企业提供了获得数字技术的资源	·数字化转型目标坚定 ·76%认为企业提供了获得数字技术的资源
领导力	·缺乏技术应用能力 ·15%认为领导有足够的数字化意识和技术能力	·努力学习数字化技术 ·39%认为领导有足够的数字化意识和技术能力	·对数字技术应用富有经验 ·76%认为领导有足够的数字化意识和技术能力

调研发现，影响数字化成熟度的主要障碍是缺乏明晰的数字化战略，企业有太多的战略选择，战略选项之间彼此相互竞争等。在数字化早期阶段，缺乏清晰的数字化战略是主要障碍，只有15%的企业受访者表示其组织拥有清晰的数字化战略，63%的企业非常清楚它们在数字化领域做了什么。随着数字化程度由低到高，这两个比例分别跃升至81%和90%，此时，竞争优先权和对数字安全的担忧成为数字化成熟的主要障碍。

对数字化战略的衡量体现在它覆盖的范围和达成的目标上。处于数字化早期的企业大多关注技术而不是战略，特别是关注单个技术，并据此制定明确可操作的运营重点战略，如提高效率和优化客户体验。但在数字化成熟度高的企业中，其数字化战略更关注业务转型，更重视使用数字技术来进行创新和改进决策，整个数字化进程是围绕业务改变来发展的。

积极创建有利于数字化转型的文化是数字化成熟度高的重要标志之一。这些企业倾向于鼓励冒险，促进创新，以及发展协作化的工作环境。与数字化程度较低的同行相比，数字化成熟度高的企业的领导者必须将失败视为成功的先决条件，他们还必须帮助管理者和员工一起规避风险厌恶倾向，激励他们大胆试错并不断探索解决问题的路径和方法。

在数字化转型中，能力开发至关重要。成熟的数字化组织不允许员工能力差异太大。与数字化早期企业相比，员工需要具备更高的技能从事计算机应用、数据统计分析等工作，还要熟悉如何利用数据辅助企业的运营、市场拓展和决策支持。但在数字化成熟度较低的企业，数据对业务的影响力是很低的。

领导力是员工相信领导能带领大家实现数字化转型的能力，而不是要求领导者自己操作、使用技术的能力。员工希望为数字化领导者工作。数字化成熟组织的员工对其领导者带领组织实现数字化转型的能力充满信心。

2.5 IDC数字化转型能力积分卡

在IDC看来，数字化转型的目标是通过利用自身或第三平台和功能确保组织的长期竞争力。为实现这一目标，组织应根据数字原生企业的标准进行自我测试。IDC开发了数字化转型能力积分卡，如表2.5所示，它由五个数字化转型优先级事项（第一行）和五个指标（第一列）组成。领导力、全方位体验、信息与数据资产、运营模式、员工来源这五个优先级事项，有助于组织进入数字原生阶段，从而产生高利润并有效地在数字化转型中取得长期竞争优势。

表2.5　IDC数字化转型能力积分卡

	领导力	全方位体验	信息与数据资产	运营模式	员工来源
产品/服务创新率	数字化认知	客户支持度	数据资本化	数字化相关资产	工作和劳动力供给
客户支持度	产品/服务创新率	客户净推荐值	数据市场价值	信息技术作为业务架构	员工净推荐值
数据资本化	生态系统的价值共创	客户体验和个性化	应用程序接口	产品生命周期	员工技术能力占比
流程/服务效率	数字化风险承受力	360度全景式管理	隐私保护机制	流程/服务效率	创新激励机制
工作与劳动力供给	核心业务数字化转型的市场能力				

领导力。领导力是数字化转型能否成功的关键，其内容包括数字化认知、产品/服务创新率、生态系统的价值共创、数字化风险承受力和核心业务数字化转型的市场能力。在数字化转型过程中，领导力对企业感知技术发展和竞争环境变化的敏感度、制定数字化战略并配备相应的资源、跨部门协作、激励数字化团队来协调所有数字化转型计划等方面具有至关重要的作用。领导团队通常由精通技术的总裁（CEO）、首席信息官（CIO）、首席技术官（CTO）、首席数据官（CDO）和首席财务官（CFO）组成。为了推进数字化转型，企业需要在建立探索型文化的同时确保企业的稳定性。此外，领导层要能通过不断绘制数字化前景，激励大家奋力前行。领导力的水平体高低体现在：是否通过数字化转型回应了技术和市场的挑战，是否启动并有效推动形成了数字化转型战略和目标，领导的数字化转型是否达到了预期效果，以及是否有效规避了创新和管理的风险以确保战略得到有效执行。

全方位体验。全方位体验包括客户支持度、客户净推荐值、客户体验和个性化、360度全景式管理等内容。在数字化转型过程中，企业要能够充分利用利益相关者（如客户、合作伙伴和员工）的所有渠道和经验，最大化地影响消费者的购买决策。全方位体验还包括利用数字化技术整合生态系统，以及自主改善客户和合作伙伴多维体验的能力。企业通过协调生态系统，提升全渠道、全方位体验所创造的商业价值。不断提高客户满意度，具体包括产品/服务是否充分利用了所有渠道、是否有足够的客户覆盖面、是否以最有效的方式影响客户购买过程和服务体验等。

信息与数据资产。信息与数据资产包括数据资本化、数据的市场价值、应用程序接口（APIs）和数据的隐私保护机制。数字化所积累的信息资产对优化企业决策和运营具有重要意义，当信息资产被整合到产品组合时，数字化转型会为企业带来实际的收益。信息与数据资产的特征可以从四个方面刻画：一是信息和数据质量；二是从产品、客户和市场活动中提取数据的价值，并将数据价值资本化的能力；三是在业务运营中将获得的信息转化成新收入的能力；四是对信息和数据资产的隐私管理和数据治理机制。

运营模式。运营模式包括积累与数字化相关的资产、信息技术作为业务架构、产品生命周期和流程/服务的效率。在企业数字化转型过程中，企业需要对业务流程、组织和生态系统进行再造和重新设计，目的是最大限度地提高效率、降低成本并提供新的数字化收入。数字化转型企业运营模式的特征体现在两个方面：一是通过业务运营、技术、产品和服务，为利益相关者创造价值的能力；二是通过数字化建设投资，提高业务绩效（市场份额、收入和利润）的能力。数字化转型中运营模式方面是否成功需要考察两个方面：组织内部流程是否通过数字化进行了重新设计；企业是否最大限度地提高了效率、降低了成本，并利用新的数字化技术提高了收入和利润率。

员工来源。员工来源包括工作和劳动力供给、员工净推荐值、员工技术能力占比和创新激励机制。员工来源要求企业能够承担探索性和有风险的数字化转型工作，并为其相关的商业项目找到合适的人才，同时具备与领先的数字化企业合作的能力。也就是说，企业应具备扩展和优化运营、营销和其他关键流程的能力，同时能够激励走在数字化转型前沿和具有研发能力的思想家和领军人才。

除上述五个优先事项外，IDC还创建了汇总的全面数字化转型成功指标（KPI），这些指标从领导力、全方位体验、信息与数据资产、运营模式和员工来源这五个维度中提取出来。IDC对数字化转型的整体评价主要包括五个方面：（1）产品/服务创新率。它衡量创新的速度和价值。成功指标包括跟踪研发投资、创新周期效率和提高创新回报的措施等。（2）客户支持度。它是指在增加可获利客户关系上的投资。成功指标包括追踪客户盈利和忠诚度。（3）数据资本化。它是指企业对数据资产、数字技术、商业流程和人的投资所产生的价值。成功指标定义为显示一个组织在数据上的投资回报，包括新的外部收益、流程的边际效率提升。（4）流程/服务效率。它是指流程的有效性和优化。成功指标定义为追踪企业优化商业流程的能力，尤其是那些影响数字化收益和资产的流程，并且确保浪费最小化。（5）工作与劳动力供给。它是指人力供需、每个全职员工的收入和价值创造，以及临时劳动力的变化。成功指标定义为工作与劳动力的供给平衡，以及个体员工收益情况。

数字化转型能力积分卡作为一种重要工具具有以下用途：帮助企业理解数字化转型的范围和影响；促进与企业战略优先级相关的数字化转型投资的深度分析；识别关键指标，避免没有价值的数字化转型投资；跟踪关键指标，提高商业绩效指标的透明度；将数字化转型过程和结果可视化；从测量流程的角度给企业数字化定位；为数字化转型制定明确的路线图。

为了有效提高企业数字化水平，转型能力积分卡应与关键绩效指标（KPI）组合起来使用。两种指标体系的组合将帮助企业全面关注数字化转型中的关键指标，发现关键绩效指标中需要改善的重点领域，为决策制定和调整打下基础。

IDC用15个关键性量化指标来衡量数字化转型的整体能力（主要包括创新率、客户支持度、数据资本化能力、流程/服务效率、工作和劳动力供给下共15个关键性量化指标），这15个量化指标又分为三大类——金融KPI、商业KPI和运营KPI，如图2.2所示。

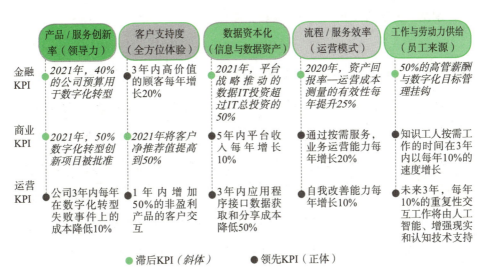

图2.2　IDC数字化转型的关键绩效指标

在对指标的陈述中，正体和斜体分别代表领先指标和滞后指标。领先指标通常以投入为导向，难以衡量，易于改变、控制，通常在实现数字化转型目标前发生变化，主要用作实现业务目标的近期预测指标，如客户获取率就是一个业务领先指标。在数字化转型中，"未来3年每年可获利的客户增加20%"是一个领先指标，因为它代表着数字化转型的大方向和基本目标。滞后指标是衡量实际绩效的指标，通常以产出为导向，易于衡量但难以改善，如销售收入是衡量大多数企业绩效的滞后指标。在数字化转型中，通过数字化投资获得的新利润也是一个滞后指标，因为它是历史业绩的反映。使用KPI管理数字化转型的具体工作包括设置目标及跟踪目标的进度，使用KPI管理还意味着努力改进领先指标（滞后指标是延迟的收益）。

在领导力维度上，核心指标是产品/服务创新率，在这个指标下，关键绩效指标分为三类：金融KPI，如"2021年，40%的公司资本预算用于数字化转型"；商业KPI，如"2021年，50%的数字化转型创新项目被批准实施"；运营KPI，如"公司3年内每年在数字化转型失败事件上的成本降低10%"。其中，前两个为滞后KPI，后一个为领先KPI。

在客户全方位体验维度，成功指标是客户支持度。关键绩效指标包括：金融KPI，如"3年内高价值的顾客每年增长20%"；商业KPI，如"2021年将客净推荐值提高到50%"；运营KPI，如"1年内增加50%的非盈利产品的客户交互"。其中，商业KPI为滞后KPI，金融KPI和运营KPI为领先KPI。

在信息与数据资产维度，成功指标是数据资本化能力。在这个指标下，关键绩效指标包括：金融KPI，如"2021年，平台战略推动的数据IT投资超过IT总投资的50%"；商业KPI，如"5年内平台收入每年增长10%"；运营KPI，如"3年内应用程序接口数据获取和分享成本降低50%"。其中，第一个为滞后KPI，后两个为领先KPI。

在运营模式维度，成功指标是流程/服务效率。关键绩效指标包括：金融KPI，如"2021年，资产回报率—运营成本测量的有效性每年提升25%"；商业KPI，如"通过按需服务，业务运营能力每年增长20%"；运营KPI，如"自我改善能力每年增长10%"。其中，第一个为滞后KPI，后两个为领先KPI。

在员工来源维度，成功指标是指工作和劳动力供应。关键绩效指标包括：金融KPI，如"50%的高管薪酬与数字化目标管理挂钩"；商业KPI，如"知识工人按需工作的时间在3年内以每年10%的速度增长"；运营KPI，如"未来3年，每年10%的重复性交互工作将由人工智能、增强现实和认知技术支持"。其中，第一个为滞后KPI，后两个为领先KPI。

2.6 埃森哲数字化能力架构模型

埃森哲咨询公司在2016年提出了数字化能力架构模型[①]。该模型特别强调和重视人才技能在数字化进程中的关键地位和作用。这个五边形的模型从五个方面描述了人才所需要的技能：评估现有工作的变革，发现即将出现或消失的工作，识别未来数字化工作需要的技能，评估员工现有的能力，以及定义现有工作需要的未来技能（见图2.3）。

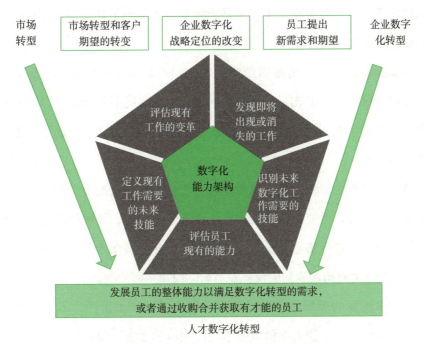

图2.3 埃森哲的数字化能力架构模型

---

① World Economic Forum, Accenture. 2016. Digital Transformation of Industries: Media, Entertainment and Information[R/OL]. (2016.01)[2020.03.09]. https://www.accenture.com/_acnmedia/accenture/conversion-assets/wef/pdf/accenture-media-industry.pdf.

特别值得注意的是：这个模型并没有具体标识应该从哪个方向解读模型，这让我们可以从多个视角理解数字化对人才技能的影响。

自上而下。这个视角是在市场与企业数字化转型驱动下，基于外部竞争压力审视企业内部数字化战略的定位，以及根据战略定位来建立和发展员工数字化能力的发展架构。

自下而上。这个视角是对目前员工数字化能力与企业数字化进程的匹配情况进行评估，并思考到底是从内部培养数字化人才还是从外部招聘。

自左到右。这个视角是指市场需求转型推动企业被动转型。中间经历了（1）市场转型和客户期望的改变；（2）企业数字化战略定位的改变；（3）员工提出新的需求和期望。企业于是思考如何才能满足员工在数字化时代对技能更新和职业发展的需求。

自右到左。这个视角是指企业主动根据市场变化做出数字化战略的转变。在这个过程中，最先是员工对数字化应用有新的需求和期望，促使企业不得不考虑数字化的战略定位，然后再配合市场转型及客户新的期望做出相应调整和改变。

自中间向两边扩散。这个视角是指企业员工素质及能力结构决定了企业数字化转型能力，促使企业必须对员工诉求做出响应，并根据市场需要的数字化能力对人才进行培养和投入。这种动态转变强调企业人力资源管理能力及技术匹配能力对市场变化的反应是灵敏、快速、同步的。

这种多维度的理解体现了模型本身的灵活性和实用性，不同企业在不同数字化阶段对人才能力架构有着不同的理解和要求，因此，不必有统一的限制。这个模型的价值在于，企业在整个数字化进程过程中，必须根据实际情况，从单一或多维视角对人力资源能力架构进行思考，让理论和实际融合并相互提升。埃森哲的模型是一个很好的参考模型，它指导企业家们从自身角度考虑，做出选择和改变。比如，香港特别行政区创新及科技局专门成立了网络咨询顾问小组，专门对新兴科技课题提供咨询服务及意见反馈，其中就包括数字化管理等重点课题。参与者有银行、制造企业等的代表，他们针对企业对数字化需求应如何做出应对进行研讨时，参照埃森哲模型进行需求判断与分析，出发点与该模型不谋而合，体现了这一模型的灵活性、专业性与实用性。同时，很多商学院也在根据这一模型开发课程，要求企业家参与如何在数字化转型市场中制定个性化方案，帮助迷茫的企业家找到方向和方法。综上所述，埃森哲模型对解决数字化转型中关键的人才及其技能问题有重要的参考意义。

2.7　IBM数字化转型能力模型

IBM着眼于创建新的客户价值主张，转变运营模式，灵活地应对快速变化的客户需求，提出了与数字化转型关联的一套能力模型（见图2.4）[1]。

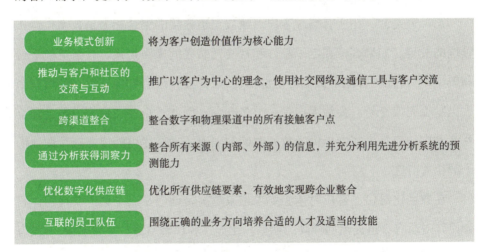

图2.4　IBM数字化转型能力模型

---

① Berman S J, Bell R. 2011. Digital transformation: Creating new business models where digital meets physical[R/OL]. (2011.04) [2020.04.03]. https://www.ibm.com/downloads/cas/KWRV8QK6.

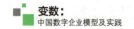

业务模式创新。在数字时代，最重要的能力是设计并创造新的业务模式的能力。企业必须不断探索提高营收，将为客户创造价值作为核心能力，寻求在现有或新行业中占据一席之地的最佳途径与方法，如订购模式、按使用量收费、外包职能部门、与竞争对手合作等方式进入全新行业等。为了达到这一目标，必须建立适应快速变化的数字化转型路径以增加新业务模式的灵活性和敏捷性。在找到解决方案后，必须复盘以发现规律。只有以合规方式持续将所有业务要素重构或聚合，才能满足客户期望，并领先于竞争对手。

推动与客户和社区的交流与互动。数字化转型的另一项关键能力是寻找客户和社区交流的新方式。这要求企业在业务活动的每个阶段都需与客户交互，不仅是在销售、营销和服务过程中，还包括产品设计、供应链管理、人力资源、IT和财务管理等环节。创造价值过程中，在每个与客户的交互点，都应确认以所有客户为中心还是以目标客户为中心。客户交互通常带来开放式协作，通过平台社区加快创新，企业可以创建自己的虚拟社区，也可以利用客户已经成立的客户组与之交流。

跨渠道整合。在所有接触客户点建立渠道连接的整合能力是数字化运作管理的关键。如果客户在电子邮件和社交网络之间来回切换，频繁更换平台和渠道，一会儿在智能手机上对比价格，一会儿在传统店铺内试用，最后在个人电脑上完成交易，会给客户带来很多麻烦。因此，企业在跨渠道整合和交互活动中，应该为客户提供一致和明确的渠道服务，尽可能便捷地帮助他们了解相关信息。

在数字化时代，客户对体验要求越来越高，他们在一个渠道获得的体验会使其对所有渠道提出同样高的期望。比如，客户希望拨打免费电话，但没有耐心收听语音菜单；他们希望有一个网站能够像iPad应用程序那样快速有效地提供信息，最多只需点击一两次……因此，对企业来说，服务体验的一致性对提升客户对品牌的忠诚度和满意度至关重要。

通过分析获得洞察力。企业建立并维护以客户为中心的数字化能力改变了其内部及其与合作伙伴之间的决策基础。通过分析大数据获得的洞察力为所有职能部门提供了预测能力,这样,所有渠道都可以围绕客户需求和偏好开展行动。例如,电子产品零售商Best Buy利用数据和分析能力改变其管理供应链和与客户交流的方式,企业销售人员都配备了数据分析工具,可以根据客户过去的购买行为提出附加的商品购买建议。

优化数字化供应链。供应链的实体组成部分包括连接物流车辆、仓库甚至包装上的传感器和传动器,它们用于获取实时数据并分析现场活动状况。整合这些数据的企业从数字化供应链中获得了全部收益,包括以最低成本进行动态管理的能力,为细分产品和市场提供精准细分服务的能力,根据供需关系预测并安排最佳库存分配和物流的灵活性等。通过利用实时数据,企业还可以通过权衡预测的客户服务结果和对碳排放的影响,确定最佳的运输方法。企业通常为满足合作伙伴和供应商的需求设计、优化供应链,但较少考虑客户期望。IBM的调查表明,有53%的企业将客户意见考虑到供应链决策中,而有63%的企业考虑了供应商的意见。

互联的员工队伍。所有能力都要求在员工队伍中选择适当的人员并培养适当的技能。员工与客户、合作伙伴建立的社交网络通常要将企业价值观作为行动指导原则,而不是严格的规章制度。在业务领导者以身作则的企业中,员工积极参与在线社区可为企业带来多种观点,并为创新和业务增长奠定坚实的基础。随着员工队伍日益移动化和全球化,面对面监督工作团队与提交纸质报告的方法已经过时。通过移动和在线工具实现协同工作,正在成为企业内、企业与合作伙伴、企业与客户间的主导工作模式。

CHAPTER

03

第3章

数字化战略

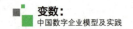

3.1 什么是数字化战略

在过去三十多年里,信息化战略一直被认为是企业职能层面的战略,重点关注企业内部流程和运营,因此,信息化战略是在企业业务战略指导下的子战略,目标是与业务战略保持一致并支持业务战略的落地与实施。信息化战略关注的重点是企业内部业务流程与资源管理的规范化、透明化、标准化和可视化,支撑企业业务规模扩大时管理体系的复制能力、成本可控和效率提升。

在数字化环境下,有三个要素发生了重大改变:第一,万物互联不仅支持全业务流程的数字化,还支持产品数字化和服务数字化,连接的范围从企业内部扩大到企业外部,从企业自身到企业所在生态。物联网、移动互联网和云计算等技术使企业能以较低成本获得高性能的计算能力和连接能力,新技术为万物互联提供了基础设施和技术保障。第二,与消费者的紧密连接改变了供需关系的内在逻辑。对互联网和移动互联网的接纳和广泛使用,使消费者和客户在产品价值链中占据了主导地位,只有打造以满足需求为核心的产品/服务供应体系的企业,才能在激烈的市场竞争中保持优势地位,因此,企业必须提高数字化运营体系的建设能力和水平。第三,数字原生企业的商业模式对传统企业提出了强劲的挑战。对传统企业来说,数字化战略不仅仅关注企业内部,更要关注企业与客户和合作伙伴交互的方式,以及销售渠道中线上、线下的配合与支持。①

因此，数字化战略是指企业在互联网平台上，通过利用新一代信息技术（如云计算、大数据、物联网、移动互联网、人工智能等），实现组织内外部结构、流程、交互和关系的数字化的过程，包括设备、生产、产品、流程、资产、管理决策等的数字化和消费者交互数字化等几乎所有环节。组织在数字化连接的基础上，通过数字资产的积累和实物资产的数字化，对各类型数字进行管理、开发和应用，以有效地支持组织决策，通过共享数字化资源来创造价值。数字化战略是一份蓝图，展现数字企业的定位、动力、重点、目标、团队、资源投入、转型过程和绩效。数字化战略不再仅仅是关注企业内部具体职能和流程的战略，更要关注其在市场上的整体竞争力、差异化能力、连接和影响消费者的能力，以及融合、维护、拓展生态的能力。在绩效评估上，对数字化战略的评估不再仅仅凭借效率、生产率、财务等指标，还应该包括企业竞争力和战略差异化能力等核心指标。数字化战略对企业的生存和发展影响巨大，它从根本上改变了公司战略的整体框架和视野，形成了数字化技术与全业务深度融合的模块化、分布式、覆盖全球业务流程的跨时间、跨地域、跨职能的数字神经网络，根据市场需求变化来快速、有效、精准地整合资源，用最低的成本、最短的时间、最高的效率完成订单。同时，通过社交媒体和网络有效改善企业与客户、合作伙伴、消费者的沟通、信任和社会关系结构，形成无边界的组织生态系统。从更广阔的视野上看，数字化战略的目标是促使新一代信息技术在企业引起范围更广、程度更深、影响更大的管理变革。

在制定数字化战略时，需要考虑表3.1中的4个层面、11个因素。

---

① Bharadwaj A, et al. 2013. Digital business strategy: Toward a next generation of insights[J]. MIS Quarterly, 37(2):471-482.

表3.1 制定数字化战略要考虑的相关因素

数字化转型的战略层面				
1.数字化战略的动力分析	外部		内部	
2.数字化战略的定位	支持业务发展		引领业务发展	
3.数字化转型的速度	领先者	快速跟随者	缓慢采纳者	观望者
数字化转型的业务—结果层面				
4.数字化战略的重点	产品/服务	业务流程	客户交互	生态建设
5.数字化战略的目标	内部成功目标		外部成功目标	
6.数字化战略的排序	数字化生产	数字化服务	数字化营销	数字化创新
数字化转型的组织层面				
7.谁为数字化转型负责	董事长/总裁 CEO	首席信息官 CIO	首席技术官 CTO	首席运营官 COO
8.数字化战略部门的设置	集成策略		分离策略	
9.数字化能力建设的平衡	曝光区	诺克斯堡区	冷库	公共区域
数字化转型的资源配置				
10.数字化转型的风险评估	低	中等	高	
11.数字化转型的资源投入	转型时间	投入金额	投入领域	

3.2 数字化转型的战略层面

企业制定数字化战略的动力同时存在于企业外部和内部。外部动力包括市场、技术、竞争和政策。市场上消费者的需求、偏好、选择与聚集，直接导致企业的新老更替，如当越来越多的消费者选择用互联网和移动互联网消费时，传统的线下企业会强烈感受到市场的变化。新技术的成熟、成本下降、与应用场景的结合是促使其广泛应用的关键，新技术与产业、产品的融合，不断催生出新的商业模式和新的成长性市场，技术迭代不断引发新一轮的发展浪潮。竞争格局的改变，特别是来自其他行业新的竞争对手的快速发展，给传统企业带来巨大挑战，迫使传统企业必须实现自我变革以适应竞争环境的挑战。政府的战略和激励政策也会大力推进企业变革，引发全社会对新的国家战略的关注与跟进。

数字化转型的内在动力首先以企业家的认知改变为基础。他们的学习能力和对创新的倾向性，特别是对环境中代表新趋势的重大要素出现的判断，决定了他们对数字化战略的态度。这种认知能力主要体现在两个方面：一是敏锐捕捉用新技术解决现存问题的能力。企业家凭借对市场、行业和专业的丰富经验，清晰意识到原来的关键成功要素已经失灵，必须通过将新技术嵌入运营体系和社会关系，对价值链进行重构，从而引导企业转型并适应全新的竞争环境。二是率先洞察新技术价值（带来未来增长空间）的能力。通过对新技术的快速学习、实践和评估，企业家能够发现数字化技术可以连接以往难以深度链接的外部关系，如通过互联网和移动互联网获得的消费者行为信息（如京东和阿里的消费者画像与精准营销），还能够发现并创造新的运营模式和逻辑（如滴滴打车对供需关系的改变）。看到未来增长空间的认知能力是企业家愿意承担风险、创新探索和推进变革的最重要的推动力。企业家社会网络中的弱连接有助于其获得更大视野，而其在组织中的强连接则直接帮助其领导企业的数字化转型。

数字化战略如何定位。企业需要重点考虑数字化技术应用在企业发展中到底处于什么样的地位：是支持企业的发展，还是引领企业的发展。如果是前者，数字化战略应该定位于支持企业核心业务战略，或者是辅助企业的职能工作。如果是后者，数字化战略有可能是企业全局战略的核心，或者居于与企业核心战略同等重要的地位。

实践证明，数字化战略转型是一个渐进的过程，不可能一蹴而就。因此，在制定数字化战略时仍然需要考虑企业的发展阶段和战略实施的范围。从发展阶段看，如果企业内部信息化管理比较成熟，数字化战略可以定位于拓展外部关系；如果内部信息化水平原本就比较低，数字化战略的定位仍然是要先解决内部数字化问题。判断战略实施的范围同样有两个视角：一是企业现有边界视角。这个视角重点关注企业现有体系，统领各职能战略和流程战略，重点考虑如何将数字化技术嵌入设计、生产、产品、服务、营销、客户关系等所有的要素和环节，渐进地改变企业关键业务运营体系和商业模式。二是企业未来边界视角。这个视角更加关注企业新兴体系，利用数字化手段拓展企业业务边界，如实体企业重点思考和布局如何在网络空间建设数字化工厂、数字化价值链、数字化生态，经营数字化资产，在网络空间寻找更大的发展、创新和增长空间，通过数字化战略重构组织边界，通过产业生态、联盟、合作伙伴、竞争者和客户的数字化交互与融合构建未来的竞争优势。正如麻省理工学院斯隆数字经济项目（MIT Sloan Initiative on the Digital Economy）的首席科学家乔治·韦斯特曼（George Westerman）所说，数字化转型代表了企业对如何利用技术来从根本上改变绩效的彻底反思。①

数字化转型的速度。任何新技术的应用都有时机选择的问题。按照在什么时间、什么阶段选择数字化转型，可以将企业的领导人分成以下四种类型：

一是领先者。这类企业领导人拥有丰富的实践智慧，他们通常对新技术及其价值的感知非常敏锐，通过环境感知和专业学习等多种渠道从外界获取信息并引入创新思想，快速判断所掌握的数字化技术的潜在价值并预见其对未来发展的战略意义，提出新的理念并推进实践进程。为此，他们制定战略、投入资源，愿意承担风险，勇敢地应对创新中的不确定性，努力将企业带到数字化技术创新的前沿。

---

① CIO信息主管D1net. 2018. 什么是数字化转型?企业必须经历的一次自我颠覆[EB/OL]. (2018.8.10) [2020.02.21]. https://www.sohu.com/a/246324202_246648.

二是快速跟随者。这类企业领导人与社会系统联系紧密,最能把握舆论导向。他们比社会系统内的其他人更快地接受新技术的应用,有效吸纳、学习和跟进。他们虽然不是领先者,但在新技术创新实践中具有承前启后的作用。他们积极发掘数字化技术所带来的机遇,深化和拓展新的实践,汲取领先者的失败教训和成功经验。

三是缓慢采纳者。这类企业领导人会在新技术应用到来的时候审慎观察、理性判断、认真考虑,还常常要听取他人的意见,观察领先者和快速跟随者的实践是否成功。如果发现已经有了很多成功的案例,他们就会快速跟随行业中已经走在前面的企业而采取行动。

四是观望者。这类企业领导人对创新总是抱着小心翼翼的态度不断地质疑、批评和否定。只有在不确定性逐渐消除、其他探索者已经获得成功时才会有安全感。他们之所以观望有几种原因:一是认知比较闭塞,通常对新事物的看法比较狭隘,对创新和创新者总是持有怀疑的态度;二是在已有的领域取得成功,认为经过实践检验的经验才是有价值的,对于未来不确定的理念和探索存有怀疑;三是财力、人力有限,收入不稳定,担心创新失败,因此对创新采取抵制态度。他们很有可能在一轮又一轮的技术创新中被淘汰出局。[1]

3.3 数字化转型的业务—结果层面

数字化战略定位一旦确定,企业的数字化团队就可以确定**数字化战略的重点**领域,明确是赋能整个内部流程和运营体系的管理和效率,还是赋能产品/服务体系,或者赋能客户交互和市场营销,或者赋能生态建设和与合作伙伴的关系等。如果是分阶段赋能,企业需要考虑赋能业务的优先顺序,以及

---

[1] Rogers E M. 1995. Diffusion of Innovations [M]. NY: The Free Press.

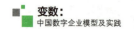

是进一步优化企业的强项还是快速提升企业的短板。

在数字化战略定位与重点的引导下,企业可以进一步分解**数字化战略的目标**(见表3.2),使数字化绩效做到可测度、可预测和可管理。在制定数字化战略时,数字化团队不仅要考虑数字化能为业务创造哪些价值,更要考虑如何获取具体的价值,如何为企业寻找新的价值增长点,特别是要探索价值创造的具体来源在哪里——是来自企业内部还是外部,即是通过信息/数据创造价值,还是基于消费者—供应方关系改善、流程优化、价值共创获得价值,又或者是基于多重商业模式创造价值,再或者是基于生态网络中的协同获得价值。制定具体目标时需要评估数字化转型给企业带来的潜在收益,如销量增加、生产效率提升、创新能力提高、与客户形成多种交互形态和渠道变得多样化等。

表3.2 数字化战略的目标

数字化目标	具体指标	数字化绩效与潜在收益
内部成功目标	提高运营效率,降低运营成本,拓展企业业务边界	缩短产品上市时间,缩短创新周期,开发多样化、定制化的产品,持续改善产品质量,增加生产柔性,实现闭环质量管理,实现质量全程追溯,持续改善质量,改善产能利用率,数字化资产的规模和价值
外部成功目标	增加市场竞争力,提高企业收入,提高客户满意度,增强客户忠诚度,提高环境适应能力,抓住未来的发展机会,提升行业影响力	支持大规模个性化定制,快速响应市场需求,提高能源和资源利用效率

在明确了数字化战略的目标是在企业内部还是外部获得后,数字化团队可据此对数字化需求优先度进行排序,即**数字化战略的排序**。数字化生产和运营强调的是内部目标的实现,而数字化营销和服务则将外部目标的实现列为优先项。

3.4 数字化转型的组织层面

谁为数字化转型负责？ 数字化战略的制定首先得是企业的"一把手工程"。所谓"一把手工程"是指企业最高领导人对数字化战略的认知、投入与参与程度。"一把手"对数字化的认知、理解和价值判断决定了数字化战略和转型在企业发展中的地位。"一把手"只有在建立起"数字化是未来业务增长的核心和竞争力的关键要素"的意识时[1]，才会敢于尝试和探索，即使有失败的可能性。同时，领导者的远见卓识使他们能看到新技术的价值，因此愿意改变过去以重塑未来。"一把手工程"的必要性还在于，无论数字化转型是现有边界视角还是未来边界视角，都是涉及企业整体的系统变革工程，只有"一把手"才能调动庞大的资源来推动这一进程。并且在变革的过程中，只有"一把手"才能克服来自各方面的压力和阻力，平衡各方利益关系，全力支持具有改革意愿和能力的管理者和团队对组织的流程和形态进行重塑。

在数字化战略的实施中，"一把手"的参与程度视企业实际情况各有不同。有些"一把手"不仅参与制定战略，还直接推动战略实施；有些仅参与制定战略，后面委托首席信息官（CIO）、首席数据官（CDO）或首席技术官（DTO）具体负责项目进程；有一些企业还通过任命总裁或副总裁具体负责数字化转型项目，并组成专门团队协同推进这一进程。当然，还有一些"一把手"具有数字化转型意识但未将其上升到企业战略层面，有些"一把手"对数字化的价值和意义缺乏认知。

在数字化战略的制定与实施过程中，"一把手"参与的重点也会有所

---

[1] Siew Kien Sia, Christina Soh, Peter Weill. 2016. How DBS Bank pursued a digital business strategy[J]. MIS Quarterly Executive, 15(2): 105-121.

不同：有些重点构建数字化创新能力，他们推动自由、灵活地应用各种数字技术进行密集的创新试验，探索新领域，形成技术洞察能力。有些重点构建企业的数据分析能力——领导者不一定要成为技术专家，但必须重视对数据的分析工作，清楚数据对组织的价值，能够领导团队分析数据并洞察商业机会。有些重点构建企业的客户参与型服务能力，领导企业通过使用社交媒体、移动计算及数据分析等技术，洞察客户需求、改善客户体验和提高基于情境的创新能力。

数字化战略部门的设置。这个问题主要涉及数字化转型团队与企业的关系。集成策略是指通过内部团队推进数字化转型工作，将数字化业务集成到现有业务流程和组织结构中；分离策略是指采用单独成立一个独立的数字化部门孵化、发展数字化业务。

数字化能力建设的平衡。实施数字化战略的核心目标是提升整体竞争力和市场地位。过去，传统企业依靠内部IT部门团队开发信息系统，尽管耗费大量人力物力，但系统的专用性强、保密度高，难以被竞争对手模仿。目前，企业借助微应用程序来构建信息系统，快速实现和调整系统功能，在信息共享中发现更多商业机会。但由于此类系统可见度高，容易被竞争对手模仿。因此，企业在确定数字化转型项目时，需要在系统可见度和系统价值之间保持平衡。

企业数字化转型中的项目选择可以有两个维度：系统可见度（visibility）和专有价值（value）。如果我们按照这两个维度的程度差异进行选择，会出现四个应用象限（见图3.1）[1]：

一是曝光区。曝光区的系统可见度高，价值也高。如果有效管理，该区域的微应用系统能够持续为企业创造价值，但也面临较高的被模仿风险。

---

[1] Grover V, Kohli R. 2013. Revealing your hand: Caveats in implementing digital business strategy[J]. MIS Quarterly, 37(2):655-662.

二是诺克斯堡区①。诺克斯堡区系统可见度低但价值高。该区域是企业的竞争优势所在，而风险是维护成本高，市场中可能存在替代品。代表性案例是Google的搜索算法和美国第三大保险公司Progressive Insurance的顾客数据挖掘技术。

三是冷库。冷库区系统可见度低的同时价值也低。如果加以挖掘，该部分业务可能形成标准，但竞争价值很低。代表性案例是公司业务中的办公工具、急救中心的房间和等待时间管理等。

四是公共区域。公共区域的系统可见度高但价值低。这个区域的潜力有待挖掘，风险则是增加当前业务的开支。代表性案例是电子企业的人才专业评级系统和Google的流感趋势预测工具。

企业可以在四个象限中移动，以实现企业价值的最大化。

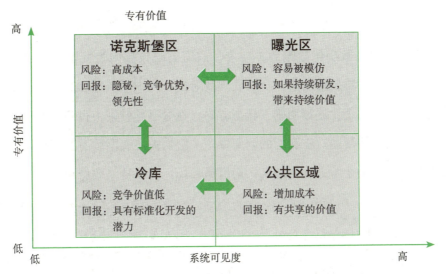

图3.1　企业数字化开发中的系统可见度—专有价值矩阵

资料来源：Grover V, Kohli R. 2013. Revealing your hand: Caveats in implementing digital business strategy[J]. MIS Quarterly, 37(2):655-662。

---

① 诺克斯堡是美国陆军在肯塔基州的一处基地。美国陆军征兵司令部、美国陆军预备军官训练团、乔治·巴顿将军纪念馆和储放美国国库黄金的美国金库等机构均位于该地。亦曾为美国陆军装甲中心、美国陆军装甲学校所在地。这里借此表示企业优势地位固若金汤。

3.5 数字化转型的资源配置

数字化转型的风险评估。在制定数字化战略时，企业不能盲目跟风，需要根据自身需求理性选择，同时，在评估收益时，还需要考虑在人才、技术、资金和创新过程中的潜在风险，规避高风险的项目，从低风险项目开始着手，获取成功经验后逐步深化。

数字化转型的资源投入。数字化转型不是短平快的项目，过程有可能很漫长，因此，企业需要对转型时间、投入的资金和领域有全面和长期的考虑。

3.6 我国企业数字化战略调研发现[①]

我国企业对数字化政策的关注度。政府的政策导向是我国多数企业进行数字化转型的重要推动力。自从我国政府出台《中国制造2025》等一系列政策举措以来，企业逐渐明确了转型方向，在数字化转型中得到了政府资源切切实实的扶持帮助。在我们的调研中，"密切关注我国政府数字化相关的各项政策"的企业所占比例最高，均值为4.18；"保持与政府相关部门的密

[①] 未经特别说明，本书"调研发现"部分均基于《2018中国数字企业白皮书》和《2019中国数字企业白皮书》调研数据。

2018年调研统计分析有效问卷160份。在行业分布中，制造业占比31%，信息传输、软件和信息技术服务业占比25.7%，批发和零售业企业占比12.9%，房地产业企业占比9.9%，金融业企业占比18.1%等。受访者中CIO占25.6%，CEO占16.9%，副总裁占13.4%，董事长占11%，CTO占3.5%等。

2019年调研统计分析有效问卷282份。在行业分布中，制造业占比30.2%，信息传输、软件和信息技术服务业占比12.8%，批发和零售业企业占比7.5%等。受访者中CIO占15.70%，CEO占5.70%，副总裁占13.6%，董事长占2.1%，CTO占2.1%，中层管理者48.2%等。

北京大学光华管理学院董小英教授研究团队，锦囊专家. 2018. 2018中国数字企业白皮书[R/OL].（2018.12）[2020.05.10]. http://www.jnexpert.com/whitepaper01.

北京大学光华管理学院董小英教授研究团队，数字产业创新研究中心，锦囊专家. 2019. 2019中国数字企业白皮书[R/OL].（2019.12）[2020.05.10]. http://www.jnexpert.com/activity/activityDetail?a=97.

切合作"排名第二,均值为3.98;"密切关注国际数字化相关政策"排名第三,"紧紧跟随数字化相关政策的导向"排名相对最低(见图3.2)。

竞争环境对我国企业数字化战略的影响。企业在行业中的竞争力是企业进行数字化转型的重要推动力。以制造业为例,大多数制造业企业进行数字化转型的目的在于提升企业的生产效率、产品质量,降低生产成本,从而在市场上取得竞争优势。在被调研企业中,企业"面临的市场竞争非常激烈"一项的均值为4.05;"竞争者经常试图抢夺企业客户"排名第二,均值为3.93;"同行竞争者数量大幅增加"排名第三;尽管存在激烈竞争,被调研企业对"在市场中竞争力明显下降"这一项赞同程度较低,均值仅为2.87(见图3.3)。

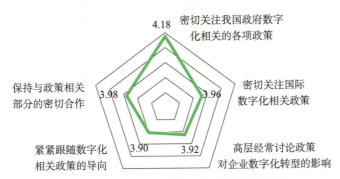

图3.2 被调研企业对数字化政策的关注度

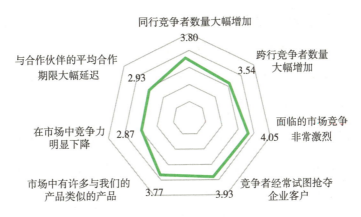

图3.3 被调研企业所在行业竞争环境

我国企业数字化转型中的自我定位。当前，我国的数字化转型仍然处在初期，政府出台的政策虽然指明了转型的方向和重点任务，但在实际落地的过程中，仍然需要行业和企业进行脚踏实地的探索。如图3.4所示，34%的企业以领先者自居，32.7%的企业选择了快速跟随者的身份定位，25%的企业选择缓慢采纳者的身份，只有8.3%的企业选择观望者身份。

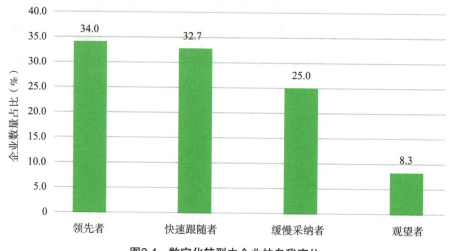

图3.4　数字化转型中企业的自我定位

我们的调研显示，受访者对"同行竞争者数量大幅增加"的认同程度高于"跨行竞争者数量大幅增加"。这一观察结果与IBM对112个国家和地区的12 854名最高层主管的调查结果吻合：在IBM2015年的调研中，54%的受访高管认为新竞争对手将如潮水般涌入本行业；而在2017年的调研中，持有此观点的人数降至26%。这说明企业更注重从生态系统发掘新的价值，未来几年更多企业会继续从事本行业，而非跨界发展。

IDC按数字化转型进程将企业分为数字化入门者（单点实验）、数字化探索者（局部推广）、数字化组织（扩展复制）、数字化转型者（运营管理）和数字化颠覆者（优化创新）五类。IDC针对中国、美国和全球代表性企业的调研结果显示（见图3.5），中国企业以数字化探索者居多，占45.8%；美国企业以数字化组织（31.7%）和数字化转型者（28.1%）居多，合并占比为59.8%；全球代表性企业以数字化探索者（29.8%）和数字化组织（21.9%）为主，合并占比为51.7%。因此，从总体上看，中国企业的数字化转型进程滞后于美国企业和全球代表性企业的水平。

图3.5 中国、美国、全球代表性企业数字化转型进程分布

资料来源：IDC. 2016. Digital Transformation MaturityScape Benchmark Survey[EB/OL]. (2016.10.28)[2020.04.01]. https://industrytoday.com/idc-digital-transformation-maturityscape-benchmark-survey/。

我国企业数字化转型的重要性仍需提升。数字化转型是企业利用数字化技术在生产、运营、商业模式等方面产生的具有战略意义的变革，因此数字化战略在企业战略中占据重要的地位。在我们的调研中，有关数字化战略在企业重要性方面，26.8%的被调研企业认为"数字化战略支撑企业核心业务战略"，24.2%的被调研企业认为"数字化战略与企业核心业务战略同等重要"，12.7%的被调研企业认为"数字化战略是企业全局战略核心"，但同时存在12.7%的被调研企业"尚未制定明确的数字化战略"（见图3.6）。

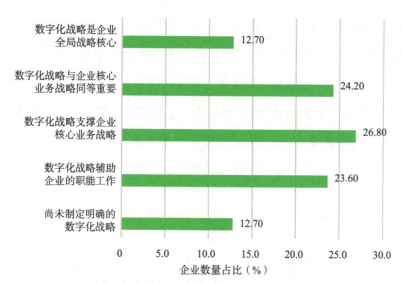

图3.6 数字化战略在被调研企业中的重要性分布

在国际上,IDC对澳大利亚的100家企业所进行的调查显示,89%的企业采用了或者计划采用数字优先战略(digital-first strategy)。超过1/3的组织(37%)已经整合并执行了数字领先战略,其中7%拥有企业级数字业务。不过,近一半(45%)受访的商界领袖说,他们的公司还处于早期阶段——收集信息或刚刚开始制定数字领先策略[①]。

我国企业数字化的重点范围是业务流程和服务的数字化。笔者在调研中发现,重点放在业务流程数字化的企业占比达到87.9%,重点放在服务数字化的占比为70.7%,重点放在商业模式和产品数字化的占比分别为52.2%和31.2%,没有具体数字化战略的仅占2.5%(见图3.7)。

---

① Daniel-Zoe Jimenez, et al. 2018. Unlocking the Economic Impact of Digital Transformation in Asia Pacific[R/OL]. (2018.11)[2020.03.09]. https://news.microsoft.com/apac/features/digital-transformation/.

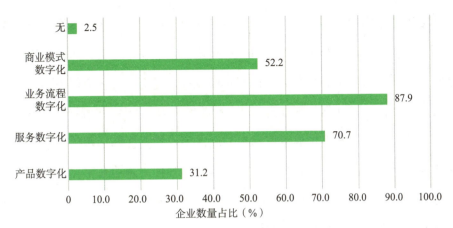

图3.7 被调研企业数字化战略的重点分布

放眼全球,欧美国家数字化转型重点关注的则是顾客服务和IT流程。图3.8来自Forrester公司在2016年针对北美和欧洲的1 705位企业决策者对企业数字化转型关注内容的调查。可以看出,各类型企业都普遍关注顾客服务和IT流程,其次是市场营销和产品开发。

	制造	零售和批发	商业服务及建设	媒体、娱乐和休闲	公共设施和通信	金融服务及保险	公共机构及医疗
市场营销	33%	48%	33%	54%	34%	41%	28%
销售	38%	52%	30%	41%	28%	45%	16%
顾客服务	45%	53%	42%	54%	52%	47%	63%
现场服务	24%	23%	23%	6%	23%	23%	24%
产品开发	36%	28%	33%	43%	31%	31%	21%
IT流程	53%	50%	65%	43%	68%	64%	53%
金融	23%	20%	30%	30%	29%	43%	34%
存货管理	31%	35%	24%	19%	28%	15%	20%
制造	36%	17%	22%	17%	21%	11%	6%
供应链	37%	43%	26%	19%	26%	17%	18%
合作伙伴支持	26%	31%	27%	24%	27%	21%	14%

基于1 705位北美和欧洲参与数字化转型的企业的决策者

图3.8 北美及欧洲企业数字化转型的重点分布

资料来源:Forrester. 2018. Digital rewrites the rules of business[R/OL]. (2018.04.03)[2020.02.21]. https://partners.lantelligence.com/wp-content/uploads/2018/07/Forrester-Digital-Rewrites-The-Rules-Of-Business.pdf。

我国企业数字化转型的主要目标是提升企业的综合竞争力。企业数字化转型的主要目标可以分为三类：第一类是增强企业竞争优势，以对外为主。这类目标涉及增加市场竞争力，提高企业收入，提高环境适应能力，抓住未来发展机会，拓展企业业务边界，提升行业影响力。如图3.9所示，该类占比最高。第二类是提升客户满意度和忠诚度。第三类是提高运营效率、降低运营成本。单项比例最高的是将"提高运营效率"作为企业数字化转型的主要目标，占比为81.5%。从调查结果可以发现，企业数字化相对于信息化而言，与企业核心竞争力的关系更加紧密。

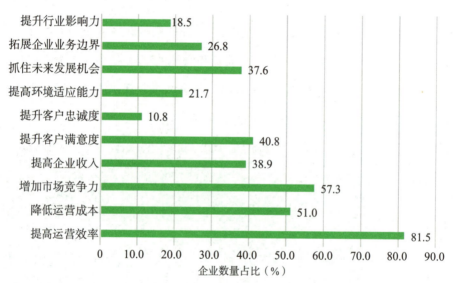

图3.9　被调研企业数字化转型的主要目标分布

在国际上，IDG的一份报告①显示，大多数的组织（64%）希望通过自动化提高过程效率，58%的组织希望创造更好的客户体验，50%的组织希望提高员工的生产率，43%的组织期待通过数字业务增长收入。

数字化真正上升为"一把手工程"。数字化转型是企业至关重要的战略

---

① IDG. 2018 State of Digital Business Transformation White Paper[R/OL]. (2018.02.26)[2020.02.21]. https://www.idg.com/tools-for-marketers/2018-state-of-digital-business-transformation-white-paper/.

举措，因此企业"一把手"对于数字化转型尤为重视。从我们的调研结果来看，如图3.10所示，45.9%的企业的CEO为关键负责人，16.3%的企业的CIO为关键负责人，此外，CTO（9.9%）和IT部门经理（5.7%）也经常是企业数字化转型的关键负责人。在走访的案例中也发现，数字化战略在很多企业已成为企业级战略，甚至是企业第一战略，如华为的数字化转型战略、茅台的智慧茅台战略、TCL的"双+战略"等。

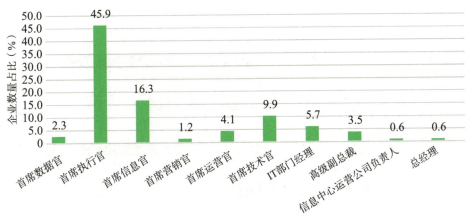

图3.10 被调研企业数字化转型的关键负责人分布

这一洞察与Accenture公司的调研结论相吻合，领先者型的数字化转型企业非常重视高层领导的作用，58%的受访领先者企业表示其数字化建设由高管负责，而其他类型企业中只有42%做到了这一点。受访的领先者企业中35%对数字化推进部门的定位不是局限于IT部门，而是集管理变革、模式转型等多职能为一体的综合性部门，这比其他企业高出10个百分点[①]。

另外，根据IDC预测，各个企业将会以数字化转型为核心重塑组织架构，管理层将在数字化时代发挥他们新的作用：CEO将扮演转型发起人的

---

① World Economic Forum, Accenture. 2016. Digital Transformation of Industries: Media, Entertainment and Information[R/OL]. (2016.01)[2020.03.09]. https://www.accenture.com/_acnmedia/accenture/conversion-assets/wef/pdf/accenture-media-industry.pdf.

角色;CIO的作用更富有战略性,他们将成为IT现代化的推动者和新技术顾问;CTO将聚焦数字化产品和服务的开发[①]。

笔者的调研数据显示(见图3.11),37.5%的企业的CEO"亲自推进数字化战略在整个企业中实施";35.6%的企业的CEO"具有数字化转型的意识,但是没有将其上升到企业战略";仅有5.7%的企业的CEO"没有数字化转型的意识"。这一结果更加印证了数字化转型是真正的"一把手工程"的判断。

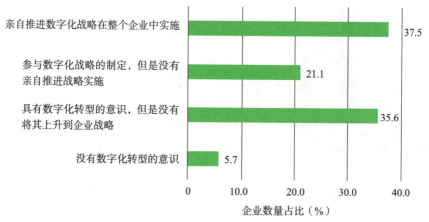

图3.11 被调研企业的CEO对数字化转型的态度

将近50%的企业直接向CEO汇报数字化转型。我们的调研数据还显示(见图3.12),47.3%的企业的数字化转型负责人"直接向CEO汇报";"直接向董事长汇报""隔一级向CEO汇报""隔两级向CEO汇报"的比例分别为31.3%、18.8%和2.7%。

---

① Daniel-Zoe Jimenez, et al. 2018. Unlocking the Economic Impact of Digital Transformation in Asia Pacific[R/OL]. (2018.11)[2020.03.09]. https://news.microsoft.com/apac/features/digital-transformation/.

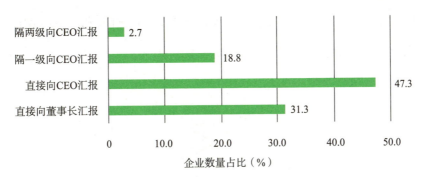

图3.12 被调研企业数字化转型负责人汇报层级

数字化转型的时间。根据我们的调研,如图3.13所示,截至2018年,接近58%的企业启动数字化转型的时间为1—3年,27%的企业为4—10年,只有大约5%的企业超过10年。对于数字化转型还要持续多久,接近66%的企业预计需要至少3—5年,18.9%的企业预计需要6—10年,只有6.3%的企业认为在2年内可以完成。

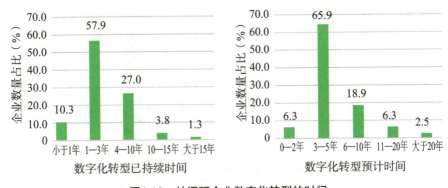

图3.13 被调研企业数字化转型的时间

数字化转型投入金额。根据我们的调研,如图3.14所示,数字化转型投入占企业总销售额的比例在1%—5%的企业最多,占39.2%;在0.1%—1%的企业占25.6%;而超过10%或低于0.1%的企业占比都是9.5%。近2/3的企业的数字化转型上已投入的金额在100万—1亿元。其中,34.3%的企业在1 000万—1亿元的水平,30%左右的企业在100万—1 000万元的水平,仅有1.4%的企业投入大于10亿元。未来3年，将近2/3的企业对数字化转型的投入将在1 000万—10亿元。仅有9.6%的企业预计投入总额低于100万元。

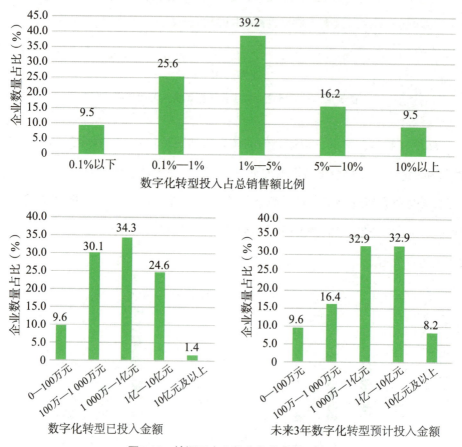

图3.14　被调研企业数字化转型投入情况

我们再看看国际情况。IDC的报告显示，数字化转型将占据企业不小的预算，这一数字与企业规模相关。在未来一年，21%的企业将花费100万—1000万美元用于数字业务计划，15%的企业将花费1 000万美元甚至更多。另有21%的组织计划2017年花费不超过100万美元。预期投入随公司规模不同变化较大，大企业（员工数大于1 000人）平均预计花费2 750万美元，中小企业预期花费180万美元,整体平均花费是1 430万美元。①

在数字化项目投入的分配上,我们的调研显示,超过50%的数字化转型投入用于购买数字化技术。如图3.15所示,用于数字化技术的金额占数字化转型投入金额的比例较大,其中占比60%—80%的企业占27.2%,占比80%以上的企业占27.1%,仅有20%的企业该比例低于20%。

用在人才上的费用在快速增加。我们的调研显示,37.1%的企业数字化人才投入占比处于20%—40%,28.6%的企业数字化人才投入占比处于40%—60%,仅有10%的企业对数字化人才的投入占比超过60%。

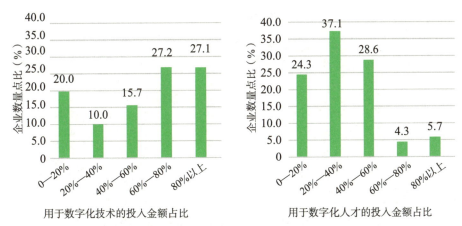

图3.15 被调研企业数字化投入中对技术和人才的投入

---

① IDG. 2018. 2018 State of Digital Business Transformation White Paper[R/OL]. (2018.02.26)[2020.02.21]. https://www.idg.com/tools-for-marketers/2018-state-of-digital-business-transformation-white-paper/.

CHAPTER

04

第4章

数字化技术

4.1 什么是数字化技术

从技术角度看，数字化（digitization）是指将模拟信号[①]转变为数字信号[②]的过程，是将物理/模拟流程、内容或对象用二进制数字信号进行编码的过程。数字化过程（digitizing）描述了模拟信号转换为数字信号的过程[③]。这个过程具有突破性的历史意义，是社会和经济形态产生数字化创新的重要技术基础。

推动数字化在社会中普及有两个条件：一是数字化技术进步的速度[④]；二是分布式、异构式计算的发展规模。20世纪70—80年代，大规模集成电路和微处理器的出现加速了数字化技术的扩散。20世纪90年代，人们获得了成本足够低廉的数字化设备与计算能力，数字化技术开始大规模使用。互联网的发展快速扩大了数据分布的范围和异构数据的规模，分布式计算和异构式计算的出现一改往日集中式计算模式，极大地提高了数据处理的灵活性[⑤]。近十年来，随着移动互联网的发展普及，移动计算、普适计算、泛在计算、云计

[①] 模拟信号用来表示模拟数据，例如一系列连续变化的电磁波或电压信号。模拟数据是指取值范围是连续的数值，比如声音、图像、温度、压力等。

[②] 数字信号用来表示数字数据，例如一系列断续变化的电压脉冲。数字数据是指取值范围离散的数值。

[③] Tilson D, Lyytinen K, Sørensen C. 2010. Digital infrastructures: The missing IS research agenda [J]. Information Systems Research, 21(4):748-759.

[④] Fichman R G, Dos Santos B L, Zheng Z E. 2014. Digital innovation as a fundamental and powerful concept in the information systems curriculum [J]. MIS Quarterly, 38(2): 329-354.

[⑤] Lyytinen K, Yoo Y. 2002. Research commentary: The next wave of Nomadic computing[J]. Information Systems Research, 13(4): 377-388.

算、大数据、物联网、人工智能等技术得到了大量应用场景，计算成为人们工作生活中随时随地可以获取的资源，网络空间与实体空间的融合进一步深化、扩大。

我们讨论的"数字化"是一个技术—社会现象。技术—社会现象指的是数字化技术被组织、社会采纳与使用的过程。数字化技术主要是指云计算、大数据、物联网、移动技术与人工智能等新一代数字化技术。

数字化具有两个核心特征[①]：一是数据的同质性（homogenization of data）；二是可重编程性（reprogrammability）。数据的同质性使得数字信号采用0/1离散二进制编码的信息，均可脱离存储、传播、处理、显示等技术的束缚进行整合（如电视视频、无线电音频均可以在互联网一个页面上呈现）。可重编程性是指数字信号与实体设备的分离使得重新编程成为可能，这样，数字应用可以根据用户需求不断编程迭代，并具备了七个主要属性（见表4.1）：（1）可编程（programmability），是指对象功能或内容可以持续、系统地调整和升级，如智能手机上的App应用是不断迭代和更新的；（2）可访问（addressability），对象可以实时识别和访问，如智能手机上地理位置的识别功能；（3）可通信（communicability），对象可以发送和接收数字信号，如智能手机上的通信、社交平台的交互等；（4）可记忆（memorability），对象可以存储自身状态和交互的历史日志，如电脑和智能手机中对网站的访问日志、对信息的浏览偏好等；（5）可感知（sensibility），对象可以感知和响应环境的变化，如穿戴设备中智能手表对心跳的识别、智能跑鞋对步伐的记录等；（6）可追溯（traceability），对象可以实时识别和定位，如根据智能手机对行动轨迹的识别，对人群聚集数量的识别等；（7）可协作（associability），对象之间可以交互协作，如通过

---

① Yoo Y, et al. 2012. Organizing for innovation in the digitized world[J]. Organization Science, 23(5): 1398–1408.

蓝牙在设备之间传递信息等。数字化技术的这些特性，为数字化创新提供了条件。数字化创新主要有两种模式：一是数字化融合（convergence），二是数字化衍生（generativity）。对此我们将在数字化创新一章中详细解释。

表4.1 数字化技术的属性

属性	含义
可编程	对象功能或内容可以持续、系统地调整和升级
可访问	对象可以实时识别和访问
可通信	对象可以发送和接收数字信号
可记忆	对象可以存储自身状态和交互的历史日志
可感知	对象可以感知和响应环境的变化
可追溯	对象可以实时识别和定位
可协作	对象之间可以交互协作

资料来源：Yoo Y, Henfridsson O, Lyytinen K. 2010. The new organizing logic of digital innovation: An agenda for information systems research[J]. Information Systems Research, 21(4): 724-735。

4.2 数字化技术的主要类型

云计算（cloud computing）。云计算是一种计算模型，提供高可靠性、超大规模、按需获取的分布式计算环境。"云"作为虚拟资源池，以按使用量付费的模式提供可配置的数字化资源（如服务器、存储空间、应用程序、宽带网络等），并实现资源自动管理。

云计算的出现改变了组织部署数字化资源的方式，将数字化资源作为一种服务来获取。目前使用最广泛的服务包括基础设施即服务（IaaS）、平台即服务（PaaS）、软件即服务（SaaS）[①]。其中，IaaS提供了处理、存储、

---

① 王喜文.2017.机器人+战略行动路线图[M].北京:机械工业出版社.

网络等基础设施，用户通过网络使用需要的基础设施、运行系统和软件等。PaaS提供了开发、测试、部署、运营、维护等环境，用户可以通过网络在平台上进行技术开发与服务运营。SaaS提供了一系列软件和信息系统，用户可以通过网络在线使用软件。

云计算是制造业进行数字化创新的关键技术之一。典型的应用是生产制造与流程管理方面的服务，比如组织不再需要自建满足数字化创新的超大存储空间和超强计算能力，而是通过云计算平台开发各种功能，还可以使用平台级的信息系统，比如客户关系管理系统、工作绩效管理系统、企业资源管理系统等，大大缩减了数字化创新成本，提高了业务运营的效率，提升了组织之间（如供应链上的合作企业）的协作效率。

组织部署云计算有四种模式，即公有云、私有云、社区云与混合云。公有云是使用云计算服务商提供的共享服务，私有云是服务商提供的一对一服务，社区云是多家组织共享服务，混合云既包括了公有云也包括了私有云。组织在使用云计算的同时也会将数据存储在云端，这些数据可能包括了客户信息、员工信息、商业机密等，因此云计算的数据安全问题是需要重点考虑的问题之一，使用云计算的组织往往将核心数据部署在私有云上。

云计算有效地支持了数字化创新融合与衍生的特征。从融合来看，云计算能够将分散化的资源、用户、组织进行集成，被集成的对象需要进行数字化，将实体资源抽象为数字化资源（比如采用射频识别技术、传感器、物联网等），数字化资源通过接口在云端进行集成。从衍生来看，组织可以在云计算的支持下实现产品和服务的持续优化、基于大数据的服务创新等。

大数据分析（big data analysis）。随着数字化技术的普及与数字化创新的融合，数据来源变得越来越多样化（如工业设备、生产流程、智能手机、智能家电等），数据量随之呈现指数级增长势头，形成了我们所熟知的"大数据"。大数据是指海量、多样的数据，能够快速地产生、捕捉

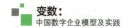

和处理[1]。

大数据通常具有五个特征：体量（volume）大、速度（velocity）快、多样性（variety）、准确度（veracity）高和价值（value）大。但大数据处理的真正难点是，数据类型的多样使得企业需要同时处理不同类型的数据（如结构化、半结构化和非结构化数据，文本、视频、语音数据等）。在快速响应方面，企业对市场、客户需求、场景和风险的反应必须高效、即时，数据规模大、类型多与挖掘精准、速度快就成为一对矛盾。在准确度方面，一方面数据是对环境不确定性的一种反映，同时数据的真实性、可靠性和价值对人机智能都提出了很高要求。迈尔-舍恩伯格（Mayer-Schönberger）教授在《大数据时代》一书中指出了大数据时代处理数据理念的三大转变，即要全体不要抽样，要效率不要绝对精确，要相关不要因果[2]。因此，海量数据的处理对于当前存在的技术来说是一种极大的挑战。目前，人们对大数据的处理形式主要是对静态数据的批量处理、对在线数据的实时处理，以及对图数据的综合处理（还在研究开发阶段）。

传统的数据处理技术（如信息系统）将数据作为对象型资源，按照事先定义好的数据模型对收集的数据进行处理。如今，这些技术俨然不能匹配大数据的属性[3]。大数据处理不仅需要更多的数字化资源，如计算能力、内存空间、存储空间、网络通信等，还需要更灵活和更先进的处理方法，通过对大数据进行有效的分析才能挖掘大数据的更多价值。

---

[1] Loebbecke C, Picot A. 2015. Reflections on societal and business model transformation arising from digitization and big data analytics: A research agenda[J]. Journal of Strategic Information Systems, 24(3):149-157.

[2] 维克托·迈尔-舍恩伯格，肯尼思·库克耶. 2012. 大数据时代：生活、工作与思维的大变革[M]. 杭州：浙江人民出版社.

[3] Golzer P, Fritzsche A. 2017. Data-driven operations management: organisational implications of the digital transformation in industrial practice[J]. Production Planning & Control, 28(16): 1332-1343.

大数据分析技术从"智能决策""商业智能"技术进化而来[1]。大数据分析是指利用海量数据进行统计和量化分析，通过数据分析模型与算法（如关联规则学习、集成学习、机器学习、聚类分析、自然语言处理、模式识别、空间解析等）对大数据进行理解和洞察，用以支持基于事实的决策。在大数据分析的支持下，数据从对象型资源转变为产生价值与驱动创新的操纵型资源[2]。大数据分析也是人工智能[3]和机器人的重要技术支撑[4]。

大数据分析对组织数字化创新及衍生创新起到了关键作用。在制造业领域中，基于工业大数据的分析可以贯穿设计、生产、管理、服务等各个环节，帮助制造企业做出更加精准的业务经营决策。大数据分析帮助组织在高度竞争的环境中快速识别市场机遇，建立核心竞争能力，提升组织绩效[5]。根据商业软件联盟（Business Software Alliance，BSA）的研究，56%的公司用了大数据分析之后经济效益提升了10%甚至更多[6]。超过90%的《财富》1 000强公司在开展大数据项目[7]。

---

[1] Loebbecke C，Picot A. 2015. Reflections on societal and business model transformation arising from digitization and big data analytics: A research agenda[J]. Journal of Strategic Information Systems, 24(3):149-157.

[2] Viktor M-S, Kenneth C. 2014. Big Data: A Revolution That Will Transform How We Live, Work, and Think[M]. London: Eamon Dolan/Mariner Books.

[3] 大数据分析本质上是基于数学算法对海量数据进行分析，预测事情发生的可能性，随着系统接收到的数据越来越多，系统通过反馈学习进行算法和参数的实时调整、持续改进。因此，大数据分析是人工智能的支撑技术，与人工智能不是同一个概念。

[4] 王喜文. 2017. 机器人+战略行动路线图[M]. 北京：机械工业出版社.

[5] Molinsky A L, et al. 2012. Three skills every 21st-century manager needs[J]. Harvard Business Review, January-February 2012 Issue.

[6] Columbus L. 2014. Making analytics accountable: 56% of executives expect analytics to contribute to 10% or more growth in 2014[EB/OL]. [2020.05.04]. https://www.forbes.com/sites/louiscolumbus/2014/12/10/making-analytics-accountable-56-of-executives-expect-analytics-to-contribute-to-10-or-more-growth-in-2014/#1336eab03120.

[7] ITU. 2005. ITU Internet Reports 2005: The Internet of Things[R/OL]. (2005.11.17)[2020.05.04]. http://www.itu.int/osg/spu/publications/internetofthings/.

物联网（Internet-of-things，IoT）。物联网的实践最早可以追溯到1990年施乐公司的网络可乐贩售机。1995年，比尔盖茨在《未来之路》[1]一书中也曾提及物联网，但未引起广泛重视。1999年，美国麻省理工学院的Kevin Ashton教授首次提出物联网的概念。1999年，美国麻省理工学院建立了"自动识别中心"（Auto-ID Labs[2]），提出"万物皆可通过网络互联"，阐明了物联网的基本含义。早期的物联网是依托射频识别（RFID）技术的物流网络，随着技术和应用的发展，物联网的内涵已经发生了较大变化。国际电信联盟（International Telecommunication Union，ITU）2005年对物联网的定义是：物联网是指"通过二维码识读设备、射频识别装置、红外感应器、全球定位系统和激光扫描器等信息传感设备，按约定协议，把任何物品与互联网相连接，进行信息交换和通信，以实现智能化识别、定位、跟踪、监控和管理的一种网络"[3]。

随着数字化技术的发展，实体对象可以通过传感器等技术采集对象的环境、位置、状态等数据，通过网络通信技术实现对象之间的交互。2014年，物联网引起学术界和实业界的广泛关注[4]。物联网的概念发展为由实体对象连接组成的网络，具体是指利用射频识别设备、传感器等数字化元器件感知、获取实体对象的相关数据，通过网络将实体对象连接起来，通过数据传输与处理实现对实体对象的定位、感知、执行、管理等功能[5]。

---

[1] 比尔·盖茨. 1996. 未来之路[M]. 北京：北京大学出版社.

[2] 自动识别中心是设在麻省理工学院的全球领先的物联网学术组织，由分布在四大洲的七所最著名的研究型大学共同组成。

[3] ITU. 2005. ITU Internet Reports 2005: The Internet of Things[R/OL]. (2005.11.17)[2020.05.04]. http://www.itu.int/osg/spu/publications/internetofthings/.

[4] Wortmann F, Flüchter K. 2015. Internet of things - Technology and value added[J]. Business & Information Systems Engineering, 57(3): 221-224.

[5] Babiceanu R F, Seker R. 2016. Big data and virtualization for manufacturing cyber-physical systems: A survey of the current status and future outlook[J]. Computers in Industry, 81: 128–137.

物联网具有两大特征[①]：第一，物联网将实体对象数字化，产生海量数据。数字化元器件可以实时采集实体对象的相关数据（如重量、温度等）并将其转化为数字信号。第二，物联网使得实体对象具备数字化功能和数字化技术属性[②]。比如，一台安装气味传感器的冰箱，不仅可以实现冷藏冷冻功能，还能够通过传感器对冷藏食材的品质进行数据记录和监控，提醒用户食材是否可以放心食用。

物联网从射频识别技术和传感器技术发展而来，如今的发展已经远远超出自动识别技术的范围。物联网通常由三层架构组成，即设备层、通信层与应用层，综合运用自动识别技术、传感技术、嵌入式系统、云计算、大数据分析等众多数字化技术[③]。在设备层，射频识别设备、传感器、执行器、处理器、网络通信接口等数字化元器件被嵌入实体对象中，赋予实体对象环境感知、数据采集、数据传输、控制执行等数字化功能。在通信层，网络基础设施、通信协议等支持设备层与应用层的通信，其承载网络可以是互联网、专用网等。在应用层，实体对象间的通信软件、实体对象的管理软件、应用的开发平台、数据管理与存储、大数据分析等都可以通过云计算实现[④]，应用层将人与物、物与物无缝连接，将物联网的价值展现出来[⑤]。物联网的智能处理

---

① Yoo Y. 2010. Computing in everyday life: A call for research on experiential computing[J]. Mis Quarterly, 34(2), 213-231.

② Yoo Y, Henfridsson O, Lyytinen K. 2010. The new organizing logic of digital innovation: An agenda for information systems research[J]. Information Systems Research, 21(4):724-735. Wortmann F, Flüchter K. 2015. Internet of things - Technology and value added[J]. Business & Information Systems Engineering, 57(3): 221-224.

③ Wortmann F, Flüchter K. 2015. Internet of things - Technology and value added[J]. Business & Information Systems Engineering, 57(3): 221-224. 吕铁. 2016. 物联网将如何推动我国的制造业变革[J]. 人民论坛·学术前沿, 17: 28-37.

④ 刘鹏. 2012. 3G、物联网与云计算[C/OL]// 中国国际广播电视信息网络展览会论文集. [2020.05.04]. http://www.wanfangdata.com.cn/details/detail.do?_type=conference&id=7642930.

⑤ Babiceanu R F, Seker R. 2016. Big data and virtualization for manufacturing cyber-physical systems: A survey of the current status and future outlook[J]. Computers in Industry, 81: 128–137.

要对海量的信息进行分析和处理，就需要信息技术的支持，云计算的超大规模、虚拟化、多用户、高可靠性、高延展性等特点正是物联网规模化、智能化发展所需的技术。

物联网是数字化创新倚重的重要技术之一①。在制造业领域，物联网驱动的数字化创新非常丰富。比如，在生产流程方面，工业设备可以感知设备状态数据、采集生产过程的数据，实现对物料、设备等的监控和操控，提高生产流程自动化程度，提升生产和管理效率。在产品服务方面，物联网赋予产品更多样的功能，推动了新产品和新服务的出现，进而驱动了商业模式的创新，给企业带来更多的发展机遇。

移动技术。1890年，尼古拉·特斯拉（Nikola Tesla）为无线通信奠定了理论基础，4年之后，被誉为"无线电之父"的伽利尔摩·马可尼（Guglielmo Marconi）第一次将无线信号传输到两英里外，从此移动技术给人类社会带来了极大的变革。移动技术在政府部门的应用也可追溯到第一次世界大战。近年来，移动通信技术与信息技术的融合更使移动技术成为业界关注的焦点。随着移动通信和移动计算技术的融合，移动技术逐步成熟，对移动技术的应用与开发带来的移动交互为普适计算、随时随地在线连接、通信联络和信息交换提供了可能，为移动工作提供了新的机遇和挑战，并推动着组织形态及社会形态的进一步变革。

移动技术在移动通信技术与移动计算技术融合的推动下，主要包括四类技术：一是基于无线电的双向无线电通信（专业或公共移动无线电）或广播；二是基于蜂窝电话的移动语音服务、SMS（短信服务）、WAP（无线应用协议）、GPRS（通用无线分组业务）、UMTS（第三代移动通信网络，即3G）；三是基于移动设备的技术，包括笔记本电脑、平板电脑、PDA（个人

---

① 吕铁.2016.物联网将如何推动我国的制造业变革 [J]. 人民论坛·学术前沿, 17: 28-37.

数字助理)、寻呼机、蓝牙技术、RFID和GPS（全球卫星定位系统）；四是基于网络的技术，如WiFi或我国正在开发的WAPI无线局域网等。

移动技术和互联网已经成为信息科技发展的主要驱动力，移动技术的发展也在不断进化，在通信能力基础上逐渐强化计算能力和智能化等能力，开辟了广阔的移动交互的空间，并已经成为大众的生活、工作方式，也对金融业务产生了深刻的影响。移动技术的主要趋势和方向包括计算能力人工智能芯片（计算能力和智能化能力的增强）、基于云的App（网络连接、计算能力和数据共享带来提升）、生物特征识别（具有普遍性、唯一性和安全性等优点）、智能化能力（让移动终端更好地和人互动）、AR/VR（实现浸入式或者现实叠加场景）、O2O连接能力跨空间连接（基于位置数据技术、蓝牙等）、跨设备连接（利用二维码、NFC等技术）等。

人工智能（Artificial Intelligence，AI）。人工智能研究与人类思维相关活动（比如决策、问题求解、学习等活动）的自动化[①]，以及如何运用计算机做人类比计算机更擅长的事情[②]。人工智能的发展得益于跨学科的组合，包括哲学、数学、经济学、神经科学、心理学、计算机工程、控制论、语言学等。其主要应用领域包括无人驾驶汽车、人脸/人体识别、语音识别、自主规划与调度、博弈、垃圾信息过滤、后勤规划、机器人及机器翻译等。

通常认为，人工智能主要有三个分支：第一，基于规则的人工智能；第二，无规则，计算机读取大量数据，根据数据统计、分析等方法进行智能处理的人工智能；第三，基于神经元网络的一种深度学习。基于规则的人工智能是指在计算机内根据规定的语法结构录入规则，再基于这些规则进行智能处理。这种人工智能缺乏灵活性，不具有实用性。因此，人工智能实际上的

---

① Bellman R E. 1978. An Introduction to Artificial Intelligence: Can Computers Think?[M]. Boston: Boyd & Fraser Publishing Company.

② Rich E, Knight K. 1991. Artificial Intelligence[M]. New York: McGraw-Hill.

主流分支是后两者，而后两者都是通过"计算机读取大量数据，提升人工智能本身的能力/精准度"①。如今，大量数据产生之后，具有低成本的存储器、高度的CPU才能使后两种得以实现。

美国麻省理工学院的帕特里克·H.温斯顿（Patrick H.Winston）教授认为，人工智能是研究如何使用计算机去做过去只有人才能做的智能工作。概括起来，人工智能是研究人类智慧活动的规律，并将这些规律数字化，构建成一套系统，然后再研究如何让计算机去完成以往需要人的智力才能从事的工作，也就是研究如何应用计算机的软硬件来模拟人类行为的基本理论、方法和技术。

人工智能成为新一轮工业革命的推动器。催生新业态和新的商业模式，引发了产业结构的深刻变革。人工智能有三个发展阶段：计算智能、感知智能和认知智能。第一阶段的计算智能已经基本成熟，即快速计算和存储能力。1997年，IBM的超级计算机"深蓝"创造了一个里程碑：战胜了当时的国际象棋世界冠军卡斯帕罗夫，证明人工智能已经实现了计算智能，而且在某些情况下有不弱于人脑的表现。第二阶段是感知智能，主要包括机器视觉、语音语义识别等。在感知智能方面，最具有代表性的研究就是无人驾驶汽车，谷歌和百度都希望在这个方面实现突破。无人驾驶汽车利用各种传感器对周围的环境进行处理、自动控制，以实现自动驾驶。第三阶段为认知智能，主要包括机器学习、智能大脑等，是更高级的、类似人类的智能。

区块链（blockchain）。它是一个去中心化、去信任化的一致性共享账本技术，由分布式数据存储、点对点传输、共识机制、隐私加密等多种技术集合而成。从形式上主要分为公有链、联盟链、私有链三种。主要特点有：
（1）去中心化。是指不需要中心机构，某个节点的失效不会影响整个系统。

---

① 王喜文.2017.机器人+战略行动路线图[M].北京：机械工业出版社.

(2)去信任化。是指使用共识机制保证每个节点之间数据一致,节点之间进行数据交换是无需互相信任的。(3)防篡改。是指使用公钥机制,实现不可篡改、不可抵赖、可追溯,每条记录都有签名。区块链技术将使金融业的下次升级更加接近金融的本质——信用。理论上,在技术识别能力足够的情况下,区块链技术能让交易双方在无需借助第三方信用中介的条件下开展经济活动,从而实现全球低成本的价值转移。区块链技术未来可能应用到数字货币、票据、清算结算、股权交易、审计、公证等多个领域。基于区块链点对点交易、信息苛刻篡改等特性,区块链技术所带来的数字票据能够成为一种更安全、更智能、更便捷的票据形态,实现票据价值传递的去中介化,且有效防范票据市场风险。区块链技术带来的分布式清算机制的拓展,如果应用于银行间清算,能够减少大量的管理成本并提高清算的效率。

5G技术与物联网的发展。 5G是继4G技术之后的最新一代蜂窝移动通信技术。5G的性能目标在峰值数据速率、用户体验数据速率、频谱效率、移动性、减少延迟、连接密度、网络能效和区域通信能力上都比4G技术有很大改善[①]。5G网络的数据传输速率比之前的蜂窝网络高得多,最高可达10gbps;它比目前的有线互联网快,比之前的4G LTE(移动通信长期演进)蜂窝技术快100倍,在减少网络延迟上低于1毫秒,相比之下,4G的网络延迟为30—70毫秒。由于更高的数据传输速率,5G网络将不仅服务于手机,而且还将作为一个普通的家庭和办公室网络提供商,与有线网络等有线互联网提供商展开竞争。

国际电信联盟已经定义了5G功能预期将支持的三种主要类型的使用场景:增强移动宽带、超可靠低延迟通信和大型机器类型通信。增强移动宽带是指将5G作为4G LTE移动宽带服务的一种演进,以更快的连接速度、更高的吞吐量和更大的容量提供服务。5G需要提供更大的容量、更强的连接性和

---

① 张平. 2019. B5G:泛在融合信息网络[J/OL]. [2020.02.21]. https://www.zte.com.cn/china/about/magazine/zte-communications/2019/cn201901/expertforum/009.

更高的用户移动性来满足这些需求。超可靠低延迟通信和大型机器类型通信将成为工业互联网、移动驾驶、万物互联坚实的网络基础设施。

5G意味着12.3万亿美元的全球市场，华为、中兴、高通、三星、诺基亚、爱立信都是强有力的国际竞争对手，5G的竞争首先是领先技术的竞争，在全球性5G标准领域，华为、爱立信和三星分别以29%、22%、20%的专利占据第一阵营，但新核心网领域，华为更是以77%的绝对优势占据领先地位[①]，当然，如果仅此就判断出华为一定成为领导人还为时过早，但华为的优势是显而易见的。美国高通公司虽然在专利数量上并不占据优势，但是在5G基带和控制上专利的质量优势还是比较突出的。从应用场景上看，5G技术在高清视频、增强现实和虚拟现实、全息技术、智能终端、智慧城市、智慧工业、智慧家庭、智慧农业、无人驾驶、车联网、智慧医疗等领域都会有广泛的应用前景，因此，从5G的市场前景看，对中国以及世界都是一个巨大的市场机遇。

◆ 4.3 数字化技术的影响

数字化技术特征与数字资源的增长。一是数字设备可重编程，使设备的符号功能逻辑与执行它的物理设备分离，可重编程性使得数字设备可以用作多种功能，且功能具有可拓展性（如远程计算、文字处理、视频剪辑和互联网浏览等）。二是数据的同质化。具体是指数字表示将任何模拟信号映射成一组二进制数，这导致了数字设备可访问的所有数据的同质化，任何数字内容（音频、视频、文本和图像）都可以使用相同的数字设备和网络存储、传

---

① 张彧通，张洪海. 2019. 中美5G竞争的未来路线图[EB/OL]. (2019.03.02)[2020.20.21]. http://net.blogchina.com/blog/article/844979862.

输、处理和显示。即使数据来源于异构数据源，也可以很容易地与其他数字数据结合起来提供不同的服务，从而消除了产品和行业的界限。三是数字技术的自我参照性。数字创新的扩散创造了正的网络外部性，进一步加速了数字设备、网络、服务和内容的创建和可用性。

数字化连接与网络外部性。它是指数字化创新随着使用者数量的快速增加，网络规模越来越大，给个体使用者带来的价值越来越大。网络效应由使用者的网络外部性直接引起（数字化资产通信或分享的能力），由多样的供应方机制间接引起（比如，互补性产品、经济规模），具有大规模网络的企业能够快速降低成本、增加功能性。网络效应意味着给数字化创新增加价值，改变了创新扩散的动态性，使技术采纳的决策变得更加复杂。

摩尔定律对数字化产品的影响。1965年，时任仙童半导体公司研究开发实验室主任的摩尔应邀为《电子学》杂志35周年专刊写了一篇观察评论报告，题目是"让集成电路填满更多的元器件"。在文章中，摩尔根据公司的研发数据提出了著名的"摩尔定律"：当价格不变时，集成电路上可容纳的元器件的数目，每隔18—24个月便会增加1倍，性能也将提升1倍。集成电路是IT技术中非常关键的元器件，集成电路的飞速进步意味着IT技术的硬件性能和基于硬件的软件性能都会以同样的速度提高。因此，摩尔定律归纳了IT技术（包括内存芯片、微处理器、硬件驱动器、路由器、网络通信设备、液晶显示屏等IT元器件）进步的速度规律[1]。摩尔定律在数字化进程中是非常关键的，它解释了为什么IT技术本身可以不断地进行创新和颠覆，同样解释了为什么IT技术能够成为产品创新、流程创新、商业模式创新及组织和社会创新的驱动者[2]。比如，计算机集成电路嵌入手机形成如今的智能手机，意味着

---

[1] Fichman R G, Dos Santos B L, ZHENG Z E. 2014. Digital innovation as a fundamental and powerful concept in the information systems curriculum [J]. MIS quarterly, 38(2): 329-354.

[2] 同上。

计算能力不断增强，功能越来越丰富，因此改变了人们的生活和工作方式。摩尔定律意味着数字化设备的计算能力将会不断增强，信息的流动速度将会不断提高。

4.4 企业技术中台的建设

"中台"这一概念最早是由美军的作战体系演化而来的，在2003年的伊拉克战争中，虽然美军"武装到牙齿"，但美军却难以应对基地组织这群"乌合之众"，单月阵亡人数一度突破1 000人。原因是基地组织在战略、战术上无规律可循，完全根据实际需要随时调整，其组织内部并没有传统意义上的架构，上下级之间没有清晰界限，内部通过手机、互联网通信工具联络，信息分享非常快。

反思美军的组织状态，联合特种作战部队组织机构庞大而臃肿，上下层级森严，汇报反馈路线太长，官僚主义盛行，内部各部门之间相互信任度不够，信息缺乏互通。因此，有必要在执行操作层面，打造一支"聚则能战、散则不见"的组织模式和中台，通过授权与支持系统，构建前线作战部队的快速响应和协同能力，具体内容包括跨部门信任和互通互联、人员嵌入制度、关键联络官制度，核心是加强资源整合与跨界协同，以高效支持前台的行动与决策。

互联网企业在外部面对激烈的竞争压力、高度多元化的市场和产业环境、要求越来越高和变化越来越快的客户需求，但在企业内部，经过十几年的发展，组织已经庞大而复杂，业务不断细化拆分，也导致"野蛮发展"的系统越来越不可维护，开发和改造效率极低，很多新业务不得不重复"造轮子"。所以，中台的目标是解决效率问题，同时降低创新成本。在这种背景下，阿里巴巴最早提出"中台战略"，其核心是整合企业内在资源，将原来分散在后台的组织资源、技术资源、数据资源、产品资源和其他资源进行整合，形成对市场前端的快速支持和服务能力。腾讯2018年9月宣布成立技术中台，由腾讯技术委员会通过内部分布式开源协同，促成更多协作与创新。京东商城近年来也在大力推行中台架构，搭建了京东商城中台研发体系和京东开放平台（POP平台）中台系统等。在制造企业，尽管并不一定采用中台的概念，但是，通过数据中心等模式整合各种技术和数据资源，为"前台"的业务开展提供底层的技术、数据等资源和能力的支持，为各事业部、产品部、地区、客户、创业员工提供高效的数据、技术和服务保障。

前台的定位。前台是由各类前台系统（企业最终用户直接使用或交互的系统）组成的前端平台。后台是由后台系统组成的后端平台。前台由于要快速响应前端用户的需求，讲究快速创新迭代，所以要求转速越快越好；而后台由于面对的是相对稳定的后端资源，而且系统陈旧复杂，甚至还受到法律法规等相关合规约束，所以往往是稳定至上，越稳定越好，转速也自然是越慢越好。因此，中台的作用就是将前台与后台的速率进行匹配，平衡前台对创新速度和后台对稳定整合的要求，是连接前台与后台的桥梁。它为前台而生，易于前台使用，将后台资源顺滑流向用户，支持对市场和客户需求的快速响应。

因此，中台可视为由一组微服务和叠加的面向服务的架构（SOA）共同组成的服务体系。它的目的就是更好地服务前台规模化创新，进而更好地响应服务引领用户，使企业真正做到自身能力与用户需求的持续对接。

中台的构建。在业务方面，中台建设的重点是业务组件化（领域的拆分）、组件服务化（组件对外呈现为服务或者API即应用程序接口）和服务能力化，经过领域建模将业务变成可复用的服务，供前台调用。因此，中台就是能力复用平台，目的是让前台对于后台的调用更加灵活、敏捷和一致。技术主要解决两个问题：一是对服务本身的管控和治理；二是解决服务能力和资源叠加的问题。因此，在构建中台时，业务组件关注的是业务功能和流

程，技术体系根据需求开发业务功能，并提供服务能力，即业务应用的横向扩展能力。

中台实际上是一个业务服务问题，技术体系服务于业务，并给业务赋能。在开发的过程中，需要有一定的规范和最佳实践来支撑，在设计方面要解决的问题有：（1）统一的技术架构体系。即业务架构体系（微服务体系）。（2）服务能力要保证。如果服务能力不能保证，就和在传统模式下开发一个应用在本质上没有什么区别。（3）服务和资源的叠加。这是解决服务能力的根本保证，否则会出现服务的性能瓶颈。（4）运维体系。服务需求很大的情况下，若没有一套自动运维体系就难以保证服务体验。

中台应用的好处。中台应用的好处主要体现在四个方面：一是降低开发风险，提高开发效率。不需要重新整体设计就可以完成整个应用端的开发，应用端的开发是基于中台的API进行开发，这样就可以提高开发效率，增加系统的稳定性，应用端只是构建操作流程。二是提升系统扩展性，增强服务伸缩性。三是降低维护风险，减少维护成本。微服务本身部署的复杂度、系统和测试的复杂度等，比传统的都要更高，在互联网行业都有一套很好的工具去解决这些问题，人为出错的概率要小很多。四是简化运维难度，提升管理效率。在互联网行业，有一套技术支撑体系去支撑应用的快速部署、运维和管理，其运维也有一套监控体系，在进行容量规划、扩容或服务改造时，很多都是通过工具去进行监控和示警。

4.5 我国企业数字化技术应用调研发现

云计算、大数据、物联网、移动技术是目前我国企业主流的数字化技术。如图4.1所示，我们调研的企业最主要使用的数字化技术是大数据分析与挖掘（19.4%）、云计算（18.2%），其次是移动技术（15.6%）和物联网（14.4%），较少使用的是区块链（3.2%）和3D打印（2.1%），其他技术只占0.9%。

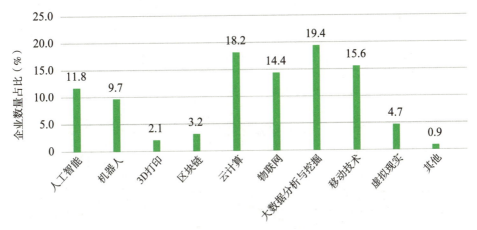

图4.1　被调研企业使用数字化技术种类分布

IDG针对628家企业的报告显示，大数据、移动技术、私有云、公有云和嵌入式API五类技术在企业中使用最多，分别有59%、59%、53%、45%和40%的企业已经实施[①]。西门子针对美国制造型企业的报告显示，美国制造型企业采用的五大技术为云计算、工厂运营关联传感器、产品关联传感器、3D打印和高级数据分析工具，分别有85%、65%、59%、39%和34%的企业选择[②]。

我国企业数字化技术的开发模式主要是适应性改造和外部合作，自主开发相对较弱。如图4.2所示，被调研企业"能很好地结合自身业务对数字化技术进行适应性改造"的均值为3.66。"企业的数字化技术具有很好的可扩

---

① IDG. 2018. 2018 State of Digital Business Transformation White Paper[R/OL]. (2018.02.26)[2020.02.21]. https://www.idg.com/tools-for-marketers/2018-state-of-digital-business-transformation-white-paper/.

② Simens. 2017. The race to a digital future: Accessing digital intensity in US manufacturing[R/OL]. (2017.07.10)[2020.02.21]. https://www.fastenernewsdesk.com/18324/ the-race-digital-future-assessing-digital-intensity-us-manufacturing/.

性""企业能有效联合外部机构进行数字化技术的设计与开发"的均值都为3.61。"企业具有强大的数字化技术设计开发能力"一项最低,均值为2.99。

从本次调研走访的企业发现,企业使用套装软件的比例正在减少,转而购买公共云服务或者自主开发的在增加,主要原因是原有套装软件不能满足企业灵活多变的业务需求。企业开始构建业务中台、数据中台等以应对数字化业务需求,其中个别自主开发能力较强的企业,会将其开发的应用或平台产品化,为本行业或全行业提供解决方案。

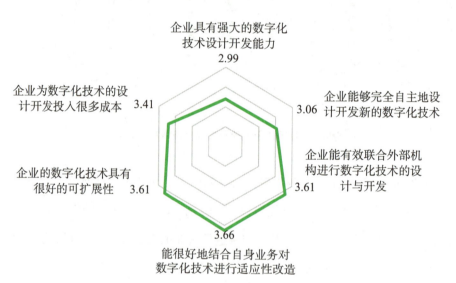

图4.2 被调研企业数字化技术设计开发情况

CHAPTER

05

第5章
数字化人才

5.1 什么是数字化人才

数字化人才是指具有数字化思维和能力（知识、专业技能、行为技能），取得相关资格与认证，拥有相应的专业和行业经验，并能交付特定成果的人。数字化企业需要开放、无边界、生态化、柔性化、"小团队+大中台"及敏捷的组织形态和架构，需要调整岗位角色和员工结构、重塑员工能力，以及识别和发展数字化人才。同时，智能硬件、智能系统及流程自动化等正在成为数字化企业新的"数字员工"，人机协同的人机超融合将重构未来工作。

数字化人才模型旨在规划、定义、识别、诊断和提高企业数字化人才及其相关知识和技能水平，是开展数字化人才培训和发展的易于使用的通用参考模型。数字化人才模型包括数字化角色树、角色描述卡和数字化人才能力模型三个组成部分。在数字经济时代，企业的关键人才构成发生了改变，企业需要制定有效的策略，来吸引、聘用、开发和培训人才，通过有效的培训体系和职业发展机制，不断提升员工的数字化能力。

根据德勤与麻省理工学院合作的数字化变革研究发现，在接受访谈的1 000多位CEO（组织规模各异，遍及131个国家与27个产业）中，近90%的高阶主管认为自己的企业正经历数字化商业模式的破坏或重新改造，近70%的高阶主管认为企业没有应对变局的适当技能、领导者或运营架构。研究结果如图5.1所示。

图5.1 德勤与麻省理工学院数字化变革研究发现

资料来源：Kiron D, et al. 2016. Aligning the organization for its digital future[J]. MIT Sloan Management Review, 58(1): 3-27。

构建敏捷的组织、打造数字化人才核心能力、发展规模化数字化人才，以及推进人机高效协同是企业数字化转型中数字化人才战略成功的四大关键要素。如果把数字化转型的"天时"和"地利"比作武功招式，那么企业的组织和人才（"人和"）就是习武者的内功，是企业生存和发展的根基和力量的源泉，它将最终决定企业会达到怎样的境界。

5.2 构建敏捷的组织

IDC的分析报告[①]指出："孤立的组织架构是企业数字化转型面临的五大挑战之一。缺乏跨业务部门的协调能力，公司的潜能就无法最大化地释放出来，变革的速度也将受限，中国有58.7%的企业面临此挑战。"

企业数字化转型是业务的变革与创新，需要构建敏捷的组织。我们发现

---
① IDC. 2018. 中国数字化转型2018年度金典[R]. 内部资料.

不少企业在用旧的组织架构去做新的事情，这导致在创新和资源整合上困难重重；也有些企业虽然有了新结构，却还在用旧的思维模式去做新的事情，没有让新结构和新职责发挥应有的功能和作用。

企业要想大力推进数字化转型，一定要下决心建立起专门从事数字化工作的部门，但企业数字化转型一定不是单个部门的事情。数字化转型是企业层面的战略和业务转型，需要众多相关部门密切协作，并同外部高效协同，才可能有效地推动企业经营和创新过程中全要素、全过程、全方位的数字化。

选择正确的数字化组织架构模式

构建合适的数字化转型组织架构是创建数字化团队的重要一步，其组织形态与企业当前数字化成熟度及数字化在核心业务中的重要性等因素密切相关。从全球的发展角度来看，支持数字化转型的组织架构主要有三种类型：

一是集中式的数字化业务（或职能）单元。 其目标是探索与发现（或者优化与创新），是探索和创造数字化产品、服务及商业模式的部门。很多传统企业刚开始进行数字化转型时通常采用这种集中式的组织模式。集中式数字化业务单元包括两种：一种是在现有的组织架构基础上，成立一个数字化转型特别项目组（虚体或实体），用于探索项目局部战略的可行性或发现新的数字化机会，比如移动应用、市场搜索项目组等。另一种是在组织内成立单独的共享创新服务团队来负责数字化相关业务。这些团队通常被称为"数字化卓越中心""数字化事业部""数字化运营中心"或"数字化服务团队"等。其特征是负责公司所有的数字化业务职能，其他部门的数字化任务都必须通过该团队执行；相应地，所有数字化业务人员都被集中到该部门，以相同的模式开展工作。这与大多数传统企业的信息化任务都必须交给IT团队类似。

集中式数字化业务单元可以在原来IT部门的基础上进行扩展，也可以是一支重新构建的数字化团队。比如,金凤科技就是将原来的集团IT部门升级改造为集团运营与数字化中心。而雪松控股集团则依然以集团信息管理中心为指导开展数字化转型,但其集团信息管理中心进行了大的变革,包括数字化文化和战略的设立,战略、组织、能力和技术中台的构建等。

与前面两家公司不同,惠生集团成立了专门的部门,整合并推进企业的数字化转型工作。新部门名称为"数字创新部",其定位及目标包括:统管集团下属各业务板块IT信息化战略发展,有效推进各板块间信息资源共享与合作;建立化工行业大数据平台,与外部领先的科技公司或科技院校合作;针对行业的特点与机遇,建立有价值的业务应用模型、预测模型,以辅助集团高层管理决策;面向未来的发展,积极引入当前先进成熟的互联网技术,为惠生未来的智能工厂储备人才及技术方案,以便随时投入智能工厂项目建设。

二是联邦式的数字化组织模式。这种组织模式通常包括几个紧密相关的部门或团队,在统一的数字化战略下协同工作。实践中,企业各部门可以选择构建自己的数字化团队来负责那些和其业务联系最紧密的数字化任务(如产品管理、电子商务、数字化营销及数字化创新等)。而那些较为功能化且难以确定具体部门归属的数字化职能,如用户体验设计、前端开发及客户服务运营等,则集中到一个服务共享部门。

联邦式的数字化组织模式通常由来自业务部门和技术部门的员工共同构成。绝大部分企业采用这种模式。比如,中国外汇交易中心以业务为导向来调整其组织架构,把IT前置,与业务人员一起构建起敏捷团队,专注于业务功能模块的建设,使公司的产品发布效率平均提升了50%。中国民生银行的数字化转型任务主要由企业创新中心、数字化管理中心和信息科技部三个核心部门来承担。中国东方航空集团建立了公司级数据管理委员会,立足航班、飞机、客户、员工、参考等五大数据域,为公司提供统一的数据服务;同时成立数据实验室,实现一线业务人员自主构建数据模型及应用场景(建模、分析、预测）的功能，迅速将实验室成果转化为实际生产力。

中信集团是典型的联邦式数字化组织模式。中信集团在三个层面为数字化转型提供了支撑：（1）成立专门的指导委员会，即"互联网+"转型领导小组，集团最高层领导挂帅，集团重要职能部门负责人和子公司负责人共同参与，这就解决了政策支持的问题。（2）组建了专门负责转型工作的平台服务公司——中信云网管理公司，以解决业务方向、创新孵化和投资问题；还组建了中信科技，着重解决科技输出与商业转化的问题。（3）引入专业化人才，广泛对接内外部资源，以灵活的机制推进数字化转型工作。

摩根大通在创新组织架构方面也是一套组合拳：（1）数字化转型团队的1 600多名技术专家分布于各创新部门，专注于数字银行、数字消费者、数字财富管理、数字商务等方面的创新工作。（2）组建金融解决方案实验室，向业务部门提供资金、合作机会、行业洞察、导师辅导、前沿客户和设计洞见等。（3）构建创新生态，比如让金融科技技术专家在摩根大通工作半年，而不是仅待在实验室，和银行家近距离工作可以帮助他们孵化创新创意。孵化成功后，摩根大通可以优先投资，成立金融科技初创公司。（4）通过资金投入促进新型合作关系，如战略投资部与300余家高科技公司建立了长期合作关系，2015、2016年完成战略投资30余项。

三是分散式的数字化组织模式。这种组织模式将数字化能力完全分散或者说完全融入组织中。数字化成熟度高的公司（如耐克）或数字化原生企业（如亚马逊、谷歌和阿里等）常采用这种分散式组织模式。这些企业的所有业务都是数字化的，没有必要维持一个集中式的数字化团队，数字化自然也就是分散的。

在这个层面上，组织结构就是工作、工作者和客户三者之间的关系。[1]

---

[1] 约翰·布德罗，瑞文·杰苏萨森，大卫·克里尔曼. 2016. 未来的工作：传统雇用时代的终结[M]. 北京：机械工业出版社.

数字经济时代，组织结构将发生四个方面的转变：（1）渗透性的转变，传统的组织形式是把公司的事情在内部解决，未来的趋势是由外包公司和人力资源平台与企业共同解决；（2）互联性的转变，外包公司和人力资源平台之间的联系更密切，互联性是渗透性的补充；（3）合作性的转变，传统的组织要保护自己公司的机密，会把自己的行动隐蔽起来，但在未来的趋势中，组织开放性会越来越高，公司与外部之间会有更多合作，甚至客户都可以参与进来；（4）灵活性的转变，主要适用于部门之间——每个部门就像是一套乐高积木中的零件，传统的做法是一个也不能少，全部都用起来，而未来的趋势是把自己的零件送出去，和另一套乐高积木合作，当然也可以借用其他公司的零件，如此交叉来回组合，只要保证组织的高效率运转就可以。

敏捷组织转型是企业数字化的必经之路

麦肯锡对敏捷组织的定义是：能够以高成效的运营模式，快速灵活地适应环境，抓住机遇，创造价值，并凝聚员工能力的组织[①]。

传统科层制下，管理者基于掌握的数据信息进行预测和规划，将复杂问题拆解成多个简单事项，并基于职能分工让组织中的个体分别去解决，这种企业运行模式解决了员工间的分工与协同问题，有助于实现资源组合效率最大化。但在企业数字化转型与创新的过程中，传统的组织模式难以适应当下挑战。未来的企业将不仅追求效率，更为重要的是如何变得更加敏捷以应对持续变化。企业管理者不再根据已知信息进行准确预测并指挥控制，而是依托团队互信、信息共享、目标一致、授权一线等手段来确保组织获得快速的适应能力，敏捷组织已经成为让企业保持高竞争力和效率的制胜法宝。

目前，已经有不少领先的企业开始采用这种敏捷组织的形态。比如，华为公司中由客户经理、解决方案专家、交付专家组成的"铁三角"项目型组

---
① 尤尔根·梅菲特，沙莎. 2018. 从1到N：企业数字化生存指南[M]. 上海：上海交通大学出版社.

织；海尔集团的具有"自主决策、分配资金、自主用人"的"小微"公司；阿里巴巴的"小前台+大中台"组织架构等。位列世界十大特种部队之一的海豹突击队，也是一个典型的敏捷组织。

敏捷组织往往兼具稳定与灵活的特征，既要有稳定的基础，也要有动态的能力，两者兼而有之。

一方面，敏捷组织的稳定性包括流程和架构的稳定性，以及文化价值观的稳定性。企业须清晰定义组织边界和员工职责范围，以精益高效的流程作为支撑；同时建立组织的共同目标、价值观和使命感，保证团队成员的互信互赖。

另一方面，敏捷组织的灵活性包括组织能够灵活多变，权责下放、充分授权，员工自组织能力强，能够快速响应客户需求和灵活适应外在环境。同时，敏捷组织需要动态能力。通过大中台强化总部赋能、信息流动、知识分享与沉淀，以加强一线动态能力与资源的及时调配；密集的工作反馈，适时的目标和任务更新，在保证快速试错迭代的同时，也能确保团队成员的持续成长。

企业IT部门也需要构建刚柔并济的敏捷组织。企业在数字化转型过程中，IT部门要以最快的速度应对挑战及维持现有系统和业务的稳定运行，这时就需要考虑构建"双模IT"。双模IT概念是将企业IT部门分成了两个部分：第一个部分为传统的IT架构，倾向于按部就班的工作，确保企业业务的平稳运行，保证业务的连续性。第二个部分则更多采用敏捷开发、快速迭代的方式，以应对最新的挑战。联想2016年开始推动的"双态IT"也是类似的方法，目的是确保企业IT部门实现稳、敏"双态"业务的IT精确匹配，提升企业IT贡献率，降低企业运营风险，最终顺利实现企业的数字化转型。

未来的数字化转型组织，无论是采用集中式、联邦式还是分散式三种形态中的哪一种，均不再是庞大的组织机器和官僚机构，而是由许多灵活并有机整合起来的小团队所形成的敏捷组织，体现出以"敏"图"新"的特征。

5.3 数字化人才及核心能力

数字经济的发展正面临人才短缺的巨大挑战。企业数字化转型或数字企业的发展需要完成什么样的工作？完成这些工作又需要什么样的人才？这些人才应该承担哪些数字化角色？这些角色具有哪些专业能力和特征？

基于这些问题，作者团队在广泛调研、洞察和实践的基础上，借鉴大量国内外领先的数字化人才方面的研究，获得了许多有价值的发现，提炼总结出了中国企业数字化角色树，作为企业开发构建自己特有的数字化人才角色体系的基础或起点。这也是企业打造有竞争力的数字化人才核心能力的基础。

数字化角色树

数字化转型是业务转型，所需要的人才既要懂企业的业务，又要懂数字化技术，特别是数据挖掘与分析等。企业原来的IT部门的岗位角色并不能满足数字化转型的要求，需要更多专业的数字化岗位角色出现。企业IT部门现有人员中，那些能够以开放心态接受数字化这一新生事物并能迅速补足所需知识与技能的人员，自然应该优先被吸收进入数字化转型的相关部门或承担更多的职责。不过，现实中相当多的数字化转型部门人员，很可能并非来自本企业的信息化部门。

数字化企业需要众多不同专业角色的人才。在企业数字化人才模型中，数字化角色树包含六大方向：数字战略管理、深度分析、产品研发、构建交付、数字化运营、数字营销。这六大方向包括三十多个常见的典型角色（见图5.2），并可以进一步扩展到一百多个衍生角色，它涵盖了基本完整的数字化转型业务流程。

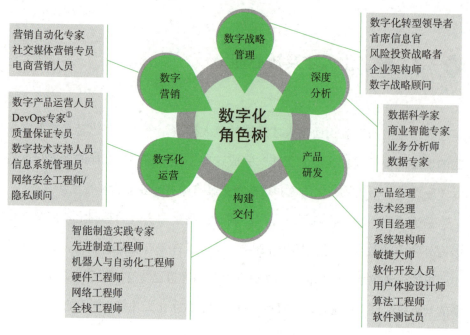

图5.2 数字化角色树

企业因所属行业、规模、业务模式等的不同,需要的数字化人才角色也会不同。这里的数字化人才角色树及其里面的角色描述不是统一的标准,但可以用作参考。

以惠生集团数字创新部岗位构成为例,惠生集团2017年下半年成立了专门部门来整合并推进企业的数字化转型工作,新部门名称为"数字创新部"。人员组成包括数字创新部总经理、数字创新总监、大数据平台技术架构师、化工行业大数据分析师、算法工程师、大数据网站开发工程师、业务流程管理经理等岗位。

国内的互联网公司通常的体系是由研发(技术、产品、设计、商业分析)、销售和市场营销(或增长黑客)等构成,技术里又分前端、后台、算法、运维、测试和数据等岗位角色。

数字化人才角色描述及所需专业能力

数字化人才角色树中提到的每一个角色均有一个通用而简单的角色描述卡，包括角色名称、工作概述、使命、成果交付物、主要任务、环境、核心能力和关键绩效指标等要素，以便所有类型的组织参考和借鉴。表5.1是数据挖掘与网络反欺诈专家的角色描述卡。这些数字化人才角色描述卡并不是严格、不变的标准，也不像企业员工的工作职责描述的那样详细和具体；考虑厂商中立原则，在描述角色对应的成果交付物及所需专业能力时，不会明确标识不同的IT操作系统，也不会写应用程序名称或者部署的具体技术等。但这些角色描述与目前绝大多数企业使用的岗位职责描述相比有自身的特色，即列出了该角色的成果交付物，以及应该具备的专业能力及其水平级别要求。

表5.1 数据挖掘与网络反欺诈专家（衍生角色）描述卡

角色名称	数据挖掘与网络反欺诈专家		
工作概述	建立识别、收集、整理和分析各种来源的数据的机制。利用人工智能及机器学习等系统破译、过滤和分析中小企业的数据集和客户行为，并将其与其他来源的数据实时汇集在一起，在安全的在线环境中促进在线销售业务的开展		
使命	数据挖掘管理，支持中小网店提高从访客到客户的转化率，并使客户保持对银行卡在线交易的信任度		
成果交付物	可交付成果	负责	贡献者
	从各种数据源收集数据并进行清洗、画像、标签及特征工程等工作	通过价格和服务优化，提高中小微企业的网上销售量
	定义、监控业务指标记分卡，对电商销售运营进行实时洞察，并进行优化和潜力分析	了解客户及其期望/动机
	业务数据建模、模型优化，通过基于规则的操作来定义自动化程序	搜集有关竞争对手及其活动的知识，尤其是有关其价格和价格趋势的知识
	确定常见的欺诈行为和网上犯罪活动的新模式	对实时监测中识别的潜在欺诈行为采取适当的措施

续表

成果交付物	自动欺诈检测过程的可读性	通过分析客户和竞争对手的一些选定信息来检查改进的潜力
	提高整个过程（数据收集、分析及欺诈行为侦查）的成本效益	克服（非现钞交易）网络欺诈复杂问题领域的时间和流量规模等的限制
主要任务	数据挖掘 ·理解数学模型和算法对用户习惯、相关产品和服务及社会声誉带来的影响 ·理解语义分析技术，以实现数据整合和算法的互操作性 ·从电子商务网站内部和外部的各种数据源收集相关数据，例如竞争对手的内容和导航结构 ·对收集到的数据进行清洗、合并、特征提取和建模分析 ·开发特定目标群体的业务记分卡，分析其系统内外活动信息并提供洞察 ·开发用于监视关键内部和外部度量指标和模式的自动化程序，以及在某些情况发生时启动的自动操作	
	在线反欺诈 ·提取常见欺诈行为并识别网络犯罪活动的特征和模式 ·管理实时交易风险评估系统 ·用于从交易数据库中提取欺诈活动模式的监督学习模型 ·结合统计技术和实时智能计算模型，实施混合(半监督)新型探测器技术 ·实施推理引擎技术，以协调风险评估流程并提供汇总可疑度评分，通过该评分可将每笔交易分为预定义类别（正常，恶意，审核中） ·实施交易分析技术，以获取分析每笔潜在欺诈交易的相关技术或地理等信息	
环境	外部顾问或在公司内部工作，与管理、IT、销售和营销团队紧密合作	
核心能力	Plan.11 技术趋势监测与研究	Level 5 大师级
	Run.10 信息安全管理	Level 4 专家级
	Run.9 数据、信息和知识管理	Level 5 大师级
	Change.6 需求识别和管理	Level 4 专家级
	Change.1 预测能力	Level 5 大师级
关键绩效指标	·销售和营销团队接受建议的百分比 ·在战略、战术和运营层面提供的建议 ·通过数据分析采取的措施所增加的在线销售 ·减少的银行卡不在场交易中的网络欺诈行为	

2008年金融危机爆发后，越来越多的金融公司开始聘用首席数据官（CDO）。与此同时，奢侈品、汽车、食品等各大行业都面临数字化转型的挑战，CDO的作用日渐重要。目前，不少企业设有CDO职位，如数字太保、

龙湖地产、SAP（中国）、药明明码、上汽乘用车、圣戈班（中国）、欧莱雅、沃尔沃汽车、雅高酒店集团、GE和开云集团等。对人才的渴求预示着数字化转型的不断深入。

现实中，不同的企业会有不同的数字化岗位角色，其工作职责和要求等也不尽相同。比如，惠生集团数字创新总监的主要职责包括：部门的日常管理、人才的招募及培养；落实集团对数字创新部的各项要求，从技术及业务层面制定完整的可执行方案，并组织人力、资源，保障方案成功落地；参与外部数字化交流，引入先进的数字化技术、成熟的数字化案例，以提升公司数字化能力；管理外部合作伙伴、供应商资源；参与集团重大数字化、信息化项目的立项、推进、验收、评估工作。该岗位的KPI考核表如表5.2所示。

表5.2 惠生集团数字创新总监岗位KPI考核表

序号	KPI	目标达成标准	说明	考核权重
1	流程可视化	完成流程可视化平台的移动端展示及新上线业务系统流程的可视化		
2	IT整体信息化规划	完成惠生集团全业务板块IT信息化规划		
3	集团安全管控项目	完成全集团文档类资料的电子化安全管理；负责项目的启动、监管和验收，而项目的实施则由负责工程的IT人员完成		
4	Azure云平台深化应用	完成2个以上大型项目的云化工作		
5	企业商业智能平台的搭建	建立惠生自有的商业智能平台；支持集团内业务部门数据的分析与报表展示		
6	数字工厂方案	根据新材料天津工厂项目进度，协助新的智能工厂建设		
7	部门团队管理	部门组织管理；团队的扩容，员工激励，工作协调		
8	海工的数字化支持	海工流程电子化；海工基地现场管理数字化项目立项支持		
9	部门团队管理	人员的增补评估与培养；工作任务的安排与协调		

目前，绝大多数企业的岗位工作说明书都与上述惠生集团数字创新总监

的岗位工作说明书类似，都没有列出其岗位应该具备的专业能力要求。但也有少部分领先企业对相关岗位角色提出了明确的能力要求。比如，百度对产品经理的能力要求包括软能力、硬能力和公共基础三个维度（见表5.3）。

表5.3 产品经理能力模型

能力素质分类/任务流程		初学者			中间骨干		开拓者
		P3	P4	P5	P6	P7	P8+
软能力	对事	用户/客户敏感			市场洞察		业务设计/规划
		勇于尝试			创新能力		突破性创新
		分析判断			多观点整合		业务决策
		项目推进			资源协同		基于用户/客户的跨界整合
		自驱力/学习能力			自信坚毅		经营思考
	对人	沟通表达			影响他人		感召影响
					发展他人		梯队建设
硬能力	规划/分析	行业入门	公司业务理解	项目目标分析与拆解	公司、行业深入理解	公司、行业趋势分析	公司、行业趋势洞察
			个人目标设定与拆解		模块目标分析与拆解	产品规划	产品线规划
	调研/设计	调研/设计	调研执行	调研设计	调研管理	产品设计与开发管理	产品设计开发系统管理
		产品设计入门	产品功能与界面设计	产品项目设计	产品模块设计		
	项目管理		项目管理基础与执行	单一项目管理	多项目管理	项目风险管理	产品线评估
	评估总结		方案评估	项目评估	模块评估	产品评估	
公共基础	基础工具使用（Office、Mind Manager、Project Management）与基础文档撰写（MRD、PRD、BRD等）						
	消费者行为、统计学、消费者心理						

5.4 数字化人才能力测评与提升

为了应对数字化转型的挑战,企业必须识别数字化人才并使其规模化,而构建一套适合企业自身特点和发展要求的数字化人才模型便是必要的基础。它能解决中国企业在数字化转型与创新中的人才问题。

数字化人才能力模型

数字化人才能力模型(digital talent competency model,DTCM)是企业数字化人才模型的三个组成部分之一,包括战略规划、管理变革、开发实施、交付运营、赋能质量和营销客服等六大企业数字化相关角色所需的专业能力域(见图5.3),还可以进一步分解为67个能力项及对应的水平等级组成的集成性能力视图(见附录5.1)。

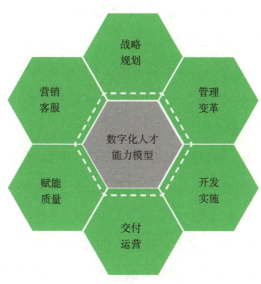

图5.3 数字化人才能力模型

数字化人才能力模型独立于具体的技术和方法，也不定义具体的技术和方法（它们的变化太迅速），但底层的支持技能更具有一致性。因此，如云、DevOps、敏捷、大数据、两化融合、智能制造和数字化转型等均可使用。

目前，华为、阿里、IBM在内的逾千家大型IT或互联网企业都在使用类似方法描述企业内部的数字化相关角色及其技能。

数字化人才能力测评

数字化人才能力模型的一个重要应用场景即是能力测评，通过测评识别人才和发现差距。数字化人才能力测评并不关注从业人员的潜能等，而是聚焦人员的专业能力和技术水平。数字化人才能力测评一来可以帮助企业数字化管理者了解自己组织所具备的数字化能力，将合适的技能配置到合适的角色；二来帮助数字化技术服务采购方向其供应商准确地提出能力需求；三来还可以帮助数字化技术雇主或猎头公司根据业务需求精确找到具备相应能力的数字化人才。

企业数字化人才能力测评是数字化管理者和人力资源管理者的强有力工具，在很多方面都能发挥很大作用，比如：

在人员招聘方面，通过基于数字化人才核心能力的招聘选拔的人员，往往在以后的工作中表现较为出色，他们具有较低的离职率和较高的晋升概率。能力测评在面试前、中、后都可以应用。

在绩效评估方面，企业可以有意识地在年度、季度结合员工绩效，在角色核心能力层面对现有员工进行能力评估，帮助员工通过提高专业能力来提高绩效。

在继任者计划方面，通过洞悉企业人才情况，管理层可以构建完善的内部数字化人才供应链，在选择和培养继任者时将更具科学依据。

在薪酬激励方面，基于能力的薪酬管理，可以帮企业管理层关注、留住那些有潜质（能力）的人，较好地评价某些专家类型的角色，同时也可以衡量那些很难用硬指标来衡量的角色。

在培训发展方面，建立基于能力模型的培训开发体系，将有助于避免目光短浅或盲目随大流，保障整个培训开发体系集中力量做正确的事，而不只是做眼前的事。

在职业生涯规划方面，员工在进行能力测评时，会对自身能力有更客观的认知，同时也能获取更好的职业发展路径，从而对职业生涯规划产生指导作用。

在角色设计方面，企业可根据战略目标、短期与中长期的业务需求，进行一次全面、深度的人才角色的盘点，结合未来需求对人才角色进行新的设计。

如前所述，数字化人才能力包括知识、技能、经验和资格等，衡量一个人的专业能力水平，仅采用能力测评是不够的。企业通常会采用专业考试、能力测评、个人举证和专家评审等多种方式来衡量人才的专业能力。

作者团队开发了一套专门的数字化人才能力测评系统，其中包括最简单易用的角色能力自评估工具。数字化从业者先选定自己的角色，通过填写在线问卷的形式了解到自己在每一个能力项上所具备的技能，及其每一项技能的效率值。

评估完成后，数字化从业者或组织可以获得实时的评估报告，报告清晰指明了员工当前的专业能力与角色（或晋升岗位）与要求的能力的偏离情况。员工可以清晰了解自己的优势和待提高的能力，有针对性地改善自己的工作表现。同时，根据该技能评估报告制定数字化从业者个人或者组织的人才发展规划。

数字化人才的能力提升路径

根据能力测评和/或专家评审可以发现角色与能力之间的差距，在此基础上，需要一个系统的方法来定制能力提升计划（或个人职业发展计划），并和企业发展所需的能力诉求相协调。

数字化人才能力模型用于衡量当前的能力、明确能力的发展要求，企业可以据此定制闭环的数字化人才的能力提升路径（见图5.4）。

图5.4　数字化人才能力提升闭环

第一，组织设计：不同的行业、组织需要的数字化转型组织架构、角色和能力也会不同，需要根据企业的属性、特征和目标加以诊断、定制。这一过程可以借鉴能力模型提供的33个标准数字化角色描述及其所需能力项、水平级别来定制企业适宜的数字化组织、角色及其能力要求。

第二，能力测评：测评有助于建立企业数字化能力地图，将合适的能力配置到合适的角色。管理者通过将员工安排到合适的工作中来提升员工的工作意愿、参与度和生产率。同时，也会帮助管理者对所需技能进行外购和招聘、扩员或与供应商接洽等。数字化人才能力模型的灵活性还支持其他资源部署方法，包括能力中心或资源池，在这些模式中，资源会分配给临时工作、敏捷项目团队甚至单个任务。

第三，关差计划："关差"是"关闭差距"的缩写，即通过角色能力器，识别能力差距、技能和发展相关的需求和机会。组织可以客观地评估个人的技能，支持随后的分析和发展规划。数字化人才能力模型描述的客观性质帮助管理人员达成由被评估人同意的评估。能力模型提供了一个强大的诊断工具，以便能够进行技能评估。个人可以评估他们目前的技能和经验，确定他们想要达到的技能和级别目标，并利用这些评估来规划他们的个人专业发展路径。

第四，提升发展：支持能力、绩效和职业发展通道的计划和活动。数字化人才能力模型可以用来帮助定义个人和团体发展目标并对目标达成提供支持。可以提供一系列不同的干预或活动，如教练、导师、扩展任务、工作跟踪、参加外部活动、参加特殊兴趣小组和实践社区等，而不仅仅是课堂学习或培训课程。这些提升计划或活动均基于角色或组织能力匹配，以体现所应覆盖的知识、技能项，以及实战锻炼与提升。组织可以使用数字化人才能力模型的角色责任级别来支持工作评估和评分，并对个人技能和能力进行激励和补偿。

5.5 推进人机高效协同

智能机器、智能系统、机器人、自动化流程等已成为企业一类新的员工——"数字员工"。它们首先扮演越来越多的重复类工作角色，为此，企业不得不调整角色类别和员工队伍结构，重塑员工能力，培养具有"数字"思维和"数字"能力的复合型员工，以适应未来人机协作的新工作模式。

2017年，财务行业发生了一件大事，以机器人为代表的人工智能逐渐进

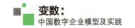

入人们的视野，开始侵占财务人员的岗位。

以德勤（德勤财务机器人）、普华永道（财务机器人解决方案）、安永（智能机器人）、毕马威（机器人流程自动化及相关服务）为代表的国际"四大"相继上市财务机器人及财务机器人解决方案为标志，传统财务行业的一场变革已经开始，如凭证录入、数据统计分析等相关岗位，未来被人工智能全部取代的可能性很大。人的价值越来越体现在做有创造性的工作上，而简单的、有规律可循的重复性机械工作则会交给财务机器人完成。

未来远不止财务机器人。根据德勤的一份报告[①]，机器人、人工智能、传感器、认知计算及开放式人才经济已然成为主流。企业的劳动力来源不只是正式员工，还必须包括自由职业者、"零工经济"工作者及大众。另外，数字员工也将与这些人类劳动力并肩作战。由于这些趋势的影响，几乎所有的工作都需要重新设计，同时需要产生一种新的思维方式来思考人力规划和工作属性。而根据另一份来自普华永道的报告[②]，人工智能及相关技术在未来20年将取代中国现有约26%的工作岗位，高于对英国20%的预估，但也能通过提升生产率和实际收入水平在中国创造出大量新工作机会。人工智能对中国就业的净影响可能将创造约12%的净增岗位，相当于未来20年内增加约9 000万个就业岗位。

数字员工特征解析

数字员工作为机器人流程自动化与机器智能有机结合的产物，可以部分实现人类的视觉、听觉、触觉等感知能力，以及语言应答、情景记忆、情绪识别等，并将进一步提升至认知智能的高度，再指挥流程自动化机器人完

---

① urCareer. 2017. 2017德勤《全球人力资本趋势报告》（中文版）全球首发Ⅰ[EB/OL]. (2017.07.05)[2020.03.09]. https://m.sohu.com/a/154776350_806138.

② PwC. 2019. 普华永道：人工智能和相关技术对中国就业的净影响[EB/OL]. (2019.04.19)[2020.03.09]. https://www.sohu.com/a/309071912_100065989.

成工作任务。其具体的核心能力将包括：（1）机器流程自动化。基于逻辑规则，擅长简单、重复度高的商业流程的自动化操作。结果是更快的处理时间、更大的处理量和更少的错误与成本。（2）非结构化数据转换与自然语言处理。将自然语言的非结构化数据转化为结构化数据，如自动阅读电子邮件与合同并将内容转化为结构信息。（3）自然语言生成。将数据转化为自然语言文本，如自动生产表单。（4）机器学习。学习逻辑与因果，提供数据的实时洞察、预测与基于条件的决策，如预测绩效、财务情况、风险等。（5）智能业务分析。通过大量的工作数据积累与学习，针对新的业务变化，提出高效与合理的应对方案。（6）智能语言应答。通过自然语言进行信息传递与交流互动，并具备情景记忆和情绪识别等能力。（7）感知智能，即视觉、听觉、触觉等感知能力。它是指将物理世界的信号通过摄像头、麦克风或者其他传感器的硬件设备，借助语音识别、图像识别等前沿技术，映射到数字世界，再将这些数字信息进一步提升至可认知的层次（认知智能），比如记忆、理解、规划、决策等。而在这个过程中，人机界面的交互至关重要。

数字员工应用领域

数字员工，进入办公室后将代替一些高级白领做的行政工作，如财务、人力资源、供应链及采购管理等常规流程，充当了财务/税务员工、内审合规员工、供应链员工、人力资源员工、IT员工等。

数字员工的应用场景覆盖企业前、中、后台多部门，从产品和渠道，到业务处理，再到财务应收应付管理、自动化财务报告、IT运维自动化等，都能通过机器人流程自动化来颠覆现有的业务运营模式。数字企业的数字化运营将在其前台的客户接触层、中台的运营交付层、后台的经营管控层等三个层面体现出场景化、定制化、自动化、智能化、云端化和数字化的特征。通过场景化和定制化，打造前台的"定制体验"；通过自动化和智能化，实现中台的"高效处理";通过云端化和数字化,强化后台的"智慧管控"。

根据罗兰贝格的一份报告[①],就工作职能而言,机器人流程自动化(Robotic Process Automation,RPA)有能力将生产率提高5%—15%。就行业而言,行政与金融服务行业更适合应用RPA,可以将人力资源成本降低约10%(见图5.5)。

支持性职能	前台	后台
尤其是财务与会计部门	以电脑为基础的重复性活动	处理数字化文件
工资负担降低5%—10%	工资负担降低5%—10%	工资负担降低5%—10%
会计:自动关账与对账控制 **内控**:自动生成管理报告(提取、处理和格式化数据) **人力资源**:自动入职/入职管理(访问权限、名签准备、文书工作等) **采购**:在系统中自动创建新供应商、标书、采购请求的处理等 **风险与合规**:监管控制的部分自动化,监测欺诈行为	**公用事业**:利用掌握的客户数据和渐进脚本缩短呼叫处理时间 **医疗保健**:与患者交互自动化(查阅病史、开具发票、投诉管理等)和预约管理 **公共部门**:行政法院申请庇护权的部分业务自动化 **金融服务**:为客户顾问与当前或未来的客户交流提供支持(根据客户资料定制的产品建议/报价等)	**零售**:实时监控特别促销活动(收集/报告采购数据、客户意见、投诉等),提供行动建议(调整价格、库存管理等) **金融服务**:将网上银行开户时间从30分钟缩短到5分钟 **电信**:活动追踪报告的自动化(网络、销售、投诉、成本追踪等) **公共部门**:居民福利自动计算(数据检索、计算、初步回应等)

图5.5 机器人流程自动化可以降低工作负担

资料来源:罗兰贝格. 2018. 机器人流程自动化战略成功的关键:组织与人的挑战[R/OL]. (2018.12)[2020.02.21]. http://www.doc88.com/p-4995085690260.html。

随着数字员工核心能力的逐步成熟,前台工作任务已经开始大量部署,并取得不错的成效。如聊天机器人已经进化为有血有肉、有着灵敏情感反应的虚拟数字员工,它们能与人类交流,也可以辅助人类决策。

面对即将蜂拥而来的数字员工,作为人类的我们,如果不去快速提升自己、改变自己,为企业的智能化谋篇布局,就很可能会被淘汰。同时,未来的

---

① 罗兰贝格. 2018. 机器人流程自动化战略成功的关键:组织与人的挑战[R/OL]. (2018.12)[2020.02.21]. http://www.doc88.com/p-4995085690260.html。

工作也必将有更多的人机融合的新场景。人机高效协同，未来已来。

人机高效协同需要多方面的企业变革

正如德勤《2018年全球人力资本趋势》报告①所述，"传统的雇主—雇员关系正在被多元化劳动力生态系统的出现所取代"，工人、人才网络、工作人员和服务提供商的各种组合为雇主提供了灵活性，以及在采购人才方面探索不同模式的潜力。随着认知技术和自动化转变了角色和能力组合，人才的范围演变为包括全职员工、零工经济中自由职业者、众包活动（如算法创建）和数字员工等。人机高效协同需要企业在战略、组织、人员和方法方面的变革：

明确应用数字员工的战略目标是基础。企业需要明确应用数字员工的战略目标，并视作企业各种劳动力变革的重要组成部分。与传统的自动化类型不同，数字员工"牵一发而动全身"，必须建立一套与企业战略一致的运营框架，使其居于公司的核心地位；同时着眼未来，预测数字员工对组织与员工的潜在影响，未雨绸缪，实现持续成功。

加大数字员工等自动化、智能化方面的投资。越来越多的技术加速了不同类型的工作流程的自动化。在IT领域里，持续集成/持续部署（CI/CD）工具使应用程序的集成和交付到目标基础设施成为可能。一些重要遗留系统（早期的ERP、CRM等）和跨多个系统的数据输入、比较、核对的工作，企业可以考虑使用RPA工具，以降低成本、减少手动步骤的数量并提升效率，同时提高质量并为关键员工腾出时间，使他们可以专注于更重要的工作。加大数字员工等自动化、智能化方面的投资已经成为企业共识。

数字员工给组织层面带来的变革是必然的。数字员工上岗后，企业组织架构将发生改变。未来员工将越来越多地从事分布式协同工作，全职员工、

---

① Agarwal D, et al. 2018. 2018 Global Human Capital Trends[R/OL]. (2018.03.28)[2020.03.02]. https://www2.deloitte.com/us/en/insights/focus/human-capital-trends/2018.html.

外部零工与数字员工等将协同工作，最终获得整体效益的提升，达到最佳的投资性价比。企业需要建立机器人流程自动化能力中心，统一协调与管理机器人流程自动化的工作，确保从监测流程启动到监控成本节约等整个实施和运营生命周期的每个环节，都以与公司目标及战略愿景相一致的方式正常运转。比如，数字员工经理负责管理所有的数字员工，并负责大部分例行的工作；例外的业务处理及审计检查等工作则交由人类员工负责。

人才变革是关键。企业应提前量化员工角色、级别、能力等指标，对受数字员工影响的雇员进行评估与规划培训，推动人才流动，最大限度地延长职业发展路径。调整战略后出现的新角色也同样需要进行规划，重新定义人才战略与培训课程，平衡过剩劳动力与新角色之间的关系，使两者相匹配，确保人机高效协同。

当今最重要的数字化技能包括数据分析、数据建模和敏捷开发等。随着人工智能的普及，公司将越来越重视数据科学、算法开发和人工智能系统设计方面的专业知识，特别强调开发个性化用户体验所需的以人为本的设计思维及技能等。这就需要重新培训和重组员工，或者说是一支完全改变的员工队伍。

注意引进数字员工的时机和方法。每个企业的智能化程度不同，面对的阻碍也各不相同，因而，引进数字员工的方式、方法和时机等也不相同。根据我们的调研发现，当前中国国内绝大部分企业还处在数字化转型的中、初级阶段，数据、流程等均还不够完善，但对新技术的应用非常积极，业务增速也不错。对于这类企业，在引入数字员工之前需要补补课：首先，要好好挖掘出企业内部那80%的"黑匣子"数据，离开数据，AI没法思考；其次，要完善自己的技术架构、流程、数据采集和分析的系统；最后，还要与客户、合作伙伴建立开放共赢的业务平台，通过数据的流动去最大限度地实现价值与创新。

未来的工作，人不仅要和自己的"同类"打交道，还需掌握与数字员工协作的技能。在未来，能够与数字员工高效协同工作的人类员工，将会创造更大的价值。人机同行时代,企业的前、中、后台相关部门/共享服务中心将不得不灵活利用数字员工,减少大量重复性工作,提高生产力,由此进入人机超融合的新篇章。在可预期的未来,企业在这些方面如果都做对了,实现跨越式发展,"弯道超车"的机会将大大增加。

5.6 我国企业数字化人才调研发现

主持数字化转型的领导者必须具有非常丰富的技术管理和业务经验。 企业的数字化转型负责人需要在多方面具备较高水平的能力与丰富的经验,而且需要在企业中占据较高地位,被赋予较高的权力。数字化负责人"具有丰富的业务经验"排名第一,均值为4.01;数字化负责人"具有丰富的技术管理经验"排名第二,均值为3.95;数字化负责人"具有很高的管理决策权力"排名第三;数字化负责人"具有丰富的转型项目管理经验"相对最低,均值为3.79(见图5.6)。

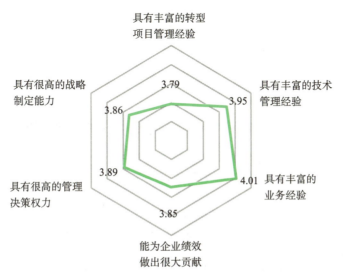

图5.6 被调研企业数字化转型负责人情况

据IDC预测[①],各个企业将会以数字化转型为核心重塑组织架构。管理层将发挥他们在数字化时代新的作用：CEO将扮演转型发起人的角色；CIO的作用更富有战略性,成为IT现代化推动者和新技术顾问；CTO将聚焦数字化产品和服务的开发等。IDC的三维领导力模型包括创新（与业务共同创新,打造数字化企业）、整合（将数字能力与企业IT平台相整合）和吸收（为IT组织吸收新的技能与技术）。

我国企业数字化负责人的主要工作是整合。以往信息化转型更多关注信息系统的技术采纳和技术使用问题,信息系统的应用往往解决了单点业务的效率。数字化转型与信息化转型很大的不同在于,企业开始关注将数字化技术应用在多点业务的整合上,也就是使业务能够在网络中流动起来。所以,数字化转型更多关注了技术与企业本身资源、流程的整合,以及应用了数字化技术以后,企业本身各个业务之间的流程如何打通等。从我们的调研结果看,66.2%的企业数字化负责人的工作侧重于整合,65%的数字化负责人侧重于业务流程,45.9%的数字化负责人侧重于服务创新,仅有14.6%的数字化负责人侧重于安全（见图5.7）。

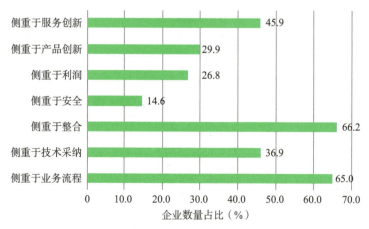

图5.7 被调研企业数字化转型负责人工作重点

---

① Serge Findling. 2016. Leading in 3D: 100 Days to Set the Stage for Digital Transformation[R/OL]. (2016.07)[2020.03.02]. https://cio.event.idg.se/wp-content/uploads/sites/13/2016/09/us41702516.pdf.

在集团层面成立数字化转型部门成为我国企业首选。在我们的调研中,企业负责数字化转型的部门分布较为多样,33.7%的企业"在集团层面成立数字化转型部门",14.5%的企业"由研发中心负责"。公司"由主要领导人组成数字化转型委员会""成立相对独立的数字化子公司"的比例分别为12.2%和8.1%。而"在IT部门下成立数字化转型团队""在业务部门下成立数字化转型团队"和"由信息化(或IT)部门直接推动"的比例相对较低,分别为5.2%、3.5%和1.2%。同时也存在12.8%的企业选择"没有成立相关团队或部门"(见图5.8)。

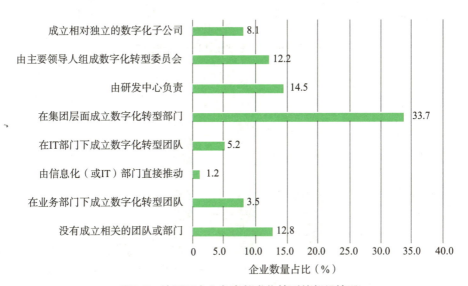

图5.8 被调研企业负责数字化转型的部门情况

根据企业规模不同,我国企业的数字化转型部门的团队人数也不同。32%的企业数字化团队总人数处于10—40人,分别有24.4%的企业数字化团队总人数处于100—1 000人或0—10人,数字化团队总人数处于1 000人以上的企业仅占5.1%(见图5.9)。

我国企业中负责新一代数字化技术的员工占半壁江山。36.8%的企业中负责新一代数字化技术的员工占比为10%—30%,30.3%的企业占比为30%—

60%，占比高于80%的企业仅占不到8%（见图5.10）。

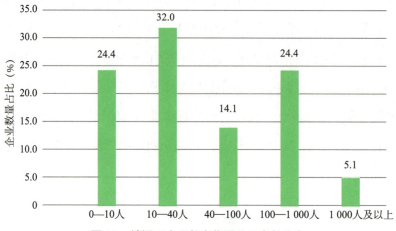

图5.9 被调研企业数字化团队总人数分布

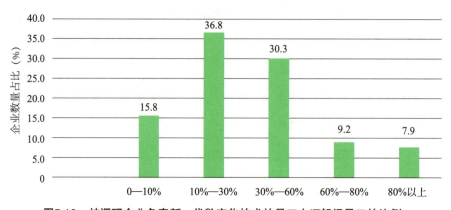

图5.10 被调研企业负责新一代数字化技术的员工占IT部门员工的比例

我国企业当前最缺乏的是数据科学家。 对于企业而言，最头疼的问题是数据如何利用、如何产生价值，而且数据科学家目前在市场上极为短缺，这部分人才往往愿意去互联网等高福利、制度灵活的行业，而非传统行业。在我们的调研中，52.6%的企业"缺乏数据科学家"，46.8%的企业"缺乏数字化项目经理"，"缺乏数字化企业战略领导者""缺乏数字化落地推动者""缺乏数字化市场营销专家""缺乏机器人和智能化工程师"的企业分别为42.9%、34.6%、33.3%和28.8%。其中,"缺乏用户互动(UI)和用户体验(UE)设计师"的企业所占比例最低,仅占18.6%(见图5.11)。

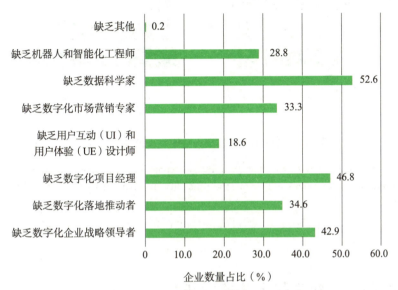

图5.11 被调研企业缺乏的数字化人才情况

在麦肯锡对瑞士企业的调查[①]中,19%的受访者表示,高管们在企业的自动化和人工智能应用方面缺乏足够的技术理解和领导能力,大数据人才的需求超过供应50%—60%。为了应对这些人才缺口,美国和欧洲企业倾向于采用雇佣与再培训两者混合的方式获取人才。如图5.12所示,在美国,主要靠雇佣员工、主要靠再培训现有员工和两者混合方式分别占比为30%、27%和35%;在欧洲,这三者分别占比为7%、45%和49%。而在IDC和Microsoft 2018年的联合报告[②]中,66%的澳大利亚企业高管相信,年轻的专业人才已经为数字化转型准备好了技能。

---

① Bughin J, et al. The future of work: Switzerland's digital opportunity[R/OL]. (2018.10) [2020.03.30]. https://www.mckinsey.com/ch/our-insights/the-future-of-work-switzerlands-digital-opportunity.

② Pollitt E. 2018. Microsoft: Jobs will be transformed, not displaced[R/OL]. (2018.03.12) [2020.03.30]. https://ia.acs.org.au/article/2018/microsoft--jobs-will-be-transformed--not-displaced.html.

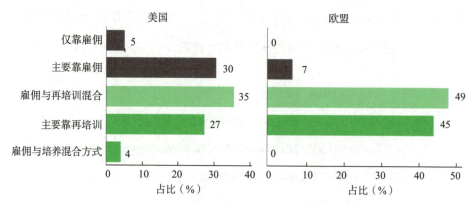

图5.12 美国和欧盟国家企业解决人才缺口的方式

资料来源：Bughin J, et al. The future of work: Switzerland's digital opportunity[R/OL]. (2018.10) [2020.03.30]. https://www.mckinsey.com/ch/our-insights/the-future-of-work-switzerlands-digital-opportunity。

附录5.1 数字化人才能力模型

数字化人才能力模型（digital talent competency model，DTCM）旨在识别、诊断和提高企业数字化人才相关知识和技能水平、开展数字化大规模培训和发展的易于使用的通用参考模型。企业数字化人才模型包括数字化角色树、角色描述卡和数字化人才能力模型等三个组成部分，是中国数字企业模型的一个重要的组成部分。在数字经济时代，企业的关键人才构成发生了改变，企业需要制定有效的策略，吸引、任用和开发使用人才，通过有效的培训体系和职业发展机制，不断提升员工的数字化能力。

数字化人才专业能力构成

数字化人才专业能力通常由知识、技能、工作经验和资格与认证等要素组成（见图A5.1）。

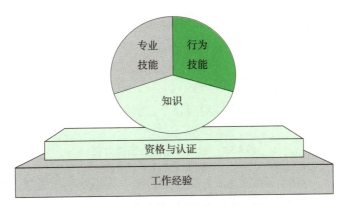

图A5.1 数字化人才专业能力构成

知识是数字化人才专业能力的一个关键组成部分。胜任任何一个角色，个人都需要具备通用的、特定的和行业领域三种类型的知识。

数字化人才能力模型定义了与角色级别相对应的专业技能，而行为（社会）技能（如影响、分析思维、委派、口头和书面沟通及表达技巧）也隐含在整个数字化人才角色描述的"主要任务"项中，且不同组织之间差异可能很大。

数字化人才的基础是工作经验：一个人具备特定级别的技能，是因为其已经在现实情景下实践了这个级别的技能。即经验证了的，在实际环境中应用知识和取得成果的能力。

资格与认证是该数字化或IT知识型人才能力的重要组成部分。本数字化人才能力模型认可资格与认证的价值，它们是在行业和企业就职所需的一个技能说明或证明。资格与认证表明一个人已经成功通过了一些测试或评估——其中包括很大一部分展示了对特定主题领域知识的记忆和理解，还有对技能运用的确认等。

数字化人才能力模型

数字化人才能力模型是一个旨在识别、诊断和提高企业数字化人才相关知识和技能水平、开展数字化大规模培训和发展的易于使用的通用参考模型。它提供了企业数字化相关角色所需要的6大专业能力域、67个能力项及对应的水平等级组成的集成能力视图。

战略规划能力域。该能力域对应16个二级能力项，如表A5.1所示。

表A5.1 战略规划能力域能力项

维度一	维度二
战略规划能力域	Plan.1 数字化战略规划
	Plan.2 治理
	Plan.3 信息安全战略开发
	Plan.4 客户和业务监测与研究
	Plan.5 业务创新计划
	Plan.6 产品/服务计划
	Plan.7 企业及业务架构设计
	Plan.8 财务管理
	Plan.9 风险管理
	Plan.10 可持续发展
	Plan.11 技术趋势监测与研究
	Plan.12 持续性管理
	Plan.13 IT基础设施及资源规划
	Plan.14 网络规划
	Plan.15 解决方案架构
	Plan.16 数据架构与管理

管理变革能力域。该能力域包括12个能力项（见表A5.2）。

表A5.2 管理变革能力域能力项

维度一	维度二
管理变革能力域	Change.1　预测能力
	Change.2　投资组合管理
	Change.3　业务变革实施规划与管理
	Change.4　项目和项目组合管理
	Change.5　大数据与高级分析
	Change.6　需求识别和管理
	Change.7　业务建模
	Change.8　敏捷创新
	Change.9　流程改善
	Change.10　组织设计和实施
	Change.11　效益管理
	Change.12　可持续性评估

开发实施能力域。该领域包括12个能力项（见表A5.3）。

表A5.3 开发实施能力域能力项

维度一	维度二
开发实施能力域	Build.1　咨询
	Build.2　应用程序设计
	Build.3　应用程序开发
	Build.4　测试
	Build.5　解决方案开发和部署
	Build.6　数字化内容创作
	Build.7　系统工程
	Build.8　系统&组件集成
	Build.9　硬件设计开发
	Build.10　系统安装/下线
	Build.11　用户体验分析设计
	Build.12　用户体验评估

交付运营能力域。 该领域包括11个能力项（见表A5.4）。

表A5.4　交付运营能力域能力项

维度一	维度二
交付运营能力域	Run.1　服务级别管理
	Run.2　用户支持
	Run.3　变更与发布管理
	Run.4　服务交付
	Run.5　问题管理
	Run.6　技术支持
	Run.7　网络及基础设施运维
	Run.8　应用系统支持
	Run.9　数据、信息和知识管理
	Run.10　信息安全管理
	Run.11　设施管理

赋能质量能力域。 该能力域包括7个能力项（表A5.5）。

表A5.5　赋能质量能力域能力项

维度一	维度二
赋能质量能力域	Enable.1　人力资源管理
	Enable.2　绩效管理与职业发展
	Enable.3　技能设计与测评
	Enable.4　学习计划与交付
	Enable.5　技术专长
	Enable.6　ICT质量战略开发
	Enable.7　ICT质量管理

营销客服能力域。 该能力域包括9个能力项（表A5.6）。

表A5.6 营销客服能力域能力项

维度一	维度二
营销客服能力域	Marketing.1 采购
	Marketing.2 合同管理
	Marketing.3 关系管理
	Marketing.4 客服支持
	Marketing.5 数字化品牌
	Marketing.6 数字营销
	Marketing.7 渠道管理
	Marketing.8 销售与销售管理
	Marketing.9 产品与服务管理

每一种能力的呈现都是一致的，67个能力项中的每一项均有一个能力卡，卡中列示一些必要的要素，包括所属能力域、能力项名称和通用描述、能力水平级别，以及需要具备的知识和技能示例。以"Plan.5 业务创新计划"能力卡为例（见表A5.7）。

表A5.7 Plan.5 业务创新计划能力卡

维度一	战略规划
维度二	Plan.5 业务创新计划
能力项：能力名称+通用描述	负责设计和构建创新的业务或产品计划，包括确定替代方法以及投资回报建议。考虑可能和适用的采购模式。提供成本效益分析和合理的论据支持所选择的策略。确保业务和ICT战略保持一致。与利益相关者沟通和推销业务计划，以利于政治、财务和组织利益的达成
维度三 能力水平级别	Level 3 资深级：利用专业知识提供市场环境分析等
	Level 4 专家级：领导建立一个数字技术战略或数字产品/服务战略，以满足风险、机会和业务的要求（如分布式、移动化、远程预测性维护）
	Level 5 大师级：运用战略思维和组织领导力，利用数字技术改善创新业务的能力

续表

维度四 知识示例 知道/意识到/ 熟悉:	商业计划要素和里程碑
	当前和未来的市场规模和需求
	竞争和SWOT分析技术（针对产品功能以及外部环境）
	价值创造渠道
	盈利性要素
	采购模式的问题和影响
	财务规划和动态
	新兴数字技术
	风险和机会评估技术
维度四 技能示例 能够:	确定产品或解决方案价值主张的基本要素
	定义适当的价值创造渠道
	构建详细的SWOT分析
	生成短期和长期的业绩报告(如财务、盈利、使用和价值创造)
	确定计划的主要里程碑

第6章

数字化生产

6.1 什么是数字化生产

数字化生产是指将新一代数字化技术嵌入设计、生产、制造、服务的全过程。在组织内部，数字化生产与数字双胞胎、CPS、数字化工厂、智能制造等概念密切相关，生产设备、生产过程、所需资源和产品通过数字化连接、数据分析、网络集成和智能分析[①]，能够协同地控制、监管、优化生产过程，保证产品品质。在组织外部，数字化技术将供应商、合作伙伴和消费者更紧密地联系在一起，形成了企业间网络、智能工厂网络，增强了复杂生产系统之间的互联，实体工厂与数字化网络的互联进一步增强了个性化产品和同步生产的灵活性和效率。[②]因此，数字化生产又与工业互联网、工业4.0等概念密切相关，是制造业企业纵向集成、端对端集成和横向集成的关键基础。

数字化生产是制造业企业数字化转型的核心和关键，也是难度最大的环节。数字化生产源自外部市场对制造业企业的巨大压力，如高品质、快速响应、大规模定制、过程透明可控等。随着人口红利逐渐消退、利润空间不断被挤压，制造业必须要借助数字化技术实现自我变革，实现产品设计的数字化仿真、生产设备的数字化改造、生产线上个人的数字化赋能、生产过程的数字化监控、生产质量的数字化测量、数字化价值链的横向与纵向协同、

[①] LEE E A. 2008. Cyber Physical Systems: design challenges[C]. // 2008 11th IEEE International Symposium on Object and Component-Oriented Real-Time Distributed Computing (ISORC). France: IEEE PRESS, 363-369.

[②] Hessman T. 2013. The dawn of the smart factory[J]. Industry Week, 14: 14-19.

产品设备的数字化服务、与合作伙伴的数字化交易、与消费者的数字化互动等。

数字化对制造业企业的核心价值还反映在对商业模式的优化和重构上，随着互联网更多地赋能消费者，制造业的商业主导逻辑开始从以生产者为核心向以消费者为核心转型，也就是从M2C（从制造到消费者）向C2M（从消费者到制造）转型。

数字化、网络化和智能化是制造业企业数字化转型应用的重点，制造业企业数字化转型将重点关注商业模式创新、生产模式创新、运营模式创新和决策模式创新。智能制造应用包括：开发智能产品；应用智能装备；自下向上建立智能生产线，构建智能车间，打造智能工厂；践行智能研发；形成智能物流和供应链体系；开展智能管理；推进智能服务；最终实现智能决策。

在未来工业体系建设与竞争过程中，数字化是手段和途径，网络化是平台和模式，智能化是结果和目标，其中，数字化生产是基础，智能制造是关键目标。数字化生产是指通过生产设备、生产过程和产品的数字化，实现制造过程的显性化、可测量、可视化。如通过提高关键工序数控化率、生产设备数字化率、数字化设备联网率，实现生产设备的数据采集与分析；在生产过程中，通过应用各种工业软件（如ERP、SCM、MES、CAM等）和辅助产品设计、工程分析、模拟仿真、编制工艺和产品数据管理等多种功能，实现生产过程的数字化管理。所谓智能制造，是指在数字化生产基础上，对设计、生产、管理、服务等各个环节产出的数据进行采集、融合、分析、模式识别和预判，通过人工智能及各种算法，使得连接的设备、过程具有信息自感知、智慧优化自决策、精准控制自执行等功能的先进制造过程、系统与模式的总称，具备"以智能工厂为载体，以关键制造环节智能化为核心，以端到端数据流为基础，以网通互联为支撑"的四大特征，可有效缩短产品研制周期、提高生产效率、提升产品质量、降低资源能源消耗。[1]从数字化生产到智能制造，涉及信息基础设施、网络平台、技术标准、异构计算、安全体系等多方面的治理、技术、管理与模式创新问题，因此，是一项长期的战略任务。

工业4.0是一个渐进式的发展过程，其具体指标体现在表6.1中。该表给出了企业通过数字化建设，能够达到工业3.0和工业4.0阶段的一些关键指标。在工业3.0阶段，企业能够做到全自动化、精益化和柔性化。全自动化具体表现为在加工/装配环节能够做到操作的自动化，仓储物流/上下料的自动化，数据采集的自动化，以及生产加工的少人化和无人化。在精益化方面，企业可以做到工业工程、人因工程、准时生产、生产零库存/零浪费、价值增值流和六西格玛六项指标。柔性化是1965年英国的Molins公司首次提出的概念，是在柔性制造的基础上，为适应多变的市场需求和激烈的市场竞争而出现的一种按需生产方式。它强调企业的灵活性和应变能力，主要依靠高度柔性的计算机数控机床支持多品种、小批量的生产方式，适用于工厂多种产品的快速转换生产。在工业3.0阶段，它包括了生产单元、生产线、组织管理和定制化生产的柔性化。工业4.0阶段的核心指标是价值链的数字化、网络化和智能化。数字化指标包括产品数字化、工艺数字化、工厂数字化、实物工厂数字实时化、虚拟/实物工厂的数据贯通和虚拟/实物工厂的互操作。网络化指标涵盖价值链上企业管理、设计创新、生产制造、产品服务的网络化，以及物联网和全球化。智能化指标则包含了产品、经营决策、设计决策、生产决策、智能生产单元、智能生产系统和服务决策诸多环节的智能化。

---

[1] 工业和信息化部，国家标准化管理委员会. 2015. 关于印发《国家智能制造标准体系建设指南》的通知[A/OL]. (2015.12.29)[2020.03.02]. http://www.miit.gov.cn/n1146285/n1146352/n3054355/n3057585/n3057589/c4570069/part/4570534.doc.

表6.1 数字化生产的关键目标

工业革命	3.0			4.0		
关注范围	企业			价值链		
主要特征	全自动化	精益化	柔性化	数字化	网络化	智能化
主要评价指标	加工/装配等操作自动化 仓储物流/上下料自动化 数据采集自动化（操作、质量、设备状态） 生产加工少人化、无人化	工业工程 人因工程 准时生产 生产零库存/零浪费 价值增值流 六西格玛	生产单元柔性化 生产线柔性化 组织管理柔性化 定制化生产柔性化	产品数字化 工艺数字化 工厂数字化 实物工厂数字实时化 虚拟/实物工厂数据贯通 虚拟/实物工厂互操作	企业管理网络化 设计创新网络化 生产制造网络化 物联网 产品服务网络化 全球化	产品智能化 经营决策智能化 设计决策智能化 生产决策智能化 智能生产单元智能化 智能生产系统智能化 服务决策智能化

资料来源：杨更新. 2018. 制造业的数字化转型：以天拓四方公司为例[D]. 北京大学光华管理学院EMBA论文。

在微观数字工厂层面，数字化产品/服务创新不是单一最终产品的设计流程，而是从设计到交付的数字双胞胎全过程管理，甚至是更大范围的战略变革，包括商业模式和生态系统[1]。数字化转型不只需要给企业增加数字技术，还要对企业的整个商业逻辑进行重新思考和重新构建。

在中观制造业价值链层面，数字基础设施所支持的数字化价值链会为商业模式的创新带来很多新的机会，信息技术将生产、市场营销与物流整合在一起，捕获各种资源，在价值链重组的过程中产生巨大的经济价值，消费类互联网、工业互联网和产业互联网不断出现。原有的工业企业在商业模式和

---

[1] Priem R L, Butler J E, Li S L. 2013. Toward reimagining strategy research: Retrospection and prospection on the 2011 AMR Decade Award Article[J]. Academy of Management Review, 38(4): 471-489.

生态系统的战略层面①正在逐渐被数字化改变。在这个过程中，不仅仅是网络与实体系统融合进行新产品开发被改变②，而是在空间结构、生态系统、商业模式、价值创造、核心资源和能力等方面都发生了改变。

高效的多层次互联与协同应用是未来应用需求的主要特征，包括企业内部各部门和产业链上的企业之间系统互联与数据共享。通过将传感器、嵌入式终端系统、智能控制系统、通信设施通过CPS形成一个智能网络，使人与人、人与机器、机器与机器、服务与服务之间能够互联，从而实现横向、纵向和端对端的高度集成。集成是建设数字化工厂的重点和难点。纵向上要解决数字化企业各层次的端到端集成，包括到工厂、车间、生产线、设备单元的垂直集成与优化调度；横向上要解决全产业链上的价值集成，包括信息流、知识流、服务流、资金流和物流的集成优化。

在宏观供需层面，需要以数字企业的智能制造生产流程为核心，连接智能移动、智能物流和智能网格等整体架构，在全球经济结构中建设高效的数字基础设施，形成对日益复杂的实体经济生产系统的有力管理和指导优化。因此，政府和企业高层决策者需要从战略层面思考这一过程，新一代信息技术并不像电力或电信这些公共基础设施一样，后者只是为现有活动提供支持，而前者是对政府、企业、医疗、教育等所有相关组织业务范围进行重新配置的战略基础资源。

---

① Priem R L, Butler J E, Li S L. 2013. Toward reimagining strategy research: Retrospection and prospection on the 2011 AMR Decade Award Article[J]. Academy of Management Review, 38(4): 471-489.

② Yoo Y, Henfridsson O, Lyytinen K. 2010. The new organizing logic of digital innovation: An agenda for information systems research[J]. Information Systems Research, 21(4):724-735.

6.2 信息系统集成是数字化工厂的基础

根据企业集成和控制系统国际标准[①]，数字化企业分为五层架构，分别是现场层、控制层、操作层、管理层和企业层，五层架构结合数字化制造标准，共同搭建了数字化车间信息系统标准层级架构，为企业的横向集成、纵向集成及端到端的集成确定了边界、奠定了基础。五层架构的具体系统包括：

在现场层，企业通过高柔性自动化生产线系统组建的数字化车间具体包括车间设备、可编程逻辑控制器（programmable logic controller，PLC）、人机接口（human machine interface，HMI）及数据采集和监视控制，通过现场总线和企业服务总线的方式，打通业务数据和基础数据的通路，使得现场层和控制层之间实现控制耦合，控制层、操作层和管理层实现计划耦合，管理层和企业层实现业务耦合。

在控制层，通过可编程逻辑控制器、人机接口，构建对生产车间设备具有高柔性的自动化生产线，并在此基础上建设具体生产设备互联、数据自动采集的数字化车间或数字化工厂。

在操作层，借助集散控制系统（distributed control system，DCS）、监控和数据采集（supervisory control and data acquisition，SCADA）系统，通过现场总线和企业服务总线的方式，打通业务数据和基础数据的通路，使得现场层和控制层之间实现控制的耦合。

在管理层，通过制造企业生产过程执行系统（manufacturing execution

---

① 企业集成与控制系统国际标准（ISA-95）由美国国家标准协会（ANSI）开发，1995年由仪表、系统和自动化协会（ISA）通过。它定义了企业商业系统和控制系统之间的集成。

system，MES），在制造执行管理系统、制造质量管理系统、仓储和物流系统及工程组态系统之间形成系统整合。

在企业层，企业级数字化管理系统包括了产品数字化建模与开发系统、产品生命周期管理（product life-cycle management，PLM）、ERP、全集成自动化系统等的应用。其中，产品数字化建模与开发系统负责产品加工过程、装配过程、生产系统规划、重组和仿真等技术的研究，以实现生产资源和加工过程的优化及从传统制造向可预测制造转变的目的[①]。PLM系统负责产品全生命周期数据的管理，包括产品主数据管理、物料清单管理、工艺管理、项目管理、工艺文档管理及产品规划管理。ERP是对企业和制造有关的所有资源和过程进行统一管理的技术，侧重于制造领域物流的管理，其代表功能有主生产计划、物料需求计划、采购需求计划、财务系统管理、库存管理等。全集成自动化系统集成了工厂的生产管理系统、人机控制、自动化控制软件、自动化设备、数控机床等，形成了工厂的物理网络，可以实时采集生产过程数据，并对生产过程的关键影响因素进行分析。

6.3 数字化工厂的建设

在数字化工厂的建设过程中，上述五层架构形成了逐层递升的数字化管理与控制能力。现场层是现场的各种仪器、工装、物流，控制层是自动化控制与驱动装置，操作层是操作指令、数据采集与传递，这三层形成了工业网络，也是高柔性自动化生产线的基础。管理层的信息系统构建了生产的管理与控制能力，是灵活、智能制造的基础；企业层的信息系统涵盖了产品的设

---

① 唐堂等. 2018. 全面实现数字化是通向智能制造的必由之路——解读《智能制造之路:数字化工厂》[J].中国机械工程, 29(3):366—377.

计、研发、生产、销售和资源管理的全生命周期,是数字化工厂建设的整合基础(见图6.1)。

企业层		产品研发与企业管理	产品全生命周期 (数字、虚拟制造)
管理层		生产的管理与控制	制造运营管理 (灵活、制造智能)
操作层	工业网络	操作指令、数据采集与传递	高柔性自动化生产线 (自动、柔性、智能、绿色)
控制层		自动化控制与驱动装置	
现场层		现场的各种仪器、工装与物流	

图6.1 数字化工厂的五层架构

资料来源:杨更新.2018.制造业的数字化转型:以天拓四方公司为例[D].北京大学光华管理学院EMBA论文。

根据德国工程师协会定义:数字化工厂是由数字化模型、方法和工具构成的综合网络,包含仿真、3D和虚拟现实可视化,通过连续的、没有中断的数据管理集成在一起。[①]数字化工厂是智能制造的首要环节,它帮助企业在数字化转型升级的过程中明晰自身核心优势、发展瓶颈,并根据现状找到可行的落地路径。企业在数字化转型过程中会遇到各种各样的问题,如生产领域的、信息化领域的、自动化领域的问题等,因此需要建立顶层框架。

数字化工厂有狭义和广义之分。狭义的数字化仅仅以工厂内部为核心,企业边界是清晰的;而广义的数字化既包括供应链、价值链的数字化,也包括与各种合作伙伴、客户的数字化交互,企业边界是开放的。狭义的数字化工厂的建设包括设计研发数字化、企业运营数字化、工厂物流数字化、生产过程数字化、工厂装备数字化、管理的数字化,通过这六个方面的建设带动产品设计方法和工具的创新、企业管理模式的创新。数字化工厂系统是对实体企业的数字化映射。数字化工厂的本质是业务流、资源流和信息流的一

---

① 百度百科.数字化工厂[EB/OL].[2020.03.30].http://baike.baidu.com/item/数字化工厂/3069982?fr=aladdin.

致、整合和协同,通过数字化实现对业务流、信息流和资源流的高效采集、整合、利用和优化,用信息流调配业务流和资源流,以达到高效、准确、实时、全面的管理目标,因此,数字化工厂是数字化转型中的关键,也是数字化工厂网络形成的重要基础。

广义的数字化工厂拓展到了产业链、价值链和合作生态,各类组织通过数字化链接,形成分工合作的共同体,传统的行业界限消失,产生各种新的业态和合作形式,形成自动化、信息化、一体化、精益化、集成化的数字化工厂。

6.4 打造数字双胞胎

数字双胞胎(digital twin)又称"数字孪生",是指以数字化方式在虚拟空间呈现物理对象,即以数字化方式为物理对象创造虚拟模型,模拟其在现实环境中的行为特征。它是一个应用于整个产品生命周期的数据、模型及分析工具的集成系统。对于制造企业来说,数字双胞胎模型能够整合生产过程中的制造业流程,实现从基础材料、产品设计、工艺规划、生产计划、制造执行和使用维护的全过程数字化。通过集成设计和生产,数字双胞胎可以帮助企业实现全流程可视化,规划细节,规避问题,闭合环路,优化整个系统。[1]

在对数字工厂架构有了比较清晰的了解之后,我们就不难理解何谓数字双胞胎。数字双胞胎就是仿真模拟一些工厂的实际操作空间(如生产线),而且模拟得非常真实、精确,它可以清晰地告诉我们:这个系统在现实当中

---

[1] 唐堂等. 2018. 全面实现数字化是通向智能制造的必由之路——解读《智能制造之路:数字化工厂》[J]. 中国机械工程, 29(03):366—377.

能否承受各种条件、取得预期效果。数字化模拟是指工厂需要采用适当的建模方法,对建模结构进行分析与简化,借助计算机实现数字化描述、存储和表达实际产品信息,主要包括产品的外观、性能和状态等关键信息,以便在软件系统中进行各种数字仿真和分析。因此,模型的精准程度影响对真实情况的反映,对于后续的工作有着很大的影响,可以说这是数字化工厂技术的基础,十分关键。因此,数字化模拟在本质上是在生产过程中采用多视图和复合模型进行描述,如采用三维数字化技术从产品信息、产品生产、流水线工程等多方面进行描述,通过集成化方法产生相对应的视图,并按照加工过程的特点,对加工过程进行建模和仿真,即对生产轨迹进行运动模拟。

数字化仿真是虚拟制造的基础,是利用计算机技术虚拟制造出一个环境,这个环境是虚幻的,但是人们对于这种环境的感觉(视、听、触等)是逼真的,人们可以通过肢体动作、语言等行为与环境交互,环境也实时地对人的行为做出反应。对于数字化工厂而言,这个系统可以是真实工厂的映射,也可以是客观不存在但是可以制造出来或者未来的工厂。数字化仿真可对工厂设备、流水线等进行详细剖析、展示,由外而内地表现工厂的客观情况,并可通过鸟瞰、内部漫游、自动动画播放等形式对设备逐一表现,从而决定是否使用模型。数字化仿真大大提高了设计规划的质量与效率,同时加强了工厂数据采集、分析、处理的能力,减少决策失误,降低企业风险,使工业设计的手段和思想发生质的飞跃,更加符合社会发展的需要,在工业设计中应用虚拟现实技术是可行且必要的。[1]

创业领先者西门子公司提出的数字双胞胎计划支持企业进行涵盖其整个价值链的整合及数字化转型,从产品设计、生产规划、工程组态、生产制造直至服务五大环节打造基于数字模型的虚拟企业和实体企业的数字双胞胎。

---

[1] 王新政. 2018. 数字化工厂的实现方式与应用分析[J]. 科技传播, 10(21):133—135.

数字双胞胎涵盖产品数字双胞胎、生产工艺流程数字双胞胎和设备数字双胞胎三个层面，三个层面又高度集成为一个统一的数据模型，可以完整、真实地再现整个企业，从而帮助企业在实际投入生产之前就能在虚拟环境中仿真、测试和优化，而在生产过程中也可同步优化整个企业流程，最终打造高效的柔性生产、实现快速创新上市。数字双胞胎的实现有两个必要条件，即一套集成的软件工具和三维形式表现。①

数字双胞胎贯穿于制造业企业的各个环节。以西门子针对机床用户的整体数字化解决方案为例，它协助用户进行透明、科学的产品全生命周期管理，从工件需求构思开始，到产品设计、规划、仿真、生产、成品到后续的产品改进和服务，都可以体验到数字双胞胎的重要作用。如软件虚拟世界的3D设计工件和物理现实世界的实际工件，是一对产品数字双胞胎；软件虚拟世界的虚拟机床和物理现实世界的实际机床，是一对设备数字双胞胎……所有环节基于统一的数据管理平台，以确保数据的一致性和共享性，彼此支持和相互校验，实现设计产品和实际产品的高度一致。例如，在设计阶段，企业可以通过软件进行产品仿真验证，提前发现并规避可能的机械干涉和碰撞，精确预知生产节拍，为后续实际生产执行提供安全保障，同时缩短试制时间。在生产执行阶段，工件从软件状态进入实际生产阶段，管理者需要了解机床设备的实时状态和设备效率，机床故障分析软件可实时采集机床状态数据，分析机床的整体设备效率、可用性、生产力等，确保资源的可用性，并将数据上传到制造执行系统用于安排生产。为了提高设备使用率、减少机床停机时间，机床故障分析软件协助用户掌握机床状态，定期进行设备性能测试，提供维护建议，并有效地进行设备预防性维护。

数字双胞胎的工作程序如图6.2所示。

---

① 西门子工业软件公司, 西门子中央研究院. 2015. 工业4.0实战：装备制造业数字化之道[M]. 北京：机械工业出版社.

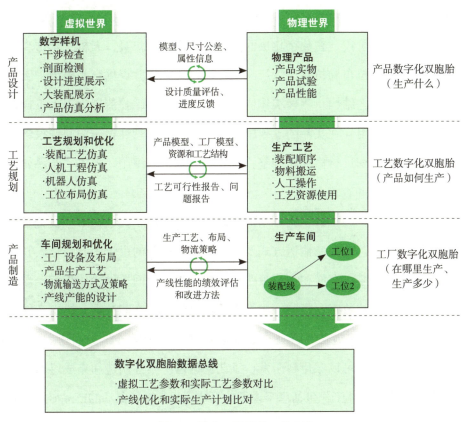

图6.2 数字双胞胎的工作程序

资料来源:杨更新. 2018. 制造业的数字化转型:以天拓四方公司为例[D]. 北京大学光华管理学院EMBA论文。

在产品设计阶段,要形成数字样机,具体内容包括干涉检测、剖面检测、设计进度展示、大装配展示、产品仿真分析等。这一过程要根据客户需求,以三维的数字化模型作为产品构思及与客户交互的载体,支持定制化。数字化产品设计要提供模型、尺寸公差和属性信息,为实体制造提供精准的蓝图。在实物样本层面,通过参照数字化设计,生产产品实物样机并对其进行实验和性能检测,其结果可以再反馈到数字化设计环节以进行修正和调整,实现产品设计的数字双胞胎,明确"企业到底要生产什么"的问题。

在工艺规划阶段,在数字化层面,通过装配工艺仿真、人机工程仿真、机器人仿真和工位布局仿真,为产品生产所需要的资源提供产品模型、工厂模型、资源和工艺结构,明确实体制造中的装配顺序、物流搬运、人工操作和工艺资源的使用,在实际的规划中通过出具工艺可行性报告和问题报告,对数字化产品规划进行修改和调整,实现工艺数字双胞胎,解决"产品如何生产"的问题。

在产品制造阶段,数字化可以对车间进行具体规划,包括工厂设备及布局、产品生产工艺、物流输送方式及策略、产线产能的设计等,为正式开工生产提供生产工艺、布局和物流策略,为整个生产车间提供操作指南,形成了工厂生产制造的数字双胞胎,通过机器记录的产线产能数据,提出产线产能的绩效评估和改进方法,解决"在哪里生产""生产多少"的问题。

数字双胞胎也可以深化到研发、工艺、运营、柔性制造和集成层面。在数字化研发中,具体工作包括基于模型的系统工程,系统驱动的产品研发,基于全生命周期的构型管理,全生命周期技术状态管理,预测性工程分析,基于知识的设计和设计协同,以及基于成熟度设计—工艺协同。在数字化工艺中,企业可从事的具体活动包括数控加工仿真/装配仿真/检测仿真、快速工装设计、闭环质量管理、交互电子作业指导书、三维现场、工艺知识库管理(工艺资源、工艺标准规范、典型工艺模板、各种参数库)等。在数字化制造运营管理中,企业可从事的具体活动包括实物技术状态管理与追溯/电子卷宗、高级排程、制造执行管理、分布式控制、质量管理、数据采集与监控、企业制造智能、自动派工、数据挖掘与分析、物料识别技术。在柔性生产方面,企业可从事的具体活动包括分布式控制系统、智能物流系统、仓储系统(立体库、线边库)、自动上下料装置(机器人或自动装置)和工业网络、自动化控制(传感器/控制器)、在线检测/测量装置、在线监控装置、工厂布局仿真/物流仿真/产能仿真等。在数字化集成方面，企业可从事的具体活动包括虚拟现实技术、大数据分析展示/商业智能、信息系统（如ERP、PLM、MES）与数字双胞胎的全面集成。

除此之外，数字双胞胎在机器人编程与仿真数字化、数字化工艺规划与验证、生产与物流仿真、电子质量控制计划、车间排程与生产执行、数字化装配与电子作业指导书、数字化质量检测与分析和虚拟工厂建设方面，都能提供强有力的支持，使企业可以在数字化和实体化层面同步推进产品设计和制造工作，全面管理整个流程，通过内量工具，对装配顺序、资源和活动持续时间提供清晰可见的数字化决策支持，将问题、困难与风险在数字化层面进行解决，从而大大提高产品生产的合理性、有效性和精准性。

6.5 实现智能制造

1989年，日本率先提出了智能制造系统，且于1994年启动了先进制造国际合作研究项目，许多发达国家参与了该计划，具体内容包括公司集成和全球制造、制造知识体系、分布智能系统控制、快速产品实现的分布智能系统技术等。

智能制造系统的本质特征是个体制造单元的"自主性"与系统整体的"自组织能力"的整合，其基本格局是分布式多自主体智能系统。基于这一思想，同时考虑基于互联网的全球制造网络环境，可以提出适用于中小企业单位的分布式网络化构架。一方面，企业通过代理赋予各制造单元自主权，使其自治独立、功能完善；另一方面，企业通过代理之间的协同与合作，赋予系统自组织能力并形成系统化协作的制造体系。

智能制造能自主感知制造过程的信息流和物流，实现制造过程的自主优化运行，满足客户的个性化需求。智能制造的基本属性有三个：一是对信息流和物流的自动感知和分析，对制造过程信息流和物流的自主控制，以及对制造过程的自主优化运行。具体功能包括全过程数据驱动，产品的数字化设计，工艺并行，研制过程模型化、结构化、可视化、精细化管理。二是产品全生命周期的技术状态管控和质量追溯，以及生产过程的智能化。如自动根据订单和上游实时产品结构化信息自动驱动生产线的实时排程、自动派工、车间现场执行、控制单元信息采集的整个过程。三是生产过程的智能化管理，包括自动化柔性生产单元和生产线、串行产线向分布式、柔性化、集成化智能单元转变，以解决多品种、大批量定制生产在同一产线内的柔性和混线生产问题，提高多型号产品的生产能力和灵活性配置。

我国智能制造的战略重点包括以下领域：新一代信息技术与制造装备融合的集成创新和工程应用，智能产品和自主可控的智能装置及产业化，关键工序智能化，关键岗位机器人替代，生产过程智能优化控制，供应链优化，建设重点领域智能工厂／数字化车间，分类实施流程制造、离散制造、智能装备和产品，新业态新模式，智能化管理、智能化服务等试点示范及应用推广等。与此同时，还需由政府推进、企业联合建立智能制造标准体系和信息安全保障系统，搭建智能制造网络系统平台。核心目标是运营成本降低50%，产品生产周期缩短50%，不良品率降低50%。在这个过程中，重点突破重大工程和重点装备的关键技术和产品急需，突破关键基础材料、核心基础零部件的工程化、产业化瓶颈，以确保核心基础零部件、关键基础材料的自主保障。

智能制造与环保密切相关，政府和企业要联合起来实施传统制造业能效提升、清洁生产、节水治污、循环利用等专项技术改造，进一步解决节能环保、资源综合利用、再制造、低碳技术产业化等问题，建设绿色产品、绿色工厂、绿色园区、绿色企业标准体系，开展绿色评价。

智能制造的重大应用领域包括大型飞机、航空发动机及燃气轮机、民用航天、智能绿色列车、节能与新能源汽车、海洋工程装备及高技术船舶、智能电网成套装备、高档数控机床、核电装备、高端诊疗设备等。智能制造能够显著提高重点产品和重大装备的自主设计水平和系统集成能力,提高企业的国际竞争力。

6.6 我国企业数字化生产调研发现

我国企业信息系统互连、数据互通水平有待提高,而这是数字化转型的重要基础。 作者的调研结果表明,"有很多信息系统且能够实现数据互通"的企业占比为30.2%。而17.4%的企业"有很多信息系统,系统互通,但数据不互通";16.3%的企业"有很多信息系统,但没有实现系统互通";12.8%的企业"仅有少数业务使用了信息系统";9.3%的企业"所有系统都嫁接在平台上";2.3%的企业"有很多信息系统,但问题多,无法正常使用";1.7%的企业"没有使用信息系统"(见图6.3)。

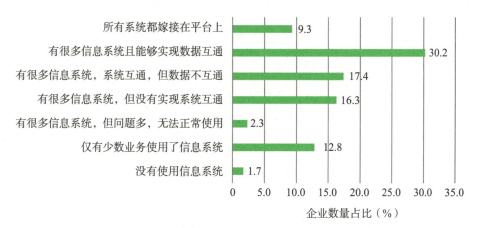

图6.3 被调研企业信息系统的建设情况

企业内部信息系统和数据库的数据全部打通的水平最低。 如图6.4所示，企业"全部实现移动办公"排名第一，均值为3.56；企业"业务流程通过数字化技术进行精简、整合与改进"排名第二，均值为3.47；"员工和管理者随时获取所需数据"排名第三，为3.46；企业"内部信息系统全部打通"最低，均值仅为3.25。

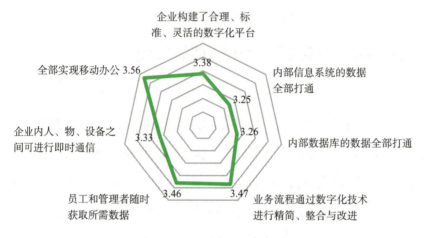

图6.4 被调研企业信息系统互联互通的情况

人工智能对员工产生的影响尚不明确。 如图6.5所示，从我们的调研数据来看，目前人工智能的应用对减少员工数量的作用有限。47.6%的企业认为企业人工智能应用没有减少员工数，20.7%的企业认为减少了1—10人，约20%的企业认为减少的员工数大于50人。

未来3年，人工智能应用对减少员工数将有巨大影响。38.7%的企业认为人工智能将使公司减少1—100名员工，17.8%的企业认为将减少101—1 000名员工，3.2%的企业认为将减少超过10 000名员工。同时也有27.4%的企业认为未来3年人工智能不会取代员工。

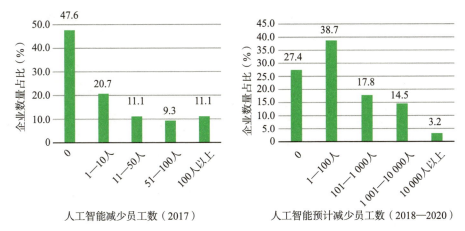

图6.5 被调研企业对人工智能替代员工的看法

CHAPTER

07

第7章

数字化运营

7.1 什么是数字化运营

企业运营往往看作一个宽泛的概念。传统的运营体系包括产品与服务的开发、采购、生产、制造、物流仓储、分销、交付等所有环节,数字化运营是指利用信息化、数字化系统和技术支持生产运营全过程。埃森哲将企业数字化能力分为数字化运营与数字化创新,其中,数字化运营被定义为:"企业从海量数据中生成数据洞察,实时且正确地制定决策,持续提升客户体验,借此不断强化当前核心业务。"这一定义中,数字化运营涵盖了面向客户的前台环节——数字渠道与营销,面向研发与供应的中台环节——智能生产与制造,以及面向职能部门的后台环节——智能支持与管控[1]。在IDC的一份报告中,数字化运营被定义为"数字化技术的场景化应用"[2]。在本章中,为避免与其他章节内容交叉重合,我们将运营的范围缩小为数字化技术对企业内部职能部门的智能支持与管控,而企业的外部运营内容在数字化生态一章呈现。

效率、成本和质量是企业运营最重要的指标。卓越的运营就是指企业运营效率高,运营成本低,产品和服务质量高。而数字化运营就是要通过数字化技术手段进一步提高组织内外部管理的效率,降低内外部协作成本,完成适应数字化时代的商业模式和组织模式变革,最终实现极致的用户体验。企

---

[1] 埃森哲. 2018. 创新驱动,高质发展——埃森哲中国企业数字转型指数[R/OL]. (2018.08.30) [2020.03.02]. https://www.accenture.com/cn-zh/insights/digital/corporate-digital-transformation-index.

[2] IDC. 2018. 数字经济,创新引领——2018中国企业数字化发展报告. [R/OL]. (2018.07.25) [2020.03.02]. https://sq.163yun.com/blog/article/180499581314621440.

业的传统运营与数字化运营的差别如表7.1所示。

表7.1　传统运营与数字化运营对比

维度	传统运营	数字化运营
运营理念	以商品为中心	以服务（客户）为中心
运营范围	资源仅在企业内部流动	联通企业内外部资源及系统
管理模块间的关系	组织与业务管理系统彼此孤立，难以实时交换数据	数字化平台连接贯通管理，实时交互度高
组织形式	层级式或矩阵式等以流程为主线的组织形式	去中间化、扁平化的组织形式
生产过程	以流程为中心，往往需要人工管理，缺乏精细化操作和精确控制	以标准为中心，信息化、自动化、精确化控制

在运营理念上，传统运营模式以商品为中心，围绕商品的生产、采购、销售、库存设计运营过程和运营评价指标，缺乏对客户的关注，导致企业运营目标与市场中的客户需求脱节，进而引发较严重的效率与成本问题。在数字化运营中，"以客户为中心"成为所有环节的共识。企业将重新设计业务和运营模式，强调将目前的生产推动型供应链模式变革为精准需求拉动型供应链模式。而且，许多工作从业务部门剥离出来，交由新的客户服务平台执行。通过迅速存取客户数据，运用最先进的数字化界面设计，充分利用媒体和社区等方式完成客户体验的更新升级。

在运营范围上，传统运营模式局限于企业内部管理活动，缺乏与外部资源的有效联通，也局限了企业效率的进一步提升。随着数字化运营的普及，只强调业务部门内部合作的传统企业已经无法再取得运营优势。领先企业不仅将围绕客户联通所有的内部流程，而且将企业的内部资源及系统与外部合作伙伴积极联通，在互联的基础上完成了职能的分工协作与资源的有效利用。在统一的系统平台中，企业人员高效对接，彼此资源交互成本降低，企业利润得到有效提升。

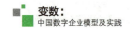

在管理模块间的关系上，传统运营模式中组织与业务管理系统彼此孤立，难以实时交换数据，部门员工之间与生产流程之间缺乏有效衔接，导致信息在传递中流失或失真。数字化运营则致力于改变这一现状。企业通过建立一个高效联通的数字化平台，为全产业链和全部门提供统一的信息流动渠道，无论是部门员工还是生产流程，各环节交流都实现了实时交互和动态更新，端对端触点无缝衔接。

在组织形式上，层级式或矩阵式等以流程为主线的组织形式是传统运营模式所主要采取的组织架构形式。这种形式上下、前后环节联系不强，且过分依赖等级传递命令，底层实践产生的创新理念无法有效传达至决策层。而数字化运营模式颠覆了这一模式，它不仅允许企业采用更扁平化、去中间化的组织形式将企业全要素有机链接起来，还能运用互联网信息技术手段动态重构企业组织体系，如采用可以随任务或环境快速变化的项目组实现员工间的高效协同和对环境的快速响应。

在生产过程上，传统运营模式以流程为中心，粗略的人工化操作是流程主要的完成者，因而生产缺乏控制，效率较低，产品质量欠佳。数字化运营以标准为中心，通过信息化赋能实现对生产过程每一步骤的自动化、精确化控制，大大减少了生产失误率，降低了生产成本。实时的数据反馈帮助企业规范了产品生产标准、规格，提升了生产效率与产品质量。

7.2 数字化运营关键要素之一：重塑企业文化

企业文化是公司运作的产物，由员工的集体经验、信仰、价值，以及企业的领导力、目标和发展愿景组成，能带动企业发展。事实上，数字化转型与企业的其他转型一样，不是技术更新，而是文化变革。CI&T是一家全球数字化转型咨询公司，它认为，数字化转型必须成为公司的DNA，转型不仅仅在于接受新技术，参考创业公司经验，或者聘请敏捷开发人员，更需要发现业务实践和需求的变化，转变处于流程底层的企业文化。"我们也意识到组建创新团队比较简单，但在整个公司范围内转变思想和渗透企业文化却很难，它包括说服法务部门加快评估或尽职调查流程，督促IT团队基于遗留系统开展整合项目等。"[1]

CI&T认为在数字化转型的过程中需遵循"精益思想"，即不强迫推行原则，而是鼓动符合原则的行为。为了实现"精益思想"，CI&T创建了一系列"基石流程"，用流程来支持符合想要培养的文化的行为，并通过在全公司范围内大规模、长期运用该流程，逐渐将企业文化从命令和控制模式转变为协作解决问题。CI&T的基石流程包括"人才发展基石"和"管理基石"。"人才发展基石"是指在员工层面，通过价值工程等精益工具在公司内部刺激正面的行为并使之持续。例如，在客户需求拉动下形成价值流动，让员工参与并向员工充分授权，持续改进以追求完美。"管理基石"是指在领导层面，一是让高级管理者参与进来，为公司树立榜样去真正推动这一转变；二是改变对团队领导层的考核方式，以及向他们汇报进度的方式和频率，来促进管理者高效地贯彻转型方案；三是运用可视化管理等工具，促进日常工作规范和管理实践的创新。这两个基石贯穿了整个企业，缩小了企业领导者和职能层员工对企业文化的认知差距。

欧洲老牌咨询公司Capgemini在2017年针对全球8个国家、340个组织、1 700名高管和员工进行的数字化转型调查[2]显示，62%的员工认为企业文化

---

[1] CI&T. 2018. 企业文化对于完成数字化转型有多重要[EB/OL]. (2018.01.29) [2020.03.02]. https://www.ciandt.com.cn/highlights/insights/culture-and-digital-transformation.

[2] Buvat J, et al. 2017. The Digital Culture Challenge: Closing the Employee-Leadership Gap[R/OL]. (2017.06.08)[2020.03.02]. https://www.capgemini.com/wp-content/uploads/2017/06/dti-digitalculture_report_v2.pdf.

是数字化转型最大的障碍。当员工对企业文化产生深刻的认同,企业的转型就不再是负担,而是工具,借由转型来改变组织形态、提升运营效率,使用最佳的实践和工具来实现企业认同的价值。上述报告指出,企业数字化转型中需要建立起的文化包括以下七个关键点:(1)创新文化,即支持冒险行为、颠覆性思维和探索新思想的团队氛围;(2)数据驱动决策,即借助数据挖掘和分析等手段以提升业务决策能力;(3)合作,即创建跨职能、跨部门的团队来优化企业的实力;(4)开放,即与外部网络(如第三方供应商、初创公司或客户)开展广泛合作;(5)数字第一是未来的思维方式;(6)敏捷和灵活性,即决策的速度和执行力,以及企业适应不断变化的需求和技术的能力;(7)以客户为中心,即利用数字化解决方案扩大客户量、提升客户体验,并与其共同开发新产品。

云顶马来西亚是一个经营赌场、度假村和酒店的企业,它平均每年为2 200万游客提供服务,并计划在未来5年内将这一数字提高到3 000万。由于数字化运营手段可能会影响和破坏该传统企业的日常运营流程,尤其是涉及敏感信息(如金融)的某些流程,说服执行这些任务的员工转向新流程更加困难。因此,营销和社交媒体副总裁Tan的团队采用"概念验证"的方法,即在整体数字化转型推进之前,先让员工在小范围的用户群中进行数字化运营试验,证明数字化转型计划的有效性,从而说服员工采用新的做事方式。

7.3 数字化运营关键要素之二:打造更敏捷的组织形态

敏捷组织,就是有效建立组织内各部门之间,以及内外部各相关方之间的连接与交互。在灵活的连接与交互中,内部员工、外部客户及合作伙伴共同创造和分享价值增值。陈春花教授将动态环境下具备柔性和活力的组织称为"水样组织"[1]，即像水一样可以灵活应对环境变化。在高度动态的竞争环境中，企业的超额利润不再来自专门化的管理，而是来自企业的柔性能力[2]。

一些领先企业已经率先进行组织形态上的变革与尝试。

电信业领先企业华为从矩阵式的组织形态逐渐转变为项目制组织形态，即通过项目的动态线条，来减少企业职能部门之间的结构性边界，增加人员、资源、知识的流动性。早在2009年，华为总裁任正非就提出"后方大平台"加"前线铁三角"的组织形态[3]。"前线铁三角"是指客户经理、解决方案专家和交付专家组成的工作小组，他们共同围绕一个客户服务。这种一线项目组不仅能够使权责深度下沉，还能多方位及时了解客户需求，做到最好的客户体验。"后方大平台"是指企业的运营管理平台，为一线项目组提供资金、人力、流程、设备等。通过后台和前线的快速拉动和高效联动，华为不断创新组织形态和流程机制，也不断创新激励机制，激发员工活力。

农业产业化龙头企业新希望从层级式组织结构转变为网络结构，具体措施包括"化小业务单元"和"聚落一体化"[4]。2013年，新希望为从饲料企业转型为食品企业，从而启动组织形态转变。"化小业务单元"是指将企业的区域职能片区按供应链环节拆分为更专业的业务单元。如将集团四个事业单元拆分为40多个业务单元，从原来饲料、屠宰、养殖各自为政转变为从种子到肉的农牧产业链。"聚落一体化"是指按地理区域聚集生产单元、匹配产业资源和聚集专业人才，整合地理区域内的资源。比如聚落式养猪，就是整合当地饲料企业，借助当地产业链和相关资源建设种猪企业、商品猪养殖企

---

[1] 陈春花. 2014. 水样组织:动态环境下保持领先的组织形态研究[J].华南理工大学学报(社会科学版)，16(05)：10—15.
[2] 陈春花，刘祯. 2017. 水样组织：一个新的组织概念[J]. 外国经济与管理，39(07)：3—14.
[3] 任正非. 2009. 2009年1月在销服体系奋斗颁奖大会上的讲话[EB/OL]. (2009.07.19)[2020.03.02]. https://blog.csdn.net/chgaowei/article/details/4361410.
[4] 陈春花，刘祯. 2017. 水样组织：一个新的组织概念[J]. 外国经济与管理，39(07)：3—14.

业，培植合同基地养殖户等，围绕养猪业务聚集区域上的产业链资源发挥最大价值。

家电龙头企业海尔集团自2005年开始探索基于互联网的制造企业转型，近年相继提出"人单合一""自组织""动态合伙人""基于用户的生态圈"等新颖的组织理念。"人单合一"是指"人"（企业员工）的价值实现和所创造的"单"（客户价值）合并对应起来，其基本含义是每个员工都直接创造用户价值，并在为用户创造价值中实现自己的价值。要实现"人单合一"，就需要组织打破科层制组织形式。2016年，海尔大幅裁剪了中层管理者，试图搭建网络化"自组织"创业平台，即鼓励员工抓住市场机会进行"自创业"，以及鼓励根据市场和用户反馈进行"自驱动"业务投资。为此，企业员工成为企业的"动态合伙人"，每位海尔员工都可以更自主地为客户服务，成为海尔的"CEO"。海尔所打造的"基于用户的生态圈"通过"用户签字""竞单上岗，按单聚散"激发了个体员工的活力，使海尔能在互联网时代仍旧保持领先。

巴西最大的货船及食品加工设备制造商赛氏公司（Semco）用圆环组织取代传统的金字塔组织，在巴西经济萎缩的大环境下实现了在12年间利润增长5倍、收入增长6倍、生产效率增长7倍的出色业绩。这种新型组织形态由三个同心圆构成：最里层是"公司顾问"，包括CEO和公司副总，负责公司的整体战略；中间层为"合伙人"，由7-10位公司的业务总监组成；最外层为"伙伴"，包括所有员工。"伙伴"中较为出色的骨干成员则作为各个业务的"协调人"，负责收集每个"伙伴"的建议、回答每个"伙伴"的问题。圆环组织使得每一位普通员工的建议、要求和抱怨能够立即反馈到协调人处，在每周例会的时候协调人可以与合伙人讨论，每个员工的责权和薪水不再由组织结构图来决定，而是由员工自己决定，员工也能清楚地查询到其他员工在公司的支出、收入与创造的价值。这种灵活的组织形式为人才成长创造了自由的空间。

不论采取何种组织形态，这些企业的共同特征是它们都试图打造更敏捷的组织。这种更敏捷的组织能够让组织与客户直接连接，不仅只有业务部门和销售部门的员工与客户建立直接、高频、深入的交互，而是尽可能通过组织、流程、管理系统的改革，让组织各个部门端口都能和客户发生交互，让每一个经营和管理措施都尽可能有明确的客户价值关联逻辑。这种更敏捷的组织也让资本与人力资本直接连接。敏捷组织将能与客户直接且深度连接、创造价值增量、探索开拓新机会的内外部人才看作企业的资本，为这些人才创造环境对接客户和资源，进而将组织与员工之间传统的雇佣关系转化为事业合伙关系，分配机制升级为分享机制，激励他们创造增量、担负风险，再共享增量。

7.4 数字化运营关键要素之三：搭建高效的信息系统平台

从最早的线下业务线上化，到业务流程再造（business process reengineering，BPR），再到ERP、CRM、办公自动化（office automation，OA）等集成化信息系统平台，传统信息系统往往是由流程驱动的。这些信息系统的设计和使用都是基于以商品或流程为中心的工业化生产理念，即通过流程分解和标准化控制提高管理效率、降低管理成本、管控产品质量。然而，随着新兴技术的发展与普及，消费者逐渐适应了随时、随地、跨终端、跨情境的个性化消费体验，而以商品或流程为中心的运作模式难以快速响应市场及客户的动态需求。因此，传统的信息系统平台面临更新、再造甚至重塑。

企业数字化运营的目标是建立从数据出发的管理体系，搭建用数据驱动业务的运营体系，支撑企业战略决策制定和创新培育。这个目标分三步走：

第一步，借助数字化技术将运营过程沉淀成数据。数字化是实现实体商业竞争力升级的基础，是进行所有服务升级、运营优化的关键。过往的企业运营仅在某些关键环节保留电子化记录；而在数字化时代，几乎所有的运营环节都能够被数据刻画和追踪。这些数据刻画使得管理者可以从实时业务进展而不是预先制定的过程来审视他们的管理活动。数据的出现及将这些数据与指标或问题联系起来的能力，使组织能够更清楚地掌握管理行为与组织运营指标之间的因果关系，运营的优化也将变得更加精确和高效。

第二步，建立数据"中台"，支撑企业与用户的全方位交互。企业与用户的直接接触点被称为"前台"，如微信公众号、手机App等；而企业的基础设施和计算平台构成了"后台"，包括财务系统、产品系统、客户管理系统、仓库物流管理系统等。由于企业的后台往往基于传统的以过程为中心的理念搭建，难以实现定制化修改，而且企业的后台管理着企业的关键核心数据，涉及安全、审计、法律等的限制，因而需要尽可能保持稳定。而前台需要快速响应前端用户需求，强调快速创新迭代，因此前台和后台出现了不匹配问题。中台就是为解决这种不匹配问题而产生的，其目的是将企业的自身能力与用户需求持续对接，更好地支撑前台的创新迭代。按类型分，中台可以分为技术中台、业务中台和组织中台，本质上是为了解决企业的响应力困境，弥补创新驱动快速变化的前台与稳定可靠的后台之间的匹配问题，通过沉淀一个中间层，沉淀能力和数据、链接前台需求与后台资源，帮助企业不断提升用户响应速度。

第三步，基于数据分析技术实现业务创新和创造。企业应用数据最原始的诉求是响应运营。数据分析的主要作用在于计算投入产出比、定位运营事故和故障等，目标是保证企业的正常运转。企业仅进行简单的数据治理即可，如搭建数据仓库，对主数据和元数据进行规范化。响应运营之上更高一层的诉求是响应业务。数据分析的主要作用在于将数据存储和分析计算的能力从前台剥离出来，为不同业务场景提供数据共享服务。对于数据服务的使用者来说，用户在共享数据满足业务需求时，也在同时生成新的业务数据，因而在数据平台和企业的各个业务系统之间形成了数据产生和利用的良性循环。在响应业务之上更高一层的诉求则是创造业务。数据分析的主要作用在于构建业务模型和数据模型，将业务流程变得更加自动化、无形化和敏捷化，从而指导企业在更多的业务场景中发现变化和预测变化。从推荐业务到服务组合，企业可以借助数据分析技术创造新的业务模式，为用户提供个性化体验。IBM在2018年发布的《IBM商业价值报告：传统企业的逆袭》中将"充分利用数据"作为数字化运营平台发展的两大原则之一[1]。

以阿里巴巴与银泰百货合作推出的"新零售"战略为例。首先，银泰百货完成了会员、交易和商品这三大零售商业要素的数字化。在会员数字化方面，原有的会员卡对消费者识别维度简单，缺少电子化沉淀，因此也无法进行数据价值的发掘。为此，银泰百货搭建消费者电子会员系统，基于会员线上线下行为进一步培养和区分优质客户，给予核心用户更大权益，从而提升企业的盈利能力，实现健康的、不以补贴为前提的线下流量增长。与此同时，银泰百货也可以借助商家会员系统，对入驻品牌提供脱敏增值的服务，指导品牌更有效率地进行推广。在交易数字化方面，受转型前的商业模式所限，银泰百货对于交易行为只掌握大颗粒度信息，关注重心放在收入上而不是交易内容的本质上，使打造企业核心竞争力的重要数字资产处于无积累、无沉淀的状态。通过将交易行为数字化，零售百货"场"的效应可以在实现

---

[1] IBM商业价值研究院. 2018. IBM商业价值报告：传统企业的逆袭[R/OL]. (2018.08)[2020.03.02]. https://www.ibm.com/downloads/cas/KM8DX857?mhsrc=ibmsearch_a&mhq=%E4%BC%A0%E7%BB%20%9F%E4%BC%81%E4%B8%9A%E7%9A%84%E9%80%86%E8%A2%AD.

全渠道经营的基础上得到最高程度的发挥，消费者体验也随之提升。对商场而言，商品数字化配合直营模式可以帮助百货实现货品优选，配合后端供应体系整合，提升商品质量把控，通盘改善运营效果；对入驻品牌而言，商品数字化可以帮助品牌依托商场资源自动实现库存的同城、同域统一调配，提升客户体验的同时也改善了库存；从消费者角度，商品数字化形成的知识图谱可以展现以"场景"而非"种类"为中心的货品销售方式，提升购物的观感和体验。

其次，银泰百货搭建了多维度、高密度、快处理的超级"数据池"，这些数据经过梳理、分析，更精准地描绘用户画像，包括人口属性、地域分布、媒体接触、兴趣爱好、生活形态等多个方面，从而为前台制定策略、优化创新提供强力支持。

最后，基于商业要素数字化实现服务和业态升级。在服务升级方面，随着电子商务的发展，标准化产品和刚需逐渐转移到线上，线下购物将越来越注重服务的种类和体验。数据的全链路打通和激活可以实现服务的综合提升。这些综合提升体现在以下三个方面：（1）借助阿里打造全商业生态，配合各类合作伙伴，在百货"场"内提供包括餐饮、影业等在内的多样一体化服务，使消费者或会员充分享受到数据联通带来的便捷性；（2）线下、线上的边界将进一步模糊，消费者可以边体验边通过前端App下单，3—5公里内物品1小时可达，百货成为区域性的休闲、购物体验中心；（3）同城多家银泰店面形成店仓一体，区域协同，在物流、仓储、配送等方面统一管理，通过智能优化算法实现消费者最佳购物配送体验。在业态升级方面，为应对日益激烈的竞争态势，百货商超将改变其目前"收租金"的商业模式，通过联营、直营的方式，增强控货能力，优化供应链，而数字化资产的沉淀则是与百货业态改变并行的重要技术驱动。

7.5 我国企业数字化运营调研发现

数字化产品运营高度强调响应需求的敏捷度、迭代频率、交付速度和供应灵活性，大多数企业认为自身的数字化运营能力高于行业平均水平，其对自身响应需求敏捷性的评价略高于其对自身产品和服务的迭代频率、交付速度和供应灵活性的评价。如图7.1所示，"数字化产品服务响应需求的敏捷性高于行业一般水平"的均值为3.62，而"数字化产品服务的迭代频率高于行业一般水平"的均值为3.55，"数字化产品服务的交付速度高于行业一般水平"的均值为3.53，"数字化产品服务的供应灵活性高于行业一般水平"的均值为3.51。

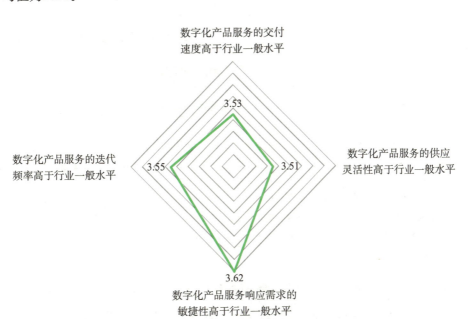

图7.1 被调研企业数字化产品及服务的运营现状

这一发现与埃森哲2018年发布的《创新驱动，高质发展——埃森哲中国企业数字转型指数》报告结论一致。埃森哲将数字化运营定义为企业从海量数据中生成数据洞察，实时且正确地制定决策、持续提升客户体验，借此不断强化当前核心业务。如图7.2所示，报告从八大代表性行业中抽样出的450家企业进行调研，结果显示，一般企业与转型领军者企业在"开发数字化产品和服务，进行持续迭代和创新""实现产品与服务的个性化定制""基于消费者大数据分析，实现个性化推荐和服务"和"通过数字技术实现产品和服务的敏捷开发"四个维度上差距都较大。其中，在"开发数字化产品和服务，进行持续迭代和创新"维度上，一般企业和领军企业相差了32分，是四个维度中差值最大的一项。因此可以看出，数字化产品的运营将成为数字化企业的核心竞争力。

图7.2　数字化转型领军者与一般企业在数字化运营与维度上的差距

注：在此只展示两组企业差距最大的四个指标。

资料来源：埃森哲. 2018. 创新驱动，高质发展——埃森哲中国企业数字转型指数[R/OL]. (2018.08.30)[2020.03.02]. https://www.accenture.com/cn-zh/insights/digital/corporate-digital-transformation-index。

在被调研的制造业企业中，管理决策的数字化程度相对较高，生产环节柔性化制造刚刚起步。 如图7.3所示，制造业企业数字化程度最高的维度是"高管可以实时获取生产信息"，均值为3.84；其次是"信息系统贯穿了所有生产环节"，均值为3.66。这说明，制造业企业的信息化和移动化水平较高,且非常重视管理决策层面的数字化。与此同时,生产环节数字化正在起步,生产环节上的数据收集和采集能力有待提升。"生产原料、元件、半成品、成品全部具有数字化标签"和"生产过程全部实现信息可视化"排名第三,均值都为3.64。"生产车间全部使用机器人作业"得分相对最低,均值仅为2.66。这表明,制造业企业数字化运营平台的搭建刚刚起步。信息采集能力较弱,特别是设备、机器的数据采集,存在很多历史问题和接口问题,这些问题的解决需要时间。

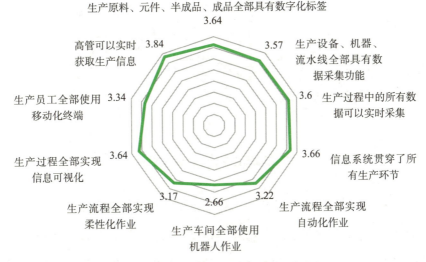

图7.3 被调研制造业企业数字化生产现状

当前企业数字化运营效率主要体现在响应客户需求的速度和准确度上,数字化运营对支撑产品服务开发迭代、降低运营成本、拓展业务边界等方面的作用尚未凸显。如图7.4所示,在对企业数字化运营效率的评估中,"对客户需求的反应速度大幅提升"的得分最高,均值为3.63;其次是"决策准确性大幅提高"和"决策速度大幅提升",均值分别为3.56和3.52。相比之下,"产品服务开发迭代速度大幅提升""物流配送效率大幅提升""运营成本大幅降低""生态构建与适应速度大幅提升"的评分较低。这些数据说明，当前企业数字化运营关注对客户需求的响应速度和准确度，客户数据管理和分析是影响企业数字化运营程度的较大因素，同时企业数字化运营为满足客户需求的敏捷性提升带来的好处是最大的，但在降低成本、提高内部职能部门协作效率、拓展业务边界方面的优势还没有显示出来。

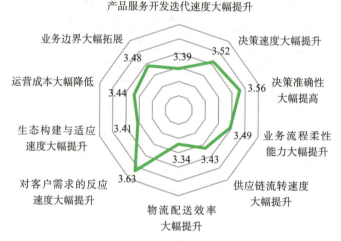

图7.4 被调研企业数字化运营效率评估

这一发现与市场调研机构Forrester发布的一份调查报告[①]结果一致（见图7.5）。这份调查抽取了来自美国、英国、德国、巴西和日本5个国家非IT行业的253名决策制定者，代表公司规模500人及以上的企业。在253个样本中，有53家企业积极开发了数字化运营平台（如新型CRM、ERP、BI等）。结果显示，积极开发数字化运营平台的企业在10个方面的提高都比其他200家企业显著。其中效果最显著的是"提高客户参与度"，其次是"提升运营效率"，而"提高员工生产力"方面的效果相对最弱。

---

① Forrester. 2017. Accelerating Digital Transformation with Technology[R/OL]. [2020.03.02]. https://info.microsoft.com/accelerating-digital-transformation-with-technology.

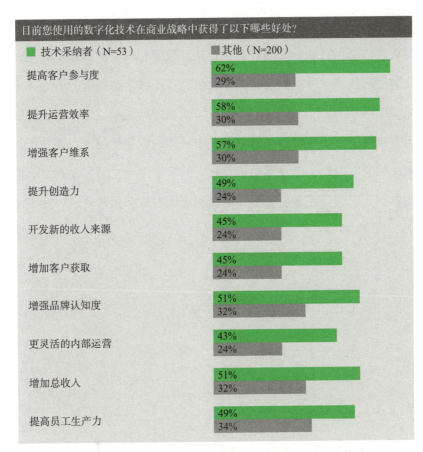

图7.5 数字化技术采纳者与其他企业在10项转型效果上的对比

资料来源：Forrester. 2017. Accelerating Digital Transformation with Technology[R/OL]. [2020.03.02]. https://info.microsoft.com/accelerating-digital-transformation-with-technology.html。

这一发现与普华永道（PwC）在2016年发布的《工业4.0时代：建立数字化企业》报告[①]结论吻合。PwC将企业的数字化转型分为两部分："内部垂直运营流程数字化"，以及"在内部运营之上、从供应商到客户以及所有主要价值链合作伙伴而展开的横向整合"。其中，数字化运营被定义为"将内部垂直运营流程中的基本功能数字化，主要用运营效率、成本和质量这三

---

① Geissbauer R, Vedso J, Schrauf S. 2016. Industry 4.0: Building the digital enterprise[R/OL]. [2020.03.02]. https://www.pwc.nl/nl/assets/documents/industry-4.0-building-your-digital-enterprise-april-2016.pdf.

个指标衡量"。上述报告中，PwC对来自26个国家、9大行业中的2 000个企业进行调查。结果显示，大多数企业在实现数字化转型的过程中，最大的困难不是数字化技术，而是数字化企业文化和员工数字化技能的匮乏。另外，PwC在2015年发布的《全球数字化IQ调研》报告[①]显示，数字化技术的确重要，但是企业数字化转型的关键并不在于具体的数字化技术，而在于渗透企业的人文因素。因此，企业需要培育强大的数字文化，既需要高级管理层明确推动数字化变革，还需要吸引、留住和培训在数字化和动态环境中工作的员工。

---

① PwC. 2015. Lessons from digital leaders: 10 attributes driving stronger performance[R/OL]. (2015.09) [2020.03.30]. https://www.pwc.com/gx/en/advisory-services/digital-iq-survey-2015/campaign-site/digital-iq-survey-2015.pdf.

CHAPTER 08

第8章

数字化营销

8.1 什么是数字化营销

随着数字技术的不断升级和营销理念不断翻新,在过去的15年里,数字化营销逐渐从一个特定词语变成一个包罗万象的词语。早期,数字化营销有特定的含义,即使用数字化渠道向消费者销售产品或服务;随后,数字化营销泛指使用数字化技术获取用户、构建顾客偏好、推广品牌、保留顾客和增加销售量的过程。美国营销学会(American Marketing Association)提供了一个以企业为中心的定义,即数字化营销可以看作由数字化技术辅助,为消费者及其他利益相关者创造、传递和推广价值的活动与过程。马里兰大学教授P.K.Kannan和印第安纳大学教授Hongshuang Li则给出了一个更加精确的定义:数字化营销是一个由技术驱动的适应性过程,企业借由这个过程与顾客及其他伙伴共同创造、传递、推广和维持所有利益相关者的价值[1]。这个定义强调了数字化营销的四个特征:

第一,数字化营销由新兴技术驱动。数字化技术极大地影响了企业所面临的市场环境、企业自身营销组合、市场研究和市场绩效,进而对企业的营销战略产生重要影响[2]。社交媒体、视频直播、人工智能、增强现实、虚拟现实等新兴数字化技术的出现,使得微信、微博、Facebook、Twitter、抖音等成为新兴营销渠道,催生了用户画像、营销内容自创、个性化推进、自动化

---

[1] Kannan P K, Li H A. 2017. Digital marketing: A framework, review and research agenda[J]. International Journal of Research in Marketing, 34(1): 22-45.

[2] 同[1]。

客服等新颖的营销环节，也催生了一对一营销、关键点场景营销、体验营销等新颖的营销形式。数字化技术不仅将传单、电视、广播等传统营销沟通渠道更新为电子邮件、网页及移动页面、社交媒体等新型营销沟通渠道，而且极大地驱动营销形式向更加自动化、人性化和精确化的方向发展。有关不同数字化技术带来的主要营销变革和国内外实践案例请参考附录8.1。

第二，数字化营销成为一个动态适应性过程。数字化营销具备打破传统营销边界、支持适应性营销的能力。以智能代理技术（intelligent agent technology,IAT）为例，这类技术能够通过持续更新产品信息、实时更新商家价格、实时获取、分析和学习用户偏好等，为消费者带来全新的体验。麻省理工学院的Open Mind项目已经从1.4万名参与者中收集了70万条数据，研发出具备情感的计算机系统；旅行者动态情境词汇书GloBuddy[①]能够从用户提供的短语词汇中学习情境相关的信息，帮助英语语言的旅行者识别其他国家的词汇。表8.1列举了五类智能代理技术，并从市场治理、用户导向、竞争者导向和学习导向四个方面分别给出国内外企业的代表性实践。其中，信息搜寻与获取类智能代理侧重信息实时汇总与筛选；信息分析类智能代理侧重模式识别与发现，以及分析型问题的解决及类比；交互与谈判类智能代理则侧重基于规则、博弈论或社会福利分析的主动或被动选择；自主性与决策制定类智能代理侧重交易代理、方案推荐、智能决策支持等；协作类智能代理具有个体智能代理的所有特征，但强化了个体智能代理间通信、协作、整体优化功能。

---

① Musa R, et al. 2003. GloBuddy, a dynamic broad context phrase book[C]. International and Interdisciplinary Conference on Modeling and Using Context. Springer, Berlin, Heidelberg: 467-474.

表8.1 不同类别IAT与数字化营销概念的对应关系

IAT分类	市场治理	用户导向	竞争者导向	学习导向
信息搜寻与获取	市场信息代理，如美云智数观星台产品①	客户智能代理，如百分点②	竞争情报代理，如Alexa③、天眼查	价格/产品/商家检索，如Bargin-finder④、天巡网⑤
信息分析	市场分析代理，如Horizon⑥	客户信息分析代理，如神策数据推出的神策分析⑦	竞争者分析代理，如网易⑧	学习分析代理，如产品代理Addall⑨
交互与谈判	市场谈判代理，如盟诺公司⑩	客户谈判代理，如Priceline⑪	竞争者回应代理，如DeepBlue⑫	学习谈判代理，如DeepMind⑬

---

① 美云智数是美的集团旗下子公司，其观星台产品可以定向或通过搜索引擎API接口抓取网站数据，分析行业动态、产品销售评论情况、某新材料应用情况等。

② 百分点成立于2009年，总部位于北京，是一家大数据与人工智能解决方案提供商。

③ Alexa成立于1996年4月，总部位于旧金山，目前是亚马逊旗下子公司，专门发布网站流量世界排名。

④ Bargin-finder是由PhilPapers开发的代理工具，能够根据用户设置的兴趣领域检索亚马逊网站中的书籍折扣信息。

⑤ 天巡网网站成立于2001年，总部位于英国爱丁堡，是全球领先的机票航班搜索引擎，为客户提供基于价格和地点的机票搜索比价服务。

⑥ Horizon成立于1992年，坐落于北京中关村，是大数据智能服务机构中聚焦行业深度应用的典范。

⑦ 神策数据成立于2015年，总部位于北京，是一家大数据分析服务公司。主打产品神策分析(Sensors Analytics)是一款用户行为分析产品。

⑧ 网易（NetEase）是一家于1997年6月成立的互联网企业，总部位于广州，利用互联网技术，加强人与人之间信息的交流和共享。

⑨ Addall成立于1998年，是一个由图书购买者搭建的图书检索与竞价网站，能够比较40余家网上书店中图书、杂志、光盘、电影等产品的价格。

⑩ 盟诺公司成立于2002年，总部坐落于美国，是全球最大的专业从事媒体广告谈判的公司，隶属于Interpublic集团下的Universal McCann公司。

⑪ Priceline是美国人Jay Walker在1998年创立的一家基于C2B商业模式的旅游服务网站，是美国最大的在线旅游公司。

⑫ DeepBlue是一家全球投资公司，于2016年在香港成立，主要为客户提供投资解决方案。

⑬ DeepMind一家英国的人工智能公司，于2010年创立，公司将机器学习和系统神经科学的最先进技术结合起来，建立强大的通用学习算法，主要应用于模拟、电子商务、游戏开发等商业领域。

续表

IAT分类	市场治理	用户导向	竞争者导向	学习导向
自主性与决策制定	市场认证代理，如北京股权交易中心①	推荐代理，如百分点公司的推荐引擎	竞争性决策代理，如天眼查公司②	学习决策代理，如明略数据③的智能决策支持问答系统"小明"
协作	多主体系统，如爱可生公司云树产品系列④	联盟代理，如中标联盟国际知识产权代理⑤	竞争协作代理，如中国嘉德国际拍卖有限公司⑥	学习协作代理，如中国专利代理(香港)有限公司⑦

资料来源：Kumar V, et al. 2016. Research framework, strategies, and applications of intelligent agent technologies (IATs) in marketing[J]. Journal of the Academy of Marketing Science, 44: 24–45。

第三，以客户为中心的多方协作。传统营销理论将消费者（consumer）、协作者（collaborator）、竞争者（competitor）、情境（context）和企业（company）这"5C"要素看作营销环境中同等重要的分析维度，营销决策以营销活动为中心。但数字化技术的出现使消费者成为焦点，强调以客户为中心制定更加精准有效的营销决策。营造以客户为中心的营销环境包括创建客户洞察平台，发掘吸引新客户的媒体渠道，借助新媒体提升新老客户的价值等。埃森哲指出，"坚持以客户为导向的设计原则，有助于企业实现客户全生命周期的'智能服务'，通过学习用户的行为习惯与偏好，实现用户服务的场景化"⑧。那些过去将"一切以客户为中心"作为口号的企业，到了数

---

① 北京股权交易中心是于2013年1月注册成立的非营利性区域股权交易市场。
② 天眼查成立于2014年，是一个以公开数据为切入点，以关系为核心的大数据产品平台。
③ 明略数据成立于2014年，总部位于北京，是行业大数据和行业人工智能的解决方案提供商。
④ 爱可生成立于2003年，总部位于上海，定位于开源数据库整体解决方案和行业数据应用。
⑤ 中标联盟国际知识产权代理2005年于北京成立，主要经营商标代理等业务。
⑥ 中国嘉德国际拍卖有限公司成立于1993年，总部设在北京，主营中国文物艺术品代理拍卖。
⑦ 中国专利代理（香港）有限公司于1984年在香港成立，专注于为委托人在专利、商标等领域提供服务。
⑧ Accenture Consulting. 2018. Capital markets technology 2022: Five technology design principles for digital capital markets[R/OL]. [2020.03.02]. https://www.accenture.com/_acnmedia/PDF-69/Accenture-Capital-Markets-Technology-2022.pdf#zoom=50.

字化营销时代将通过密切协作,及时全面地了解客户的需求与想法,逐渐将这一口号落地于数字化营销领域。

第四,丰富的价值内涵。在数字化营销中,产品内涵变革体现为三个方面:一是核心产品的外围服务变得越来越数字化,而产品的核心价值随着数字化升级而增加。例如,GPS定位和导航功能、基于传感器的自动驾驶技术等汽车外围服务提升了汽车产品的核心价值。二是借助网络和移动技术形成产品网络,使得自有产品价值通过数字化网络得以释放。例如,自有的房子、汽车、充电宝、奢侈品等的价值可以通过Airbnb、滴滴/Uber、街电科技/HappySpot、星洞等得以释放。三是数字化产品转变为数字化服务。在信息产品领域,软件产品向数字化服务解决方案转变,书籍、音乐等产品向专题课程、自媒体分享等数字化服务转变,由此催生了数字经济中的免费模式和大规模低成本捆绑销售形式。

传统的4P(product/service,price,promotion,price)营销组合在数字化技术的驱动下需要转变为4R(recognize,reach,relationship,return,即用户识别、用户触达与覆盖、建立持续交易关系、实现交易与回报)营销组合[①]。下面将分别阐述这四个营销要素。

8.2 数字化营销中的用户识别

在数字化时代,消费者的网络行为能够被追踪、收集和分析,这些用户行为经过挖掘分析能够形成精确的、属于个体的用户画像(user/customer profile)。用户画像是企业数字化营销的起点,也是企业进行用户识别的有利工具。作为实际用户的虚拟代表,用户画像不仅能帮助企业了解已有用户

---

① 王赛,孙志勇. 2018. AI版数字营销:当营销和算法进行融合与重构[J]. 清华管理评论,Z2: 93-96.

特征、推断已有用户的潜在需求，进而针对已有用户推出个性化的营销方案或产品服务，还能帮助企业识别潜在用户，从而精确、高效地将潜在用户转化为新用户。有了精确的用户画像，企业才有可能选择恰当的营销沟通渠道，在特定场景中为用户推荐带来最佳体验的产品或服务。

简单而言，企业建立用户画像的过程如图8.1所示。首先，企业依据运营现状和经营目标建立/优化用户标签系统。例如，性别、年龄、地域、职业、学历、宗教、收入等标签可以用来描述用户的基本属性；爱好、习惯、情感、追求、性格等标签可以用来描述用户的心理属性；社交、娱乐、学习、工作、旅游、上网设备等标签可以用来描述用户的行为属性；消费偏好、购买能力等标签可以用来描述用户的消费属性。其次，企业拓展用户数据采集的渠道，实现各个子系统的关联互通，尽可能实现子系统数据的实时交互和动态采集。例如，网页端与移动端数据整合，自有数据与第三方数据整合等。再次，企业定期对用户数据进行筛选、分类与深度分析，完成数据总结。最后，在深度分析的基础上，挖掘用户行为模式及规律，如建立客户流

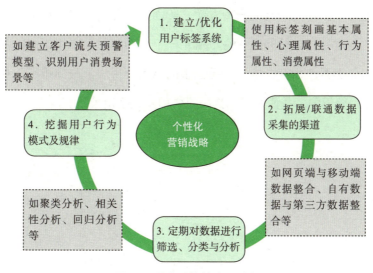

图8.1 用户画像的建立过程

失预警模型、识别用户消费场景等。以上四个步骤经过多次迭代，形成越来越精准的用户画像，企业就能进行更准确的产品定位，进而生成个性化的营销战略，形成"用户画像—产品定位—营销效果"的良性循环。

美团外卖的技术团队已初步尝试建立用户画像，并针对性地设计产品和服务。例如，根据用户下单地址和时间，技术团队能够推断用户对菜品和价格的要求：工作日在写字楼点餐的白领们对菜品种类、质量、营养、热量要求较高，对菜品单价不太敏感；而节假日或周末在居民区点餐的居民们往往追求口味和性价比。总的来看，美团外卖的用户画像主要用于识别两类用户：一是忠诚用户，二是可能流失的用户。在忠诚用户识别方面，美团外卖参考事件营销、个性化推荐、个性化广告活动中用户的登录、浏览、购买行为，尤其关注用户发表评论、向好友或亲属推荐产品等社交行为。对于忠诚用户，后续产品和服务致力于提升用户的单均价和消费频次，从而提升用户的生命周期价值（life-time value，LTV）。美团外卖的基本营销手段包括交叉销售（如新品类的推荐）、向上销售（如推荐优质高价的产品或服务）与重复购买（如使用优惠、红包刺激重复下单，以及优质供给的推荐带来下单频次的提升）。在用户流失预测方面，美团外卖首先将用户流失的可能原因分类为竞争对手、体验问题和需求变化三个方面；然后采用不同的流失预测模型，如分类器、生存模型等，模拟不同原因下用户流失的概率；最后建立用户流失预警模型，从而在用户真正流失前实施挽留策略。

8.3 数字化营销中用户触达与覆盖

在用户识别的基础上，借助数字化手段触达与覆盖用户，与用户实现多层次互动，成为数字化营销的第二个关键要素。用户与企业的多层次互动包括两个层面的含义：

第一层含义是企业与用户通过不同渠道进行交互。增强现实、虚拟现实、智能推荐、社交媒体、移动App、搜索引擎等数字化技术或平台，使得企业能够以各种方式高效地接触到消费者生活、工作、学习的方方面面，从而形成与客户的多层次互动。值得注意的是，不同渠道的营销内容保持统一，才能在触达用户时达到强调、放大的信息留存效果。

第二层含义是企业与用户之间存在不同的互动层次，随着交互层次的深入，用户对企业的认知也不断深化，企业数字化营销渠道带来的用户体验也逐渐深入。如图8.2所示，用户与企业之间的营销互动可分为六个心理层次：知名度印象、感性印象、理性印象、享受印象、分享推荐和品牌忠诚。在不同的心理层次上，企业数字化营销活动的侧重点也不相同。

在第一阶段"知名度印象"的建立中，企业与用户之间的互动属于"广撒网"型，针对性不强，因此对数字化手段的要求较低，能够用来进行这一层互动的数字化手段的选择也很多，各渠道的主要宣传目的是提高产品知名度，因而各渠道的营销方案皆可使用。在第二阶段"感性印象"的建立中，企业营销的侧重点则变为用品牌文化感染用户，达到在感性层面上的互动。这一阶段的营销目标是通过大面积的品牌曝光，给用户留下较深的感性印象或深刻的第一印象，使用户产生符合产品或服务定位的积极联想。因而，在这个互动层次上，感官效果强的渠道较为合适。在第三阶段"理性印象"的建立中，企业营销的侧重点变为从专业角度对产品或服务进行宣传，即"以理服人"，有理有据地让用户确认之前产生的感性印象，产生对产品/服务或品牌的认可和信任。因此，这一层次的数字化渠道媒介需要能够承载、呈现一定的专业性内容。在第四阶段"享受印象"的建立中，数字化营销的基本目标是深度满足用户需求。这一层次的数字化营销方法常引入AR/VR等体验式营销方法，从用户的视觉、听觉、触觉等多个维度进行互动，让用户感觉到被关心、被服务。在第五阶段"分享推荐"中，企业需要将产品和服务做到超出用户预期，才能促使用户"主动分享"。这一层次中的数字化营销需要突出差异化的品牌形象，同时鼓励用户进行快速便捷的传播与分享。在第六阶段"品牌忠诚"的营造中，企业需要将产品和服务做到"帮助用户成功"，让用户感受到企业服务过程中的专属感，使用户在精神和心理层面形成对品牌的依赖和忠诚，因而这一层需要借助实时交互的数字媒介。

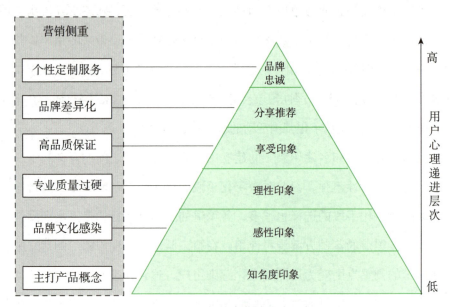

图8.2　企业与用户营销互动层次

为了更直观地展现数字化营销渠道在企业与用户不同互动层次上的应用，我们梳理了如表8.2所示的营销方案，并给出了企业实践案例。

表8.2 企业与用户互动层次与数字化营销实例

阶段	渠道媒介	功能	举例
知名度印象	搜索引擎	通过大数据分析进行用户画像之后，达到精准推广	百度竞价排名；"百度推广"平台业务
	线上广告	App/社交平台内开屏广告、植入广告等硬广式线上营销	通过微博、朋友圈的用户画像(性别、年龄、点击、关注群体、粉丝群体)向潜在用户的客户端精准植入广告
	线下广告	在目标消费群体人流量大的地方投放视频/海报广告	瑞幸咖啡在白领聚集的写字楼电梯投放大量视频/海报广告
	App及社交媒体	通过微信、微博等社交媒体进行病毒式营销互动	泸州老窖的H5广告、百雀羚的短视频品牌概念广告在微博、朋友圈等社交媒体刷屏
	线下体验	在人流量大的地方布局体验店及快闪店	小米的线下体验店"小米之家"
	营销自动化	借助客户关系管理系统，通过用户画像找到潜在用户进行推广	微信朋友圈和微博"可能感兴趣"的广告推荐
感性印象	搜索引擎	根据用户画像精准投放针对用户痛点的广告，进一步增加感性印象	百度搜索的"相关推荐"和"可能感兴趣"的推荐
	线上、线下广告	消除对品牌的陌生感，不断加深感性印象	各大企业请来名人代言，并在各个平台滚动播放广告
	App及社交媒体	通过病毒式营销、裂变式营销传达品牌文化和品牌核心概念，营造品牌十分火爆、受欢迎的感性印象	瑞幸咖啡朋友圈"第一杯免费"链接分享刷屏，营造"很火""咖啡界黑马"的形象
理性印象	线上软文广告	在互联网平台上发表专业、详细的软文，植入企业产品的价值宣传	小米在知乎平台通过"科技达人"发布"对小米手机新产品的专业角度分析"有关的文章
	App及社交媒体	通过内容营销，树立品牌差异	瑞幸咖啡刷屏链接点开后的内容突出"现磨咖啡""种类齐全"

续表

阶段	渠道媒介	功能	举例
享受印象	即时通信	记录用户的手机号、邮箱等联系方式，为后续互动提供信息渠道	关注MUJI官方微信公众号，并提供手机号码注册会员，即可享受首单8折
	App及社交媒体	针对新用户提供大力度促销，帮助企业迅速抢占市场	瑞幸咖啡新用户注册即送一杯免费咖啡；饿了么对新用户送大额代金券
	VR/AR	增加新鲜感，在用户心中形成企业技术前沿和思想前卫的印象	瑞幸咖啡在新年开工第一天进行"瑞雪·见鹿"的AR体验活动
	线下体验店	提供试用产品的机会，通过和用户多感官互动增加用户信任感	兰蔻在快闪店提供试用机会，更容易让用户当场买单
分享推荐	App及社交媒体	在产品本身品质优秀的基础上，对参与"分享"的用户提供福利	购买瑞幸咖啡的老用户通过分享至好友、朋友圈为自己获得折扣券
品牌忠诚	App及社交媒体	会员制积分，复购优惠，产生循环，助力忠诚用户形成	化妆品品牌会员制，商场会员卡，星巴克星享卡等

8.4 数字化营销与客户交易关系

如果说"用户触达与覆盖"是在空间维度上丰富与用户的互动形式与互动内容，那么"建立持续交易关系"（relationship）就是在时间维度上延伸与用户的互动关系。传统营销理论将用户生命周期管理分为潜在用户阶段、新生用户阶段、忠诚用户阶段、沉睡用户阶段和死亡用户阶段。数字环境下，多种多样的产品和服务同时争夺消费者有限的注意力，用户转换平台的成本极低，这导致数字化产品及服务的消费者留存率和转化率普遍较低。那么，在用户生命周期的不同阶段，企业应该采取哪些数字化营销措施来建立持续交易的基础呢？

表8.3总结了用户生命周期与数字化营销重心的对应关系。

表8.3　用户生命周期与数字化营销重心

用户生命周期	定义	数字化营销重心
潜在用户	尚未产生消费但已有信息接触	引流体验，提升知名度
新生用户	拥有首次购买行为	强化重复购买行为
忠诚用户	成为忠实追随者和推介力量	扩大顾客权益
沉睡用户	较长消费周期内无购买行为	唤醒、激活高价值部分
死亡用户	连续消费周期内无购买行为	放弃、不再投入

在潜在用户阶段，企业的营销重心是提升产品或服务知名度、吸引用户流量。企业需要进行深入的市场调查与分析，挖掘出不同用户群体的独特的需求心理。比如，中产群体追求商品或服务品质，而熟悉互联网及移动互联网的新生代青年偏好娱乐明星话题等。在了解市场需求的分层特征后，企业要以用户需求为导向，对产品与服务进行针对性设计。例如，纳爱斯旗下的明星品牌"雕牌"，用精心设计的虚拟人工智能IP形象"雕兄"及其搞笑洗脑的表情获得了年轻消费者的青睐。除了完成产品与服务的设计改造，企业还可以利用先进数字化技术增强各营销渠道与交互平台的设计表达效果，通过多方同声的强烈灌输式方法帮助知名度快速扩大，使企业品牌形象迅速树立。如瑞幸咖啡在2019年新年开工第一天进行的"瑞雪·见鹿"AR体验活动，增强了用户体验，深化了品牌"优雅"与"幸运"的形象。

在新生用户阶段，企业的营销重心是强化用户的重复购买行为。传统的营销方式包括采用会员制度、积分制度等鼓励用户消费；数字化营销则强调免费体验和分享推广的方式。一方面，企业为用户提供产品或服务的免费体验机会，引导用户接触新的产品或服务，从而刺激其消费需求。另一方面，这些企业还鼓励用户将产品分享到自己的社交圈。每日优鲜、瑞幸咖啡等企业都推出过分享后免单的活动。在这个阶段企业可以运用客户关系管理系统

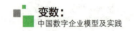

等针对性较强的营销方式，帮助增加用户黏性，让用户产生足够的产品信任度，从而主动进行推荐，以挖掘更多潜在用户。

在忠诚用户阶段，企业的营销重心是突出产品及服务定位，同时扩大顾客权益。知名度基础建立后，企业需要着力于内容营销，帮助用户建立良好心理印象与产品及服务的预期。此阶段营销需要深度刻画产品特征，将产品的品质与优势用概念营销的方法推送到用户认知体系中，比如百雀羚与擅长科普教育的博物杂志合作推出一系列清新淡雅的生物科普海报，强化了其"天然好草本"的产品概念。更重要的是，企业要让用户感知到作为忠诚用户的价值，如一些特有产品及增值服务仅供忠诚用户享用。

当企业与消费者的消费关系维持了一定时间，部分用户可能会转化为沉睡用户，即较长时间无购买行为或转向其他品牌。对于此阶段用户，企业需要运用唤醒和激活的营销手段，如发短信、邮件等提示用户重新登录企业App领取优惠等，以挽回部分用户。

用户生命周期中最后一个阶段是死亡用户阶段，在此阶段用户完全丧失了对企业品牌的兴趣，挽回产生的收益不足以抵消挽回成本，因而企业应选择放弃，不再在这一部分用户上进一步投入。

8.5 实现交易与回报

"用户触达与覆盖"和"建立持续交易关系"分别从空间和时间维度打造良好的用户体验，最终目标是帮助企业获取收益。数字化营销中的交易与回报有以下四个特征：

首先，用户体验是数字化营销的KPI，用户流量是营销基础。IBM公司前首席执行官罗睿兰在一次内部演讲中强调用户体验是未来企业成长的唯一关键。①在产品严重同质化的今天，用户体验成为企业核心竞争力的一部分。在一个全面的数字化营销中，用户体验、内容、媒介和机制缺一不可，而最好的体验源于三者无缝的结合。

其次，数字化营销中长尾效应显著。盛行的免费模式能够吸引用户建立第一次接触或消费，但企业要实现盈利还需要在后期用户生命周期中提供丰富的、具有吸引力的增值服务，因而首次消费后的精准服务尤为重要。企业吸纳新生用户后需要在有效的时间里快速完成对其的巩固与向深层的转化，否则营销效率与效果将会大打折扣。

再次，阶段之间的逐级转化率不断提升，因而要重视前期对客户的吸纳与留存。据估算，用户首次消费后的流失率高达60%以上，随后二次消费、三次消费、四次消费的人数逐渐递减，但每一个层级向下一个层级的转化率在不断提升。这说明在首次消费后采取措施提高用户留存率和前期转化率非常重要。因而，企业若是想扩大用户群体，必须提升新生用户向忠诚用户的转化率，也即用良好的反馈交互和品质营销留住用户。

最后，企业收益取决于两个因素——用户基数和客单价值。用户基数的扩大需要企业充分满足客户的个性需求与专属感认知，从而加大现有用户向其他潜在用户推荐产品的可能性，同时保持住营销体系的推介力度，增加对潜在用户的吸引力。客单价值的挖掘则需要企业加强对用户潜力特征和价值的认知。例如，年轻的消费群体属于低价值、高活跃用户，他们的客单价值较低，但在引导流量，扩大企业产品、服务和品牌影响方面具有较佳作用。他们群体庞大，可以为品牌发声造势，非常容易组成粉丝团体。并且这部分人群虽然目前购买能力不足，但是日后还有消费潜力可以挖掘。针对这一部分用户，企业不可忽视，反而要用持续刺激保持住他们的忠诚度。

---

① 张坤. 2017. IBM大中华区市场营销总经理：一切数字化营销手段皆为获取更好的用户体验[EB/OL]. (2017.07.19)[2020.03.01]. https://m.sohu.com/a/158418290_654269.

总的来看，企业营销经历了从传统营销到数据营销再到人工智能营销三个演进阶段。表8.4对比了三个演进阶段中企业营销目标、数据的利用效率和营销"4R"要素的变化过程。企业营销的直接目标从以企业为中心的"利润最大化"转变为以客户为中心的"创造顶级用户体验"，数据的利用率也大大提升。在用户识别方面，数字化营销对象的划分逐渐细化，未来将基于个人或场景识别潜在及特征用户；识别内容从单一的货物相关信息转向丰富的"人—货—场"多维组合信息；识别维度更加智能多元，趋于精确化和场景化。在触达用户方面，覆盖方式更加多元，而且更加强调不同渠道之间的整合优化；触达方式也逐渐向自动化、智能化转变，最终实现精准覆盖。在建立持续的交易基础方面，用户服务将与人工智能无缝结合，用户体验从被响应向被预测甚至更高的体验转变，用户与企业之间的关系向"共创关系"演化。在实现交易与回报方面，企业将借助人工智能进行营销元素和内容自创，变现方式也将实现动态化、智能化。

表8.4 "4R"的演进阶段和演进特征

营销环节对比维度/发展阶段		传统营销	数据营销	AI营销
营销目标		企业利润最大化	提高用户黏性	创造顶级用户体验
数据利用效率		较低	有效	高效创收
用户识别	营销对象	大众市场	细分市场	个人或场景
	识别内容	货物相关信息	消费者行为信息	"人—货—场"多维组合信息
	识别维度	层次低，维度少	智能化，较多元	精确化，场景化
用户触达与覆盖	覆盖方式	传单、广播、电视等单一渠道	网页、手机、社交媒体等多元渠道并行	多渠道整合优化
	触达方式	人工	自动化	智能化
	精准程度	较低	中等	精准覆盖

续表

营销环节对比维度/发展阶段		传统营销	数据营销	AI营销
建立持续交易关系	用户服务	人工客服	人工与机器结合	自动化不间断客服
	沟通协作	较低	特定环节的顾客参与	多语言无边界沟通
	用户体验	需求被响应	需求被预测	快速、无缝、无障碍
	用户关系	关联度低	品牌效应出现	共创关系
实现交易与回报	自动化程度	无	已有内容推荐	元素、内容自创
	变现方式	定价销售	动态定价	场景变现,动态定价

8.6 我国企业数字化营销调研发现

企业借助多种渠道与用户进行交互。其中,微信平台(包括微信群、公众号、服务号、H5)是企业与用户交互最常见的途径;电子邮件、企业官网和电话短信等企业内部沟通渠道的使用频率相对较高;而新兴的人工智能客服、传统的线下问卷调查和与微信平台具有替代关系的微博平台的使用频率则相对较低。如图8.3所示,在被调研企业与用户交互途径及频率这一维度上,"微信(微信群、公众号、服务号、H5)"排名第一,均值为4.19,由此可见,现阶段微信平台是企业最重要的营销沟通渠道之一。交互渠道的选择不仅要考虑该渠道对用户的吸引力,还需要考虑该交互渠道对企业的价值。只有大量的交互数据沉淀在企业内部系统,才可能形成企业与用户互动的数据资产。因此,"电子邮件"(均值4.12)、"企业官网"(均值3.98)、"电话和短信"(均值3.89)等企业内部沟通渠道也受到充分重视。相比之下,"人工智能客服"得分最低,均值仅为3.05,说明作为新兴的沟通渠道，人工智能客服尚未得到普及，这可能是因为当前的人工智能客服仅能处理特定情境下的简单问题，还无法完成与用户的复杂互动。"线下问卷调查"方式的评分均值为3.09，在互联网和大数据背景下，这种沟通渠道显得效率低下，而且价值有限，未来的价值可能越来越低，逐渐被企业抛弃。

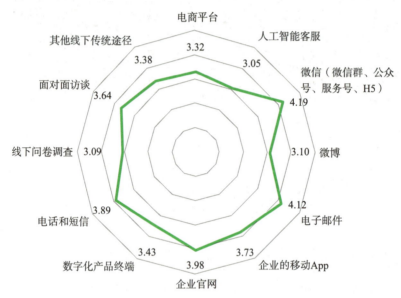

图8.3 被调研企业与用户的交互途径及频率

这一发现与IDG针对738位IT领导者的调查结果[①]一致。该调查表明，71%的IT领导者会直接与外部客户进行线下面对面会见，并且58%的受访者表示据他们预计与客户互动的次数将显著增加。

企业能够掌握付费客户的信息，但对潜在客户信息获取不足。根据我们的调研，如图8.4所示，企业在"能够获取所有付费用户的信息"方面得分相对较高（均值为3.66），在"能够获取所有浏览用户的信息"和"能够获取所有点击用户的信息"方面次之（均值分别为3.41和3.38），在"能够获取

---

① IDG. 2019. State of the CIO 2018[R/OL]. (2018.01.29)[2020.03.02]. https://www.idg.com/tools-for-marketers/state-cio-2018/.

所有潜在用户的信息"方面还存在较大不足（均值为3.25）。

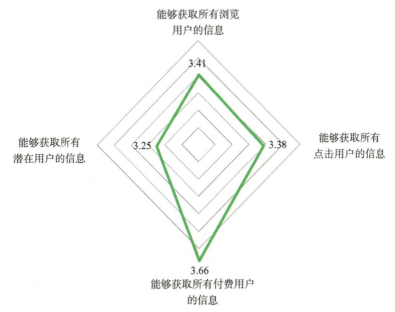

图8.4 被调研企业对用户信息的获取情况

客户关系管理系统中的用户数据是企业了解客户的主要来源。如图8.5所示，"客户关系管理系统的用户数据"排名第一，均值为4.19；除此之外，"移动App的用户数据""数字化产品终端的用户数据"和"合作伙伴（供应商、客户等）的用户数据"，都是企业获取客户数据的重要来源。传统的信息调研方法，如"销售人员的调查数据""数据服务公司提供的用户数据"，仍然是比较有效的方法。相比之下，电商平台（如天猫、京东）和社交平台（如微信、微博）为企业提供的数据服务是不足的，"电商平台提供的用户数据"得分最低，均值仅为3.61。

企业对用户特征和交易数据有所了解，但对行为、场景数据所知有限。如图8.6所示，关于被调研的企业获取的用户数据类型，"用户基本特征数据"排名第一，均值为3.61；"用户交易数据"和"用户使用数据"排名第二,均值都为3.51;"用户偏好数据"排名第三,均值为3.41;"用户网上行为数据"得分最低,均值仅为3.34。

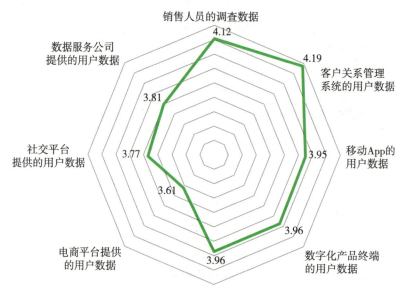

图8.5 不同数据来源对被调研企业的重要程度

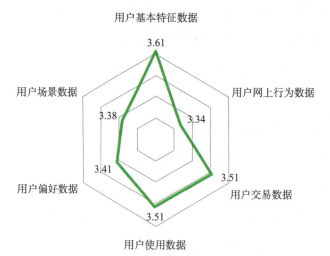

图8.6 被调研企业获取的用户数据类型

企业对用户数据管理较好，但应用不足。目前，大多数企业对用户数据的获取是比较有限的，因此对用户数据的使用也是比较有限的，除营销之外，用户数据还没有在企业运营方面起到非常大的作用。如图8.7所示，在被调研企业对用户数据的使用情况这一维度上，利用用户数据"满足客户个性化需求"和"细化用户类型"排名第一，均值都为3.69；利用用户数据"配置业务流程"排名第二，均值为3.58；利用用户数据"提供精准营销"排名第三，均值为3.57；利用用户数据"优化物流配送"得分最低，均值仅为3.44。

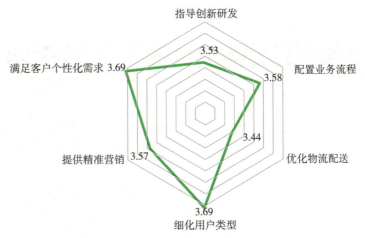

图8.7 被调研企业对用户数据的使用情况

这一发现与IBM商业价值研究院和埃森哲的调查结果一致。2018年8月，IBM商业价值研究院针对企业对客户数据的利用情况，面向全球112个国家及地区、20个行业的12 854名高层主管展开调研。调研结果显示：利用数据了解未被满足的客户需求是领先企业（重塑者）与其他企业拉开差距的一个重要因素。80%的领先企业表示，他们能够非常有效地发现新的客户需求或者未得到满足的客户需求，而且，相比于其他企业，更高比例的领先企业制定了有效且详细的客户体验路线图。①2018年,埃森哲基于450家中国企业的调查数据形成《创新驱动,高质发展——埃森哲中国企业数字转型指数》②。报告中将7%的企业识别为数字化转型领军者,并指出,转型领军者重视基于消费者大数据分析实现个性化推荐和服务,并基于这些客户数据开发数字化产品和服务,同时保持持续的迭代和创新。

附录8.1 数字化技术对营销活动的改变

表A8.1 数字化技术对营销活动的改变举例

相关技术	营销变革	实践案例或数据支持	资料来源
社交媒体	驱动微信、微博、脸书、推特作为新兴营销渠道	借助AI技术及数据分析能力,腾讯提升了微信广告平台的定向能力,微信朋友圈、公众号及移动广告联盟中的广告展现量大幅提升。财报显示,2017年腾讯收入2 377.60亿元,媒体广告收入增长22%至41.21亿元,社交及其他广告增长68%达256.1亿元,其中微信朋友圈、公众号及广告联盟贡献最大	腾讯2017年度财报
		Facebook因其在线营销和推广行为引发的舆论被许多人认为干扰了2016年美国大选	网络新闻

---

① IBM商业价值研究院. 2018. IBM商业价值报告:传统企业的逆袭[R/OL]. (2018.08)[2020.03.02]. https://www.ibm.com/downloads/cas/KM8DX857?mhsrc=ibmsearch_a&mhq=%E4%BC%A0%E7%BB%20%9F%E4%BC%81%E4%B8%9A%E7%9A%84%E9%80%86%E8%A2%AD.

② 埃森哲. 2018. 创新驱动,高质发展——埃森哲中国企业数字转型指数[R/OL]. (2018.08.30) [2020.03.02]. https://www.accenture.com/cn-zh/insights/digital/corporate-digital-transformation-index.

续表

相关技术	营销变革	实践案例或数据支持	资料来源
视频直播	驱动视频作为新兴营销渠道	截至2018年2月，短视频综合平台和短视频聚合平台的活跃用户共计5.69亿人，用户人均单日使用时长分别为67.13分钟和64.44分钟	易观智库[1]
		Facebook上1/5的视频是用户通过直播形式收看的。直播为用户体验增加了一份真实性，并且能够让用户感觉到与品牌产生关联。越来越多的品牌关注到个性化体验和透明度	麦迪逊邦[2]
		adidas neo入驻抖音不到两个月就积累了121.5万粉丝，视频播放量1.5亿，280万互动（关注+点赞+评论）	头条指数[3]
人工智能/搜索引擎	用户画像	Prada在货架上布局探针，判断一件衣服被试穿的次数和购买之间的关系，建立消费者类别与商品之间的关联	王赛、孙志勇[4]
	营销内容自创	以The Grid公司为代表的初创企业能够根据用户导入的主题图片进行模式识别与分析，然后利用机器学习形成的算法，在上千种色调、字体、排版维度上自动组合，形成"跨屏幕"（即手机、电脑、平板等设备）的网页内容	
	一对一营销(one to one marketing) 关键点场景营销(in-moment marketing)	蒙牛在2018年"双十一"当天针对不同的消费者，设置不同的营销主题，传递不同的促销信息，仅用2.4秒就突破了100万元销售额，不到10分钟就超越上年全天销量；21分钟突破千万元大关，全天全平台总销量近亿元	

---

[1] 马世聪. 2018. 中国短视频行业年度盘点分析 2018[R/OL]. (2018.03.28)[2020.05.04]. https://www.analysys.cn/article/analysis/detail/1001248.

[2] 麦迪逊邦. 2017. 2018年五大数字化营销趋势[EB/OL]. (2017.12.26) [2020.05.04]. http://www.madisonboom.com//2017/12/26/5-trends-that-will-shape-marketing-in-2018/.

[3] 抖音, 头条指数. 2018. 抖音企业蓝V白皮书：抖音蓝V从0到1[R/OL]. (2018.07.04)[2020.05.04]. http://www.shujuju.cn/lecture/detail/4565.

[4] 王赛, 孙志勇. 2018. AI版数字营销：当营销和算法进行融合与重构[J]. 清华管理评论, 2018（Z2）：93-96.

续表

相关技术	营销变革	实践案例或数据支持	资料来源
人工智能/搜索引擎	个性化推荐（sales process recommendation）	可口可乐结合SAP Hybris系统（CRM + Marketing）与AI引擎支撑客户全生命周期管理以及动态市场活动管理（dynamic initiative management），根据消费者不同的场景行为提供不同的个性化信息	王赛、孙志勇
	自动化客服（automated customer service agents）	各航空公司（如海南航空）及垂直电商平台（如去哪儿网）提供7×24小时的不间断自动化客户服务，提升标准化客服（如发票开具流程、基本信息查询等）的响应速度	
增强现实	体验营销	欧洲的软件开发商SPRXmobile推出了全球首款"增强现实"浏览器Layar，用户打开该软件就会自动启动手机摄像头，用户只要将其对准某个方向，软件就会根据GPS、电子罗盘的定位、定向信息，给出用户面前各建筑物的详细信息，以及该方向上远处的各种常用功能建筑距离等	网络资料
虚拟现实	体验营销/产品改进及评价——汽车试驾	沃尔沃创作了一个VR体验，让潜在客户试驾其全新XC90 SUV。这段视频将客户放到驾驶员座位上，就像真正驾驶汽车穿过村庄一样	网络资料
	体验营销/产品改进及评价——服装试穿	Topshop请一些顾客在伦敦时装周期间，观看其新款服饰走秀的360°视频。顾客们只需走进位于伦敦的商店，戴上头戴式显示器，就可看到正在走秀的模特们	网络资料
OTT（over the top）	智能电视、盒子等终端成为新的营销沟通渠道	依托小米、创维、风行等OTT厂商的优势开机资源，宝马广告实现了面向目标受众的精准开机投放。第三方监测机构的相关统计显示，宝马广告在小米、风行和创维平台上的曝光完成率均超过100%，分别高达102%、122%和110%	网络资料
程序化购买（programmatic buying）	传统的媒体排期广告投放模式转变为通过需求方平台DSP（demand-side platform）	依靠DSP，广告主无论在投放形式、投放时间还是预算分配上将更灵活，提升广告投放效率，减少人力谈判成本。基于这种市场需求，亿玛科技、品友互动、传漾科技、悠易互通、易传媒等广告营销公司先后发布了DSP产品	网络资料

第9章

数字化决策

9.1 什么是数字化决策

人类获取和分析数据的能力是决策模式演进的重要驱动力。从数据获取和分析能力的视角来分类，决策模型可以分为：（1）经验决策。20世纪之前，人类处于经验管理时代，其决策属于经验决策范畴。由于人类获取、分析数据的能力有限，决策过程只能依靠决策者的感知、直觉、洞察和经验等隐性知识，人的记忆模式与对外部环境感知成为决策的主导依据。同时受到决策者主观偏好的影响，决策模式以感性为主，决策能力受到决策者自身知识、理解和判断能力的局限，理性、逻辑决策能力相对较弱。（2）科学决策。泰勒在1911年最早提出科学决策的概念，其主要观点是通过实地调研以获得的科学知识来代替个人的经验判断，从经验决策向科学决策转变。科学决策以信息处理系统为主，重视对现实流程和结果的数据采集、整理、分析，运用数理统计方法克服经验决策的局限性。但由于数据采集样本和报表有限，数据采集的广度、深度和速度受到技术能力的限制，这些"小数据"在某个决策环节能发挥作用，但很难从整体上解决决策效能问题。因此，这一阶段的科学决策受到数据获取、分析能力的限制。（3）智能决策。Gartner公司在1996年提出了商业智能的概念，商业智能是从人工决策向人—机智能决策进化的第一步。人—机智能决策系统是依据早期的决策支持系统（decision support system，DSS）发展而来，包括数据仓库（data warehouse，DW）、在线分析处理（on-line analytical processing，OLAP）、数据挖掘（data mining，DM）三部分。从信息系统视角看，商业智能是通过信息技术将分散的、不同类型的、多维的数据加以整合，根据企业关键指标（KPI）将数据分类汇总，更加全面地为决策者提供在线数据分析，以预测趋势与辅助决策。早期发展的商业智能仅限于分析处理结构化数据，而大数据时代75%的数据为非结构化数据。因此，这一阶段的商业智能局限在对结构化数据的处理，对于半结构化和非结构化数据，很难进行即时采集、分析和处理。

随着互联网尤其是移动互联网和物联网的发展，移动终端、智能设备可以不受地理位置的局限而广泛使用，这些轻量设备随时随地连接宽带网络并获取计算能力，使得文本、音频与视频数据大量涌现。人们随时随地交换信息，使得感知环境的能力大大增加。为了应对环境变化带来的挑战，企业对智能决策支持系统的建设提出了更高的要求。该系统不仅仅是人工智能，还包括机器智能，根据德勤（2017）发布的技术趋势报告[①]，机器智能（machine intelligence）比人工智能的定义范围更加广泛，主要包括了机器学习、深度学习、认知分析、机器人过程自动化等。机器智能支撑泛在计算、移动计算、互联网计算能力，其目标是通过人机交互，实现对海量数据的资源整合、深度分析、实时预测与洞察能力。

基于数据和大数据的决策支持系统经历过四代。第一代是决策支持系统（DSS），该系统使用的数据来自单一的或几个操作系统，体积小，采用批处理模式，高度结构化。联机数据系统的用户通常是决策者或操作系统的人员，DSS用来辅助战术和战略决策。这些系统确实创造了价值，它们被使用过，但使用率并不高。第二代是1990年以后使用的企业数据仓库（EDWs）。随着企业ERP等系统应用的普及，需要对ERP等系统中的数据提供各种各样的商业智能（bussiness intelligence，BI）应用分析程序（如报告、执行信

---

① White M, et al. 2017. Tech trends 2017: The kinetic enterprise[R/OL]. [2020.03.03]. https://www2.deloitte.com/ie/en/pages/technology/articles/tech-trends.html.

息等）。拥有独立数据库的成本高昂，导致应用程序之间数据不一致，无法支持企业整体层面的测量与管理，部分数据仓库以批处理模式进行结构化和更新。一些企业据此提供实时数据支持运营决策。随着数据量增加，用户开始扩展到组织外部（如客户和供应商）。企业数据仓库代表了以数据为中心的管理方法。第三代是实时数据仓库。2000年以后，互联网技术的进步使得实时捕获数据并将其输入数据仓库成为可能，这种演变的意义在于它改变了决策的模式，实时数据可以支持操作决策和过程。如在实时数据的支持下，员工可以及时了解客户，提高服务客户的能力和盈利能力。此阶段数据量飙升，数据仍然是结构化的。随着商业智能的发展，用户群也在增长，无处不在。第四代是数字化决策时代。大数据的海量、速度和多样性，超过了大多数关系数据库的功能，一批新的技术、平台和方法应运而生。大数据的数据源相对较新（例如，Web日志、机器和社交记录），数据量大，数据结构不同，企业需要采取更有效、更智能的方法，如通过异构大数据分析、知识计算、社会计算、可视化等方法，实现精细化的数据管理看板、全员数据赋能系统和全方位的数据决策支持，更好地理解和预测生产过程和客户行为，从而真正实现科学化决策。[①]

◆ 9.2 数字化决策与商业智能的不同

在企业基于数据的决策体系中，有些早已使用了商业智能，而到了大数据时代，人们会关注商业智能与数字化决策的不同。在实践中，商业智能和数字化决策有共同的目标，如在获取数据、处理脏数据、转换并校准数据、

---

① Watson H J, Marjanovic O. 2013. Big data: The fourth data management generation[J]. Business Intelligence Journal, 18(3): 4-8.

协助支持改进决策中有很多相似之处，但在如下几个方面大不一样。

问题不同。商业智能侧重于描述性分析，即"发生了什么"等类似问题。例如，上个月卖出了多少商品？针对不同地区，去年"双十一"的销量如何？上个月退回了多少商品？在过去的一个季度中，公司的收入和利润是多少？去年雇用了多少名员工？商业智能给出回顾性报告，用来帮助企业用户监测它们当前的状态，并回答有关历史经营业绩的问题。这些报告和问题对于企业决策者来说至关重要，有时，发布报告也是出于遵从监管和法规的考虑，对上市公司尤其如此。

方法不同。商业智能可使用一些基本的分析方法（如时间序列分析、先前的周期比较结果、指数、股份及基准等），来帮助企业用户标示表现不佳或超出预期的情况。而数据科学家寻找那些能够更好地预测企业绩效的变量和指标，特别是与预测分析（可能发生什么？）和指导性分析（应如何应对？）紧密相关的指标。

商业智能分析师和数据科学家的不同。对于处理历史数据的商业智能分析师来说，数据需要百分之百准确。已经构建商业智能和数据仓库的企业在数据治理上已经投入巨资，并精通数据管理，以确保数据仓库中的数据百分之百准确。

数据科学家则更包容探索与失败。数据科学家认为对数据的探索与发现是进一步学习的基础。他们学会接受失败，将其作为搜寻内在关联的一部分，为了寻找预测性能更好的新指标和新变量，他们接受新的建模方式和跨行数据挖掘尝试。

数据科学家首先采取类似的方法提出商业假设或问题，然后构建、测试、优化分析模型，更新并迭代上述过程，直到在达到满意的拟合度时，证明该模型可以提供所需的"分析提升"。最后，部署并运转分析方法，包括为加速模型执行（数据库内的分析）进行的多种语言重写分析，以及企业运营和管理系统中分析模型、结果的整合。

总而言之，企业应认识到商业智能和数字化决策的不同，两者之间是互补的关系，而不能相互替代。一个是专注于监测业务当前的状态，另一个则试图预测可能发生的事情，并指出应采取何种应对措施。将两者结合起来，企业才能灵敏地感知现在、准确地预知未来。

9.3 基于大数据的决策支持体系

图9.1展示了基于大数据的企业决策支持体系。

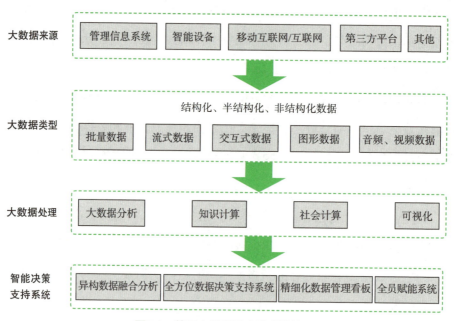

图9.1 基于大数据的决策支持体系

大数据来源

从宏观世界角度来讲，大数据是融合实体空间和网络空间的重要纽带，因为实体世界通过互联网、物联网等技术有了在网络空间中的大数据反映，而人类社会借助人机界面、脑机界面、移动互联等手段在信息空间中产生自己的大数据映像。[①]

随着企业管理信息系统的使用和运营过程的数字化，设备产品、智能终端、互联网、云上聚合了越来越多的文本、图形、音频、视频数据，多业态、多格式、多场景和多用途的数据不断增长、汇聚和整合，形成了海量大数据。

大数据类型

大数据通常有五种类型[②]：一是批量数据。批量数据体量巨大，静态存储在硬盘中，很少更新，存储时间长，可重复利用，难以移动和备份。批量数据精确度高，经过长期时间积累沉淀下来（如气象、交通或档案数据），是宝贵的数据资产。批量数据的价值密度低，如以视频批量数据为例，在连续不断的监控中可能只有数秒的异常值是有价值的。物联网、车联网、交通监控中会形成大量批量数据。二是流式数据，主要源于服务器日志的实时采集。流式数据带有时间标签或顺序属性，如电商的订购数据、银行的交易数据、搜索引擎的访问日志等。流式数据的顺序无法预知、预测，随时在变化，数据的流速和密度有波动性，因此，信息系统需要有很好的可扩展性，有足够的能力应对大数据流量的冲击，与计算能力动态匹配。三是交互式数据，如人工智能的人机对话、银行客户机器人的即时应答等。交互式数据处理灵活、直观、便于控制，人机对话一问一答，数据以对话方式输入，系统提供相应的数据或提示信息。四是图形数据。由于自身结构特征，图形处理成为研究热点，如图形数据的存储、图查询、最短路径查询、关键字查询、图模式挖

[①] 程学旗，靳小龙，王元卓等.2014.大数据系统和分析技术综述[J].软件学报，25(09):1889-1908.
[②] 同上。

掘等。五是音频、视频等数据。

大数据处理

大数据处理包括大数据分析、知识计算、社会计算和可视化四个方面。

大数据分析的核心是如何对数据进行有效表达、解释和学习，以往的数据表达模型和方法较为简单，模型的能力有限。而大数据的出现提供了使用更加复杂的模型来有效表达、解释数据的机会，深度学习就是利用层次化的架构习得对象在不同层次上的表达，这种层次化的表达可以帮助人们解决更加复杂抽象的问题。知识库的建设是基础性工作，这其中包括知识库的构建、多源知识的融合与知识库的更新。知识库的构建分为手工和自动构建，面对大规模网页信息中蕴含的知识，自动构建知识库的方法越来越受到人们的重视和青睐。

知识计算可以将碎片化的多源数据整合成反映事物全貌的完整数据，从而增加数据挖掘的深度。因此，知识计算是大数据分析的基础，基于大数据实现新知识的感知、知识的增量式演化和自适应学习是其中的重大挑战。

社会计算是基于互联网用户形态的计算能力，它是对在线社会网络的结构分析，包括对节点、节点组、网络层次结构、网络社区和社区演化的可视化和内在关系研究，对电商企业来说具有重要的商业价值。社会计算的另一个领域是在线社会网络的信息传播模型，包括群体记忆性、信息传播增强效应、不同传播者的角色、消息内容的情感特征等，对舆情分析和精准营销均有参考价值。社会计算对网络信息分析提出了很多挑战。

对于很多大企业，特别是制造业来说，由于数据容量巨大，类型多样，数据分析工具有限，企业缺乏能够轻松上手并实现自助、自主分析和即时获取商业洞察的工具，在这个过程中，数据可视化的重要性日益彰显。面对大规模、高维度、多来源、动态演化的大数据，企业需要精度日益提高的数据看板来增强数字化管理能力。企业要在数据分析中确保数据的简化、可视化和价值挖掘，主要有三个途径：（1）通过压缩信息流、删除数据中的冗余信息或数据转换方法对数据进行简化，解决曲面的可视化。（2）通过设计多尺度、多层次的方案实现信息在不同解析度上的展示，从而使用户可以自主控制展示解析度。（3）利用创新方法把数据存储在外存，让用户通过交互手段方便地获取相关数据。

智能决策支持系统

在大数据和深度学习等技术的支持下，企业通过对各类数据的采集、处理、整合和分析，可以形成强有力的智能决策支持系统。从企业实践来看，智能决策支持系统主要由四种能力构成：一是异构数据整合分析，指企业有能力在采集多来源、多类型、多结构数据基础上，对其进行整合和分析。二是全方位数据决策支持系统，指企业通过对现代与传统的数据采集方法进行集成，将外部信息、内部信息、不同层级的决策支持体系和不同领域的决策支持体系整合起来，从而实现360度全方位视角的决策支持系统（见图9.2）。三是精细化的数据管理看板，指借助移动技术，企业将数据决策系统与各个层面、各个类型的管理者需求进行对接，根据各自职责，精准提供所需要的管控、风险和绩效数据，使其实现对业务发展的快速响应。四是企业全员赋能系统。到这个阶段，数据不仅仅是企业的资产，更是驱动其价值创造的战略资源，数据赋能不仅帮助一线工人精准操作，避免误差，也支持董事长、总经理对外部环境、客户、竞争对手、内部运营和资源状况了如指掌，理性客观决策，避免战略失误，实现对外部变化的高度响应，从而有所创新发展，掌握竞争优势。

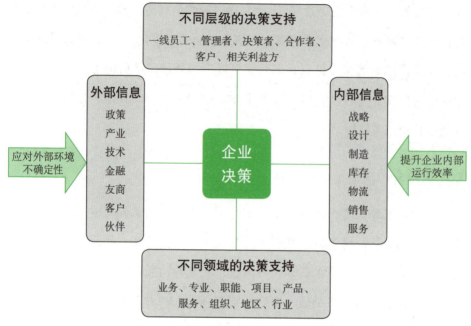

图9.2　基于大数据的全方位决策支持系统

9.4　基于大数据的决策支持能力建设

企业基于大数据的决策支持能力主要体现在以下四个方面。

一是快速、准确、全面的数据采集。数据采集、加工、处理、分析和决策支持，是大数据转化为企业核心资产的关键活动和能力。对于"大数据驱动的决策支持能力"研究主要有四个视角：一是决策思维转变的视角。在实践中，企业的管理决策正在从传统的基于直觉、经验、行为的决策范式转变为基于数据的决策，而大数据驱动的管理与决策大大推进了这一进程。二是上升到"能力"的视角。在数据驱动决策的过程中，数据挖掘、智能分析及预测能力是企业大数据核心能力，大数据核心能力与管理学的动态能力相结合形成以大数据为中心的动态能力。三是实践应用的视角。大数据驱动的决策范式正在从"弱"应用转变为"强"应用，在商业、金融、医疗、教育、社交、科研等领域被广泛应用，并产生了创新性的产业空间和一定的社会价值。四是"数据上升到智慧"的科学决策视角，其内涵是以大数据为中心，以计算（算法）为手段，以平台为支撑，以最优决策为目标，建立在信息相对对称基础上的、开放的、动态的新型智慧决策模型。一方面，在大数据驱动下以机器智能决策机制为原理，通过机器智能强大的数据分析能力、计算能力，对复杂决策问题进行分解、计算，从而实现机器的复杂决策和决策的自动化；另一方面，由决策者、数据分析师、领域专家一起构成的决策主体与机器智能通过人机智能接口进行协同决策，完成从数据到智慧的决策过程，帮助决策者最大限度地实现数据驱动的科学决策。[①]

二是更大范围的数据资源整合能力。 随着数字化技术的广泛应用，人与人连接（社交媒体）、人与物连接（电商平台）、物与物连接（物联网、车联网、航空发动机数据网络等）、人和物与过程连接（物流平台），从碎片化数据的采集能力到系统化数据的整合能力变得越来越重要。数据整合不仅是数据量的爆发式增长，随着数据来源增加、类型千差万别，资源整合的复杂程度也在加深。测量资源整合能力主要有如下四个指标：企业能独立开发大数据分析的软件平台；企业能实时获取企业内外的各种数据；企业能不断学习、更新大数据挖掘与分析技术；企业能迅速从外部引进优秀的大数据技术人才。

三是基于大数据的深度分析能力。 现在的分析工具和软件具有更强大的能力对各种类型的数据（包括低质量的数据、非标准的数据等）进行处理，在数据分析中最大的问题是缺乏专业人才。[②] 数据分析至少包括六个方面的

---

① 邱国栋，王易. 2018. "数据—智慧"决策模型:基于大数据的理论构建研究[J].中国软科学，12: 17-30.
② Philip Russom. 2011. Big data analytics[R/OL]. [2020.03.04]. https://tdwi.org/research/2011/09/~/media/TDWI/TDWI/Research/BPR/2011/TDWI_BPReport_Q411_Big_Data_Analytics_Web/TDWI_BPReport_Q411_Big%20Data_ExecSummary.ashx.

工作：（1）数据存储和数据仓库的建设。数据仓库是为了便于多维分析和多角度展示数据，按照特定模式对数据进行存储所建立起来的关系型数据库。在商业智能系统的设计中，数据仓库的构建是关键，它是商业智能系统的基础，承担着对业务系统数据进行整合的作用，为商业智能系统提供数据抽取、转换和加载功能，并按主题对数据进行查询和访问，为联机数据分析和数据挖掘提供数据平台。（2）数据质量和数据管理。即通过标准化的流程和工具对数据进行处理，保证一个预先定义好的高质量的分析结果。（3）语义引擎。即针对非结构化数据，利用工具去解析、提取、分析数据，从"文档"中对信息进行智能分析。（4）数据挖掘算法。即根据规则对数据库中的信息进行集群、分割，挖掘数据的价值。（5）预测性分析。即通过数据挖掘找出规律，找到数据之间的相关性，基于数据对发展趋势做出预测。（6）可视化分析。即把分析结果以清晰、易读的方式呈现给用户，帮助他们做出决策。测量深度分析能力主要有以下四个指标：企业拥有并掌握了各种大数据分析软件和工具（如Hadoop、HPCC、Storm等）；企业能对文本、语音等非结构数据进行实时分析；企业能从海量数据中分离出有潜在价值的信息；企业大部分决策依赖于大数据分析的支持。

四是人机交互的洞察预测（预判能力）。洞察预测是大数据支持决策工作中最具有价值的活动，其中包括商务分析（如利润率、销售率等）、商务业绩分析（如各个部门的业绩、盈亏分析等）、财务分析、市场分析、客户分析、重要商品分析、重大事件分析、商机及时性分析、商业风险评估和预测等。[1]与传统的决策和商业洞察预测相比，基于大数据的商业洞察预测不仅超越了人们凭借经验和直觉做判断的局限性，更超越了以往信息管理中仅能获得局部数据的限制，具备360度全景式数据获取和分析的能力。在这

---

[1] 曹斌，齐剑锋，涂序彦. 2001. 商业智能决策支持系统(BIDSS)[J]. 计算机工程与应用，20：29-31.

个体系中，企业可以通过对异常值、突发值和内在相关性的分析，快速对环境变化进行识别。但是，商业洞察预测的实现，不能仅仅依靠大数据分析和人工智能，还需要和人的需求、经验、洞察、直觉结合起来，在人机交互中获得真知灼见。在洞察预测能力上，企业能基于大数据实现对市场的实时洞察；基于大数据实现对竞争环境的准确预测；基于大数据了解和预测客户行为；基于大数据对舆情进行预警分析；基于大数据实现对竞争对手行为的预测。

9.5 我国企业数字化决策调研发现

为了考察企业基于数据进行决策的能力，我们将调查系统设计为三个层面：一是资源整合能力，重点考察企业数据获取、大数据分析技术更新和大数据技术人才引进情况；二是深度分析能力，重点考察企业掌握大数据分析软件和工具，对非结构数据进行实时分析，分离出有潜在价值信息的情况；三是洞察预测能力，重点测量企业预测竞争对手行为、对舆情进行预警、对竞争环境准确预测和对市场的实时洞察情况。

我国企业基于数据的洞察预测能力低于资源整合能力和深度分析能力。这三种类型的能力之间有内在的逻辑关系，并逐层深化和提高。第一层反映的是数据的搜集和整合，第二层是数据的处理和分析，第三层是洞察预测，集中反映了对数据的应用，以及通过数据创造商业价值的情况。我们的调研结果显示，企业资源整合能力与深度分析能力得分均高于洞察预测能力。从单次指标来看（见图9.3），企业"能学习、更新大数据挖掘与分析技术"排名第一，均值为3.44；企业"能实时获取企业内外的各种数据"排名第二，均值为3.42；企业"大部分决策依赖于大数据分析的支持""能独立开发大数据分析软件平台""拥有并掌握各种大数据分析软件和工具(如Hadoop、HPCC、Storm等)"等方面的得分均比较低;企业"能对文本、语音等非结构数据实时分析"得分最低,均值仅为3.01。

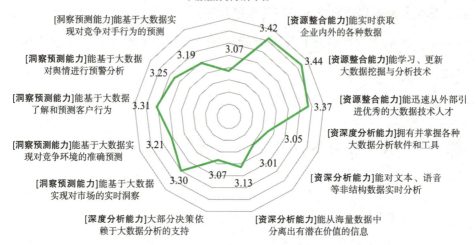

图9.3 企业数字化资产分析能力评估

CHAPTER
10

第10章
数字化生态

10.1　什么是数字化生态

生态系统（ecosystem）常指自然界中生物与环境形成的统一整体，生态系统中的元素相互依赖和制约，在一定时期内处于一种动态平衡状态。企业生态系统则意味着企业及其发展环境中的其他组织组成经济共同体，形成动态平衡的竞争和协作关系。企业生态系统超越了传统价值链、生产链、管理链、资金链所刻画的垂直关系，是由供应商、经销商、外包服务公司、融资机构、关键技术提供商、互补和替代产品制造商、客户和监管机构与媒体等企业利益相关者构成的共生、互信、互补、共赢的网络关系。

数字化技术正在驱动各种渐进式及颠覆式创新，客户需求的产品和服务变得越来越复杂，用于实现这些产品和服务的组织间关系也变得越来越复杂。2017年，马化腾的一个讲话[1]曾提道：以互联网为基础的数字平台正在从"多用户"平台，变成"全用户"平台，不仅服务于数量众多的用户，还致力于满足全方位的用户需求。数字化产品和服务将像水电设施一样，成为今天人类社会所有个人和组织的基本需求。为此，数字化商业战略要求企业在产品、流程、服务领域彼此协作，创建更加复杂和动态的生态系统，而这一生态系统便是未来商业的载体。企业的战略任务不再是制定静态不变的策略，而变成了对企业能力和客户需求的不断重组和整合。

实践界对"数字化生态"给出了多角度、多层面的理解。2017年，马

---

[1] 马化腾. 2017. 致2017腾讯全球合作伙伴大会公开信：共赢共生，去中心化[EB/OL]. (2017.10.30) [2020.03.04]. https://news.znds.com/article/27248.html.

化腾首次提出"数字经济共同体"的概念,认为数字生态是跨行业的地带,可以用"深度融合、云化分享、智慧连接、全用户、大内容、新科技、宽平台"七个关键词描述,具有深度、广度和精度特征[①]。中关村大数据产业联盟秘书长赵国栋认为,数字经济的基本单元不再是企业,而是"产业生态",即借助大数据、互联网等数字化技术紧密融合在一起的异质性企业集合,是"具备价值循环体系、产业融合机制、社会协同平台这三大特征的新型经济单元"[②]。IDC将"数字生态能力"定义为企业通过数字化平台和云平台等工具与客户、合作伙伴有效沟通,并借助其力量创造价值的能力,并认为以数字生态为载体开放共赢是未来数字经济的特征之一。据IDC预计,到2021年,在超过一半的全球2 000强企业中,平均1/3的数字化服务交互将来自API开放生态系统[③]。埃森哲将"生态系统思维"定义为"在战略层面依托生态合作伙伴实现战略发展;在商业模式上打造以开放平台为基础的新数字业务;在运营模式上通过合作提升自身的相关性;在产品研发上通过开放式创新联通上下游以及消费者,构建价值网络,创造协同价值"[④]。

学者们将"数字化生态"定义为一种跨组织的系统,即不同企业组织共同推动数字技术的商业价值,并形成将这种商业价值传递给消费者的价值网络(value network)。在这种价值网络中,一群经济参与者通过彼此协作向终端用户交付价值,每个参与者对网络的成功或失败承担一定责任[⑤]。数字

[①] 马化腾. 2017. 致2017腾讯全球合作伙伴大会公开信:共赢共生,去中心化[EB/OL]. (2017.10.30) [2020.03.04]. https://news.znds.com/article/27248.html.

[②] 赵国栋. 2018. 数字生态论[M]. 杭州:浙江人民出版社.

[③] IDC. 2018. 数字经济,创新引领——2018中国企业数字化发展报告. [R/OL]. (2018.07.25) [2020.03.02]. https://sq.163yun.com/blog/article/180499581314621440.

[④] 埃森哲. 2018. 创新驱动,高质发展——埃森哲中国企业数字转型指数[R/OL]. (2018.08.30) [2020.03.02]. https://www.accenture.com/cn-zh/insights/digital/corporate-digital-transformation-index.

[⑤] Pagani M. 2013. Digital business strategy and value creation: framing the dynamic cycle of control points[J]. MIS Quarterly, 37(2):617-632.

化生态是对企业生态体系的数字化呈现,是一种智能经济组织形式,为企业适应动态环境、抓住未来的机会提供了全新路径。传统企业需要根据数字经济开放共享的核心特征彻底改变原有封闭的商业模式,借助新兴的数字化技术,与更广泛的合作伙伴一起发展更加开放的商业模式。

10.2 构建数字化生态的关键要素

数字化生态是中国企业数字化转型的短板和痛点之一。如何围绕顾客价值重构价值网络?如何基于价值网络的数据流重建商业模式?如何在伙伴的帮助下深度挖掘生态资源的价值、实现"生态赋能"?本章基于对相关文献和案例的梳理,总结了构建数字化生态的四个关键要素。

第一,驱动广泛的跨界联系。在互联网技术出现之前,效率来自企业内外的稳定分工;而在数字经济时代,效率来自企业间广泛深入的协作。这一方面是因为在快速变化的市场中,单个企业的资源、能力和视野有限。颠覆性创新每天都在发生,新的可能不断涌现,从行业或者企业自身理解外部环境是不够的,这些颠覆性创新需要更加广泛的视野、更加互动的关联和更加开放的格局[①]。在一个又一个全新多变的场景中,单独一家企业难以对多变场景迅速做出反应,也难以拥有响应多变场景的所有资源。因此,智慧解决方案需要依赖生态系统中多方主体合作才能实现。另一方面是因为生态合作能够创造更丰富的市场、顾客和能力的组合,产生"1+1>2"的协同效应。一些企业开始尝试通过收购和与初创企业合作的方式构建研发能力,而不是仅依靠内部力量构建研发能力,还有一些企业将合作伙伴、联盟和供应商纳入顾客体验的设计中,包括数字化触点设计与跟踪、产品和数字化内容联合研

---

① 陈春花. 2017. 效率来自于协同而非分工[J]. 中国企业家, 16: 98-99.

发等，如零售企业与软硬件供应商共享场景和互动数据，一起研发新品类，共同思考"最后一公里"能力构建等。这些广泛深入的生态合作模式帮助企业深化自身优势，并构建起敏捷迭代的能力。

国内领先的互联网公司已经借助广泛的跨界联系率先推出了富有竞争力的产品与服务。腾讯公司在2017年1月正式推出微信小程序平台服务，由微信开发团队提供底层技术支持，开放游戏、支付、社交等功能接口，允许各类应用开发者将其设计的功能各异的应用接入微信平台。这些应用不需要下载就可以在微信中方便地打开和转发，因此能够为应用开发者带来巨大的微信社交用户流量。而正是有了这些功能多样的应用程序，微信不再是腾讯QQ的升级版或一个简单的通信工具，而是成了功能更加丰富、使用更加便捷的社交应用平台。截至2019年1月，微信小程序数量突破230万个，小程序用户约6亿人，平均日活跃用户超过2.3亿人，2019年年底广告市场规模估计已达到200亿元[1]。2018年5月，腾讯推出全国首个集成民生服务的小程序"粤省事"和同名服务号，一次注册就可以一站式办理很多民生服务，比如各类证件、社保、公积金等业务。同年10月，腾讯与云南省政府合作推出"手机游云南"小程序，为游客提供在云南吃、住、行、游、购五大数字化解决方案。这个应用一边连接千万游客，另一边连接数百个政府部门和数十万商家。旅客可以随时一键投诉到监管部门，各个商家的信用也会被全面记录，解决了以前旅游中的"宰客"问题。截至2019年6月，支付宝、淘宝店铺、今日头条、抖音、百度智能、QQ和十大手机厂商快应用相继推出自己的小程序平台[2]。

国内传统老牌企业也通过广泛的跨界联系推出了新的产品解决方案。例

---

[1] 阿拉丁研究院. 2019. 2019上半年小程序行业发展白皮书[R/OL]. (2019.07.02) [2020.03.02]. http://www.aldzs.com/viewpointarticle/?id=6854.

[2] 阿拉丁研究院. 2019. 2019上半年小程序行业发展白皮书[R/OL]. (2019.07.02) [2020.03.02]. http://www.aldzs.com/viewpointarticle/?id=6854.

如，中国南方电网采用"众包"方式，通过互联网汇集企业外部智力资源，解决跨行业（交通、建筑、航海、军工等）技术难题——"工业污染区输电杆塔金具的锈蚀和防腐处理研究"①。海尔借助互联网整合了来自8个国家的128名内外部设计师、工程师、专家和学者的力量推出一款集香薰解压、加湿、净化、除湿功能为一体的产品——"空气魔方"。在这款产品里，除了广泛的跨界参与，也有顾客的深度参与。海尔利用大数据分析，最终筛出81万用户最关注的122个具体产品痛点，确保设计方案能切实满足用户需求。设计方案通过可行性分析和样品实测后，直接在京东进行互联网众筹研发，获得7 563人支持，筹资1 100多万元②。

中国企业的合作伙伴数量正在逐年增加，合作网络的边界也在不断扩大。2017年Gartner针对841家中国企业的调研问卷显示，105家领先企业的关键合作伙伴数量均值从2015年的27个，上升到2017年的78个，2020年将增加至143个③。中国信息通信研究院2016年对我国260家工业企业的样本计量结果显示，企业的开放合作程度（采用五点量表衡量）每增加1个百分点，企业绩效（采用新产品销售收入测量）将增加0.32个百分点④。

第二，形成相对稳定的价值创造逻辑。在数字化生态系统中，企业不再依靠积蓄创新资源而取得竞争优势，而是通过组织间创新资源的交换与创新收益的分享取得竞争优势⑤。与传统的价值链或产业链不同，数字化生态不以价值分配为重心，而以价值增长为重心⑥。价值网络有特定的价值创造

---

① 中国信息通信研究院. 2016. 中国信息经济发展白皮书(2016年) [R/OL]. (2016.09.21) [2020.03.02]. http://www.199it.com/archives/519177.html.

② 同①。

③ Cearley D, et al. 2018. Top 10 Strategic Technology Trends for 2018[R/OL]. [2020.03.02]. https://www.gartner.com/en/doc/3811368-top-10-strategic-technology-trends-for-2018.

④ 同①。

⑤ 中国信息通信研究院. 2016. 中国信息经济发展白皮书(2016年) [R/OL]. (2016.09.21) [2020.03.02]. http://www.199it.com/archives/519177.html.

⑥ 陈春花. 2017. 效率来自于协同而非分工[J].中国企业家, 16: 98-99.

逻辑或合作机制，而该价值网络的使用将会形成特定的战略姿态（strategic posture）[①]。根据价值创造逻辑的不同，可以大致分为三种数字化生态。

第一种数字化生态是价值创造逻辑唯一的数字化生态，即双边交易网络平台。唯一的价值创造逻辑是指促成买卖双方的交易，并借助网络效应扩大网络平台竞争力。网络平台连接交易双方，如淘宝和京东平台连接了商品交易的买方和卖方，链家平台连接了房屋买卖双方和租赁双方，滴滴打车平台连接了车辆服务提供者和用车者等。网络平台中消费者个体越多，网络平台对卖家的吸引力越大，反之亦然。这种数字化生态连接数量庞大的消费者和个体服务提供者，其核心价值在于海量的商品或服务。平台构建者主要得益于流量佣金。例如，早期的淘宝致力于扩大商品销售者和消费者用户数量，为消费者提供"万能的淘宝"用户体验。

第二种数字化生态是价值创造逻辑一致的数字化生态。生态中的企业在知识产权制度、技术接口、产品和服务的质量标准、以客户为中心的服务理念等方面达成一致或共识，并围绕共识的服务模型在客户需求的不同层面进行协作与分工。与第一种数字化生态不同，生态系统中的企业不再是单一的买卖关系，而是衍生出更加复杂的纵向价值链联系。生态系统中的每一个企业可能既扮演消费者角色，又扮演服务提供者角色。例如，华为公司围绕其企业和消费者用户构建了包含电信运营商、终端消费者、硬件和软件供应商等在内的多角色生态系统。

第三种数字化生态是价值创造逻辑互补的数字化生态。生态系统中的企业共享基础设施、战略资源等，实现数据共享和流量互引。而在产品和服务内容方面，生态系统中的企业则形成差异化组合关系，共同面向客户提供整体、全面的解决方案。代表性的数字化生态平台如腾讯众创空间、阿里电商

---

① Pagani M. 2013. Digital business strategy and value creation: Framing the dynamic cycle of control points[J]. MIS Quarterly, 37(2):617-632.

生态等。腾讯众创空间的投资案例多达507例，其中202例会进入下一轮，近10年所投资的行业涉猎广泛，包括文化娱乐、游戏、电子商业、企业服务、汽车交通、医疗健康、社交网络、金融、硬件、教育等热门行业。相比之下，阿里巴巴电商生态则相对聚焦，阿里巴巴围绕本身的电商业务衍生出以数据为中心的综合生态系统，包括物流、金融、泛生活（餐饮、娱乐休闲、出行、旅游、医疗、教育、本地便民服务等）、泛娱乐（影视、游戏、音乐、阅读等）、物联网（智能家居、互联网汽车）等。

这三类数字化生态系统均由一家核心企业主导，但核心企业发挥的作用并不相同。第一种数字化生态中，核心企业致力于拓展平台用户；第二种数字化生态中，核心企业致力于建立层次更丰富、类型更广泛的供应商网络；第三种数字化生态中，核心企业致力于搭建和共享其技术平台和基础设施。值得注意的是，每个生态系统的核心企业会各自定义其业务流程和技术标准，各个生态系统之间可能有所不同。一些参与者可能同时处于几个生态系统中，当他们与不同生态系统中的成员合作的时候，这种业务流程和技术标准的不一致会导致成本、错误和延迟，产生消极影响。

第三，维持生态运营平台的高效运转。 数字化生态合作要求敏捷的运营模式，即利用技术平台来实现服务交付和运营成本的持续优化。为了追求更高的交易效率、更低的交易成本，数字化生态系统中各类生产单元、流通单元、金融单元、消费单元，都需要运行在统一的信息系统之上。这个统一的信息系统服务于数字化生态系统中各个单元的管理和交易，是数字经济基础设施的一部分，被称为"生态运营平台"（ecosystem operation platform）[1]。生态运营平台的主要特征为"全行业服务是基础，跨行业联营是精髓，跨业务协同是手段，跨系统链接是实现，大数据融合是根本，生态

---

[1] 赵国栋.2018.数字生态论[M].杭州：浙江人民出版社.

级金融是核心"①。

生态运营平台的技术基础是以云技术为主的信息技术,通过数据的共享和交换,极大地提高了消费者之间、消费者与企业之间,以及企业之间的协作效率,使得生态系统有可能在第一时间对市场和消费者的需求做出反应,从而占据市场领先地位。对于数字生化态系统中的每一个参与者而言,把全产业流程镶嵌到云端,能够共享生态系统内的客户和伙伴关系,依据流动的、实时的数据做出决策控制,从而扩大客户服务范围、增强服务能力,同时提升内部决策效率。对于整个数字化生态系统而言,开放的云端网络扩大了优化资源配置的范围,使得每一个生态系统参与者的资源与能力像水一样流动起来,面向多变的用户场景实现迅速精确的匹配,从而实现大范围匹配后的精准分配或科学分工。

早在2012年,时任阿里巴巴副总裁的梁春晓就提出"小前端大平台"的生态服务形式,即能够敏锐感知个性化需求的小型企业扮演"小前端"的角色,高度匹配个性化的客户需求,保持最大限度的灵活性和柔性;而能够提供大规模基础设施、调动大规模资源的大企业则扮演"大平台"的角色,为前端敏捷、精准的个性化服务提供资源和能力支撑。这种"小前端大平台"的运作模式正是建立在高效运转的生态系统运营平台之上。在数字化生态系统中的专业化企业,不必将采购、设计、生产、管理、营销等企业职能面面兼顾,而只需要负责保持核心产品及服务的专注度和热情,其他的职能都可以在生态系统中实现大范围的外包和众包。

第四,**实现资源动态重组**。传统企业合作平台由于生产的稳定性,形成了生态系统的紧耦合性。然而,对于数字化条件下复杂多变的生产环境来说,企业为了保持灵活性和获得持续的价值来源而构建了数字化生态这一机

---

① 赵国栋.2018.数字生态论[M].杭州:浙江人民出版社.。

会平台（opportunity platform）①。缺乏机会平台是一些非常成功的企业突然失去竞争力的主要原因②。这种平台保持一定的松耦合性，目的是获得灵活的应激能力与及时投机获得收益的可能性。

机会平台中每一个企业的角色都随着消费需求变化而变化，并且在不同价值网络中扮演多样化角色。在机会平台上设计的创新示范是为灵活性而生的。这些创新示范高度依赖轻资产变量，使得外包、授权许可和模块化都来自生态系统中复杂的关系，而不是来自重资产投资。利用这样的适应性，这些创新示范才能够以低成本和低风险进入新的市场，从而完成能力的重新布局和商业模式的进一步延伸。毕马威在2019年调研了中国零售市场的数字化现状，它将这种机会平台解读为适应新业务功能的增加与调整③。

资源动态重组的典型运作模式是：以一个任务、项目或订单为中心，快速涌现和聚合一批能够协同工作的企业或个人，每个角色都类似于各有专长的特种兵，任务完成后，参与者迅速撤退，临时性的"共同体"自动解散。资源动态重组是数字化生态系统通过资金、场地、数据、流量、数字化运营经验等生态资源为企业赋能的重要方式。赋能可以使企业摆脱单一供给，并深度挖掘用户需求，探索多元的业务场景。IDC认为，数字化生态赋能是信息技术为企业赋能的主要方式。而数字化生态构建的成败取决于生态系统中是否具有完备的要素资源、丰富的实践经验、适宜的文化机制和开放的连接能力。对企业来说，建设或加入数字化生态系统成为必然选择，在生态系统中充分汲取养分，实现自我组织、自我激励和自我成长则是长期的发展

---

① Peter Keen, Ronald Williams. 2013. Value architectures for digital business: Beyond the business model[J]. MIS Quarterly 37(2):643-648.
② 同上。
③ 毕马威中国. 2019. 重塑增长：2019中国零售数字化力量[R/OL]. (2019.04) [2020.03.04]. https://home.kpmg/cn/zh/home/insights/2019/04/reshaping-growth-2019-digital-power-of-china-retail.html.

目标。①

耐克是一家知名的传统运动产品企业,在竞争日益激烈的运动品牌市场,这家企业从2006开始进行数字化变革,成功打造了一个线上线下数字化运动生态系统②。而它成功的关键在于打造了一个适应变化的机会平台。首先是精简零售商队伍,耐克直接与客户进行连续性的交互,从而牢牢把握住市场需求的变化。其次是与硬件和软件供应商合作,响应用户对健康数据追踪的需求。2006年,耐克与苹果公司在纽约联合发布了"Nike+iPod"运动系列组件,通过在鞋里加上传感器并给iPod装上接收器,使用户能够实时看到自己的步速、距离等一系列运动数据。数据打通了耐克与合作企业苹果之间的生态系统联系,双方用户同时提高了服务体验。2010年,耐克数字运动部门(Nike Digital Sports)成立,专门研发数字化产品。比如智能手环(Nike+SportBand)几乎能够测量佩戴者所有日常活动消耗的能量,帮助耐克完成了对非运动人群的覆盖,奠定了耐克在其他领域扩张的用户基础。2014年4月11日,耐克宣布在旧金山成立Fuel实验室,并将Fuel平台开放给第三方开发者,将"Nike+Fuel Band"及"Nike+Sport Watch"打造成与第三方平台软件通用的设备,与流行的健康App之间互通用户健康数据,让更多原本非运动的客户与耐克的生态系统建立联系。同时,由于"Nike+"会员的消费能力是非会员的三倍,耐克将销售渠道重点转移到数字化渠道,加强了生态系统销售渠道与平台会员之间的互动。耐克的生态系统包括高校实验室研发人员、第三方健康平台、第三方软件开发公司、跨界合作品牌、以运动产品为核心的用户及不以运动产品为核心的用户。

---

① IDC. 2018. 数字经济,创新引领——2018中国企业数字化发展报告. [R/OL]. (2018.07.25) [2020.03.02]. https://sq.163yun.com/blog/article/180499581314621440.

② 吴漪,何佳讯. 2014. Nike+如何应用大数据[J]. 清华管理评论, 1: 10-17.

10.3 核心企业在数字化生态中的作用

在数字化时代,企业不是数字化竞争环境里孤立无援的个体,而是数字化共生生态网络系统的一个个节点。企业参与数字化生态系统的方式有三种:一是作为服务提供者运营数字化生态平台,包括创建或共同创建数字化生态系统;二是作为消费者购买生态系统平台中的产品或服务;三是作为传播者销售产品或发布服务。

2017年,Gartner对1 164家全球企业展开调研和访谈,将这些企业区分为132家领先者、994家一般企业和38家落后者。调研结果显示,分别有70%的领先者、59%的一般企业和46%的落后者作为服务提供者运营生态系统平台;有36%的领先者、41%的一般企业和34%的落后者作为消费者购买生态系统平台中的产品或服务;有36%的领先者、34%的一般企业和13%的落后者作为传播者销售产品或发布服务[①]。这些数据说明,大多数企业尤其是领先企业选择自建或共建数字化生态系统平台,约1/3的企业作为消费者或传播者参与生态系统建设。而且,在作为消费者购买生态系统平台中的产品或服务这种参与形式中,领先者、一般企业和落后者之间的差异不大;但是作为传播者销售产品或发布服务这种参与形式中,落后者的参与度显著较低。

"平台正在主导世界经济",亚历克斯·莫塞德(Alex Moazed)和尼古拉斯·L.约翰逊(Nicholas L.Johnson)在其书《平台垄断:主导21世纪经济的力量》中写道,"数字经济时代的一个重要特点是,平台打破了传统大

---

① Cearley D, et al. 2018. Top 10 Strategic Technology Trends for 2018[R/OL]. [2020.03.02]. https://www.gartner.com/en/doc/3811368-top-10-strategic-technology-trends-for-2018.

企业的垄断，正成为最重要的经济组织形式"①。2018年，全球市值最高的10家企业有7家是平台企业，分别是微软、苹果、谷歌、亚马逊、Facebook、阿里巴巴和腾讯。

当有人评价阿里巴巴是"网络商业帝国"时，马云说，阿里巴巴是生态系统，不是商业帝国。阿里巴巴集团有三大业务：一是阿里巴巴电子商务，包括拥有6.99亿移动端月活跃用户、20万全球品牌和千万中小企业的淘宝和天猫；二是阿里巴巴小微金融服务，包括已为1 170多万家小微企业和个人经营者提供普惠金融服务的蚂蚁金服和网商银行；三是服务于230多个国家和地区、处理10亿个物流订单的菜鸟网络。这三大业务从信息流、资金流和物流三个角度覆盖了企业和消费者几乎所有的电子商务活动。这些关联业务通过共享客户、技术和资本，形成彼此强化和互补的关系，为个人和企业消费者提供了其他竞争者无法匹敌的服务。

不仅如此，阿里巴巴在电商平台的基础上还发展成为基础设施平台和能力平台。作为基础设施平台，已有超100万家企业通过阿里云建立计算能力。2018年11月，阿里云成立智能事业群，将大部分专有技术，如基础架构技术、数据管理和商业操作系统，开放给更多合作伙伴。2018年，阿里云营收规模突破200亿元大关，累积达到213.6亿元，4年间增长了约20倍，成为亚洲最大的云服务公司②。

作为能力平台，阿里巴巴推出各项服务和计划帮助制造业企业进行供应链改造和数字化转型。2018年12月，淘宝天天特卖提出在3年内免费帮助10 000家中小企业进行C2M改造，推动全产业链价值升级。以产自广东东莞的WRZ耳机为例，这款售价9.9元、用料仅14根铜线、质量检测能做到行业

---

① 亚历克斯·莫塞德，尼古拉斯·L. 约翰逊. 2018. 平台垄断：主导21世纪经济的力量[M]. 北京：机械工程出版社.
② 第一财经. 2019. 阿里云营收4年增长20倍，推动AI行业应用[EB/OL]. (2019.01.30)[2020.05.04]. https://finance.sina.com.cn/roll/2019-01-30/doc-ihrfqzka2457867.shtml.

标准3倍的极致性价比耳机，在淘宝天天特卖实现了2个月销售额破百万元的业绩。这样的业绩得益于WRZ上游不同产业的十多家合作厂商的生产线和库存通过阿里云全部打通，与天天特卖的销售平台相连，使商家"心中有数"，从而更有效率地安排生产资源，不仅节省了约20%的成本，还精准管控销量，避免了库存积压。

并不是所有的企业都必须构建数字化生态系统平台，很多企业作为数字化平台的消费者和传播者也取得了不俗的业绩。2019年，宝洁公司公布的第二季度营收、利润等核心业绩指标均超市场预期，其中中国市场增长12%，占集团约8%业务的数字化渠道有机增幅更是高达30%[①]。通过与阿里巴巴菜鸟网络的紧密协同，其高度复杂的供应链得以顺畅地支撑天猫"双十一"巨大的出货量。宝洁副总裁许敏表示："数字化一直是我们过去30年的一个重要命题。在这30年当中，有两个非常重要的里程碑——2009年在天猫开了旗舰店，2016年全面拥抱新零售。"和阿里合作后，2018年宝洁天猫旗舰店粉丝数增长了一倍。耐克首席财务官Andy Campion 在公司发布2019年第二季度财报时表示，耐克和天猫的合作推动了耐克的数字化转型。耐克在财报中写道："天猫'双十一'的成绩亮眼，成功拉动耐克全球数字渠道销售能力提升41%。"[②]

---

① P&G. 2019. 2019 Annual Report[R/OL]. [2020.03.05]. https://www.pginvestor.com/Cache/IRCache/e28f717a-9858-69a1-8783-00c4604463cd.PDF?O=PDF&T=&Y=&D=&FID=e28f717a-9858-69a1-8783-00c4604463cd&iid=4004124.

② NIKE, Inc. 2019. Reports Fiscal 2019 Second Quarter Results [R/OL]. [2020.03.05]. https://s1.q4cdn.com/806093406/files/doc_financials/2019/Q2/FY19-Q2-Combined-NIKE-Press-Release-Schedules-FINAL.pdf.

10.4　我国企业数字化生态现状

总的来看，数字化生态系统为我国企业提供了丰富的互补性资源，但目前生态系统中关联企业数据共享水平还比较低。生态系统中关联企业数据共享程度反映了企业间的合作深度、信任程度、关系强度和协同速度，对生态系统的稳定性和持久性有重要意义。但是，现有调研反映，当前大多数中国企业在数字化生态系统中呈现松耦合关系。企业在生态系统中整合比例最高的是技术资源，获得制度资源的比例最低，而制度的缺失也是数字共享水平较低的原因之一。

企业认同数字化生态系统中丰富的互补性资源，但对生态系统中成员参与积极性、制度及管理措施、服务标准和数据共享水平的评价较低。 如图10.1所示，大多数企业认可"生态系统为企业提供了多种多样的互补资源/能力"和"生态系统中所有成员具有明确的职责分工"，评分均值都为3.53；"生态系统中所有成员积极参与生态建设发展"评分均值为3.39；而"生态系统中所有成员通过通用APIs分享数据"评分最低，均值仅为3.18。中国信通院对我国260家工业企业的样本计量结果显示，企业的开放合作程度每增加1个百分点，企业绩效（新产品销售收入）将增加0.32个百分点。[1]

---

[1] 中国信息通信研究院. 2016. 中国信息经济发展白皮书(2016年) [R/OL]. (2016.09.21) [2020.03.02]. http://www.199it.com/archives/519177.html.

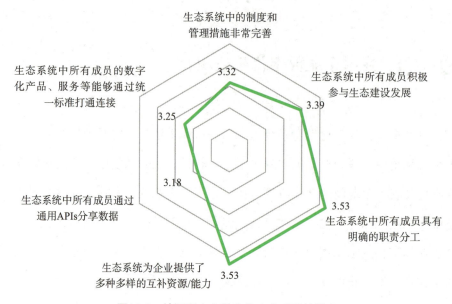

图10.1 被调研企业数字化生态系统的情况

数字化生态系统中企业最重视的是技术资源的整合，而对物质资源整合的重视程度最低。如图10.2所示，被调研企业中60%的企业在生态系统中主要整合的是技术资源，49.7%的企业主要整合的是关系资源，43.9%的企业主要整合的是市场资源，仅有5.8%的企业关注物质资源。

我们的调研也显示，很多中小企业在使用大平台资源时，非常关注自身的信息安全及数据安全问题。当前数字化生态系统规范制度和管理机制尚不成熟，很可能限制了数字化生态系统中企业对客户资源、服务资源、知识资源等的进一步整合。这一发现与国外调研发现既相互印证又有所深入。

IDG就"如何评价你的合作伙伴联盟"问题采访了752名IT和商业决策者，58%的组织将合作伙伴联盟视为战略供应商，如果仅看以盈利为目标的企业组织，这一比例则增加至65%；40%的IT决策者表示，合作伙伴联盟的存在使卖方的产品更具吸引力，而只有7%的决策者表示合作网络的存在是对其他竞争对手的一种"威慑"[①]。由此可见，这些被调研的决策者在合作伙伴联盟中看到的主要价值是协作和技能的可用性。

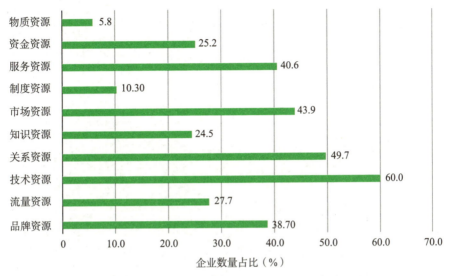

图10.2　被调研企业在数字化生态系统中整合资源的情况

---

① IDG. 2018. Digital Transformation Opens New Paths to the Short List [R/OL]. (2018.01.24) [2020.03.02]. https://www.idg.com/tools-for-marketers/digital-transformation-opens-new-paths-short-list/

CHAPTER

11

第11章

数字化创新

11.1 什么是数字化创新

创新是当今企业变革的核心主题。纵观近年来国内外对创新的研究，创新的概念在不断扩展。现有观点可以归纳为：（1）创新是将发明商品化的过程；（2）创新是组织变革的过程；（3）创新是有目的地引入和应用新知识并使众人受益的过程；（4）创新是一个具有反复性、迭代性的复杂过程；（5）创新是在隐性知识作用下，包含一定反复性的线性过程。在对创新的理解中，最重要的进步是人们意识到创新在本质上是一个过程而不是简单的知识发现和知识创造，它是新思想、新发明、新知识商业化的复杂过程，与企业的商业战略和竞争环境相关联。

学术界和企业界对创新有很多分类，最简单的方法是将创新划分为颠覆式创新（又称激进式创新）和渐进式创新（又称增强式创新）。颠覆式创新通常偏离、改变、跳出原有的技术或商业路径，摆脱原有的知识体系，通过发现新市场、利用新技术、引入新知识、构建新能力，应对环境的变化，其中有主动应变，也有被动应变。面对颠覆式创新的挑战，企业需要通过"搜索、改变、试错和发现"获得新的知识和能力，此时企业原有能力受到破坏[①]，必须跳出已有的"能力体系"进入新的体系。颠覆式创新着眼于未来而不是当前的短期收益，通过新能力的动态建设支持企业长期可持续发展。而渐进式创新重视对现有技术和商业体系的优化、升级和改善，是对既

---

① Anderson P W, Tushman M L. 1986. Technological discontinuities and organizational environments[J]. Administrative Science Quarterly, 31(3): 439-465.

有能力、技术路线和管理范式的延续和强化，重点强调"精细化、效率和深化"，重视维护原有体系的稳定性和持续性。

著名的Abernathy和Clark创新矩阵从技术能力和市场能力两个维度划分了四种程度不同的创新类型，即常规创新、细分市场创新、结构创新和颠覆式创新（见图11.1）[①]。常规创新的技术和市场能力改变不大，是在已有技术基础上对现有市场的改进提升；细分市场创新是对现有技术进行适应性改造以进入新的市场；结构创新是在现有市场内引入新技术；颠覆式创新是在技术能力和市场能力上都进行全新改变。四种创新的创新程度逐层递增，前两种创新属于渐进式创新，后两种属于颠覆式创新（一是颠覆式技术能力的变化，二是技术和市场均出现颠覆性改变），数字化创新恰恰属于后两种。

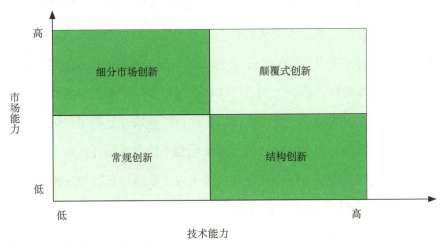

图11.1　创新程度的四个象限

数字化创新是指由数字化技术驱动或嵌入的创新，涉及产品和服务的创新、业务流程创新与商业模式创新[②]。产品或服务的数字化创新是指将数字化

[①] Abernathy W J, Clark K B. 1985. Innovation: Mapping the winds of creative destruction[J]. Research Policy, 14(1): S. 3-22.

[②] Fichman R G, Dos Santos B L, Zheng Z E. 2014. Digital innovation as a fundamental and powerful concept in the information systems curriculum [J]. MIS Quarterly, 38(2): 329-354.

技术嵌入和应用在产品和服务中，使产品和服务具有数字化技术的属性（如智能手机、智能跑步鞋）；业务流程的数字化创新是指将数字化技术嵌入和应用在组织运作流程中，改变了组织的生产过程、决策过程、交易过程、客户交互过程等；商业模式的数字化创新是指数字化技术的使用产生了新的价值创造方式。从组织层面来看，一个组织内可能会出现多种数字化创新①。

从更广泛的社会意义上看，特别是在互联网环境下，数字化创新的重点体现在两种类型上：一是数字化融合，二是数字化衍生。数字化融合重点从三个方面展开创新活动：第一，数字化技术融入传统产品、流程与服务过程，形成了很多"智能"产品和生产线，构建了智能制造的基础。如电信网与广电网的融合使用户可以在电视上直接观看网络视频，节目运营商基于用户历史观看数据向其推荐影片，企业根据用户偏好改变数字电视的产品设计、生产和销售流程等。数字化融合不仅改变了产品和服务本质，同时也改变了组织的流程、管理、商业模式②。第二，与过去难以连接或忽略的群体进行融合，特别是消费者信息。如通过移动终端记录下消费者对网站的访问信息、流量变化、位置移动、情感表达，企业可以获取并分析用户信息，为用户提供更好的产品和服务体验，以及情景化和个性化的服务。第三，与过去相对独立的组织和行业进行深度融合，如平台企业通过连接传统制造企业与金融服务机构，提供供应链金融服务。

数字化衍生也从三个方面展开：第一，数字化产品具有可重设性，使得产品服务在设计生产后可以不断迭代和添加新的功能，比如，可重设性在智能手机中的表现是可以不断下载各种功能的App，这些App处于持续迭代更新的状态。第二，数字化技术的使用不断激发新的产品与服务创新，如制造

---

① Nambisan S, et al. 2017. Digital innovation management: Reinventing innovation management research in a digital world[J]. MIS Quarterly, 41(1):223-238.

② Yoo Y, Henfridsson O, Lyytinen K. 2010. The new organizing logic of digital innovation: An agenda for information systems research[J]. Information Systems Research, 21(4):724-735.

行业中物流机器人的使用改变了生产车间物流配送的流程和管理办法，通过物联网从大量离散的机械设备上采集数据，数据经过整合和分析，可以呈现对设备健康状态的自诊断、自分析和自预测。第三，数字化技术应用产生了海量数据，基于大数据的分析与洞察，可以演化出很多新的创新。如阿里巴巴在电商平台的基础上衍生出金融服务、物流服务；京东通过对产品品类的大数据分析，为厂商提供了微单相机、游戏本等产品概念。

11.2 数字化创新的演化历程

增强式数字化创新阶段。 在数字化技术出现之前，产品都是机械的，价值链上的各项活动主要依靠人工操作来完成，人际交流凭借传统的纸质和口头沟通方式，速度很慢，规模有限，效率不高。计算机出现后，开始越来越多地用在财务管理、计算机辅助设计、订单处理和制造资源管理上，人们越来越多地感受到计算机软件可以帮助人们大大提高生产效率，信息化的进程由此拉开。

增强式数字化创新仍然把实体空间而不是互联网空间作为主战场，数字化技术在企业中应用于现有业务流程、资源管理、商业模式和供需关系的支持和优化，以达到对生产和服务过程的量化、规范化和标准化管理。根据图11.2所呈现的数字化转型演进图，数字化创新主要分为系统期、链网期、平台期、移动期和互联期五个阶段。其中，前两个阶段属于渐进式创新，后三个阶段属于颠覆式创新。

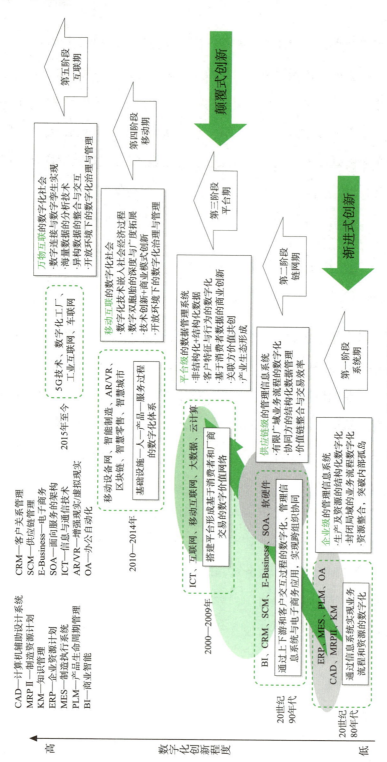

图11.2 数字化转型演进图

第一阶段是系统期。在20世纪80年代，很多组织开始在内部独立的业务单元内应用信息技术，如计算机辅助设计、财务软件、用户订单输入系统、库存控制系统、ERP、MES、PLM、企业内部的电子邮件和办公自动化系统等。这个阶段信息化的主要特征是在生产、资源、办公系统中采用通用或定制的软件，用软件系统管理业务流程、生产流程和办公流程。企业信息化浪潮是数字化的初级阶段，重点首先是信息技术的局部利用（如计算机辅助设计、财务软件），接着是实现信息系统对组织内部的整合，通过一个共同的IT平台将不同系统和应用相互连接，并且可以相互操作。同时让组织不同职能部门的角色和责任相互依赖。其核心目标是通过计算机软件系统（如ERP）清晰地梳理和改善业务流程的运营体系，改变以前依靠人工和手工管理过程和资源的方法，改善组织的管理能力并支持企业规模扩大时的管理需求。

系统期的信息化主要有四个特征：用软件支持现有的业务流程，将资源状况数字化，利用信息系统在业务流程之间建立连接，将信息系统中的数据资源进行整合和分析。具体活动包括企业级管理信息系统的采纳与应用；通过系统应用使运营过程及各类资源（如财务、库存）数字化，达到规范、透明、标准化和可量化的管理目标；通过系统化、流程化的数据获取、流动、应用和整合，突破企业内部的信息孤岛，提高组织内部的透明度，提高企业的运营体系效率与管控能力。在这个阶段，信息系统之间整合程度不高，以结构化数据为主，数字化进程相对封闭并限于局部，未覆盖企业的全部业务流程和环节。

第二阶段为链网期。在20世纪90年代，随着企业内部信息化建设的加快，信息化逐渐向企业外部拓展，开始增强与外部资源的交互和协同能力。在这个过程中，应用最多的是供应链管理系统（SCM，实现与上下游合作伙伴的互联和交易）、客户关系管理系统（CRM，通过呼叫中心、客户资料记录有效地管理客户关系并提高服务能力)。同时,随着企业ERP、MES、SCM系统中汇集了大量业务数据,对数据的实时、动态分析就变得非常重要,商业智能应用快速发展。大多数数据仍然是结构化的,因此还不能称之为大数据。

链网期的数字化有三个特征:一是以供应链级的管理信息系统为核心,从企业内部资源向外部资源拓展,特别是上游的供应商和合作伙伴,下游的经销商、零售商和客户。二是实现有边界的开放,企业数字化的拓展仍在原有的价值链、供应链范围内,支持一定范围内上下游业务的数字化。三是网络化的目标是提高业务合作方结构化数据的管理和应用,实现跨组织协同,提高价值链整合与交易效率,通过价值链的数字化和资源整合提升其在市场中的竞争优势。链网期的最大价值在于,供应链的链主通过信息化的手段对上下游交易各方进行有效管理,以确保自身在价值链上的地位与资源整合能力。

第三阶段是平台期。随着互联网与通信技术的快速发展与普及,一批基于互联网的平台级企业和数字原生企业(如阿里巴巴、京东)快速发展。平台级企业一方面首先与厂商建立合作关系,鼓励厂商将传统渠道的产品转移到互联网上销售,并通过低价、货到付款等优势吸引消费者购买产品;另一方面,通过对传统零售链条的精简,建立电子商务销售模式,取代了消费者和厂商之间的传统厂商、代理商等中间环节,加速了商品流通速度。电商企业利用互联网突破了地域的限制,厂商发起的打折、返利等活动拉近了厂商与消费者的距离,扩大了产品的销售范围,吸引更多厂商加入该平台。

平台期的数字化有三个特征:一是颠覆式商业模式的出现。基于互联网创建平台的企业意识到了互联网作为战略通用技术的关键价值和未来前景,将眼光从实体空间转向网络空间,通过网络空间的资源聚集与交互,重构了买卖双方的关系和交易模式，实现了跨边界、跨时空的资源整合和关联方的价值共创，打造了全新的产业形态。二是平台企业将数据资源作为战略资产进行开发管理。在数据来源上，平台企业不仅有平台内部的运营数据，还有极其丰富的客户特征与行为数据，据此可以洞察和预判消费者的需求。平台企业还吸引了大量供应商和制造商，它们的数据不仅有历史特征、信用特征和能力特征，还能根据行业、品类的消费数据形成行业洞察和行业预判。三是利用这些数据可以持续进行平台优化、平台相关方的价值共创，这成为平台企业不同于其他企业的核心特征。在数据类型上，平台上不仅拥有结构化数据，还有很多非结构化数据，如文本数据和图片数据，因此数据处理的技术、方法、工具和算法成为核心能力。

平台期的最大价值在于，平台企业利用互联网平台聚集、整合了买卖双方的供需资源，将买卖双方的信息资源作为战略资产进行管理、开发和利用，并据此持续优化供需双方需求和能力，将交易各方的搜寻、匹配和信用成本大幅度降低，实现了商业模式的颠覆式创新。

第四阶段是移动期。在数字化技术刚起步的阶段，用户只能在固定场所使用计算机、获得计算服务。尽管如此，用户还是无法实现随时随地获得信息以满足自身的信息需求。移动终端设备和移动计算技术从根本上提高了计算服务的移动能力，它将计算机变成了戴在人们身上可以随时使用的、不受设备地理位置局限的终端。随着智能手机变得越来越便携，集成能力越来越强，获得的服务越来越广泛，越来越智能，价格越来越低，移动互联网用户普及的速度和范围大大超过了互联网，成为目前主导的上网模式。

移动期的核心特征有三个：一是泛在计算与移动计算是支持移动互联网发展的关键技术，技术创新一方面让计算设备变得微小，同时轻量设备在没有改变计算模型的情况下可以连接宽带网络获取计算能力。二是从互联网到移动互联网，各种类型（音频、视频、文字、服务等）的信息向移动端汇聚,信息检索、交流、分享变得无处不在。三是移动端作为最关键的信息载体,越来越多地承载了人们生活、社交、购物、学习、工作、出行等诸多功能,新兴的消费类互联网创新模式频出,大量衍生企业持续涌现,整个社会的商业生态发生了颠覆性变革。

移动互联网对人们的生活、工作、学习、出行方式产生了深刻影响,移动设备和技术为基于场景化的动态服务提供了大量空间,使人工智能有了很多用武之地,包括人脸识别、人体识别、语音识别、文字识别、情感捕获等。当计算能力嵌入生活中的方方面面,人们能够获取、存储、转移、理解以往获取不到的信息,挖掘新的机遇。

第五阶段是互联期。自2015年以来,物联网、人工智能、区块链、5G技术、智能制造的技术引起了人们的广泛关注,特别是5G技术即将应用,信息基础设施带宽速度极大提升,世界将进入物联网时代,人与人的连接将进一步拓展到物与物的连接(设备之间)、物与人的连接(穿戴设备、智能家居与手机)、物与过程的连接(物流)、物与服务的连接(设备的远程诊断),等等。万物互联将从人、家庭向社区、城市、乡村逐步扩散,对不同行业(如物流、零售、地产、金融等垂直场景)的运营管理将逐步升级为产业链大脑、工业大脑和城市大脑。万物互联与人工智能技术的结合,为海量数据计算和商业模式创新提供了智能引擎。

互联期的数字化有三个特征:一是随着人、物、过程、服务等的互联并以数字化形态出现,海量数字化资源可以在网络空间流动,有可能形成网络空间与实体空间活动的分解和重组,以人工智能为核心技术对网络数字资源进行分析、开发、推导、预判,成为主导全球竞争的最关键技能。掌握这类技能的企业具备高效能处理资源密度的能力。资源密度是指企业掌握的技在某一情境下获得资源的总量[①]，它能够在恰当的时间和地点最有效地配置合适的资源。二是5G技术极大地提升了物联网的发展场景，给工业互联网、专业互联网和行业互联网的发展带来了机会。三是所有企业都将融入数字化。传统行业与数字技术的深入融合，一方面使大量业务都基于互联网和移动互联网平台；另一方面，数字化进一步使得企业边界越来越模糊，企业间、企业与客户、企业与合作伙伴已经交织融合在一起，形成一个巨大的数字生态空间并彼此依存生长。

11.3　颠覆式数字化创新的特点

随着数字化技术的不断发展和应用，企业的技术能力和市场能力演化出不同程度的数字化创新，既有渐进式创新又有颠覆式创新。区分两者的主要指标是：（1）创新活动主要发生在实体空间还是网络空间；（2）传统的供需关系和供需交互方式是否发生了根本性的转变；（3）创新企业连接网络空间与实体空间的方式是否变化（线下，线上线下互动）；（4）企业通过技术创新是否构建了不同于传统竞争优势的关键资源和能力。

与渐进式数字化创新相比，颠覆式数字化创新催生了一批生长在互联网平台上的数字原生企业。它们不仅引入全新的技术，也以全新的方式构建市场能力，真正地以客户为核心，以数字资源为战略资产，在网络空间整合供需双方庞大的资源与需求，并实现了线上线下交互的商业模式，同时，通过数字化融合与数字化衍生，持续推进创新活动。

---

① Lusch R, Nambisan S. 2015. Service innovation: A service-dominant logic perspective[J]. MIS Quarterly, 39(1):155-175.

11.4 数字化创新的组织文化

创新文化的建设是一项系统工程。对于渐进式创新来说,组织文化重视集体主义精神,特别强调执行力和组织遵从性,强调认知和行为的一致性,企业重视稳定、高效和风险规避;组织设计重视正式、控制、集中,强调整体效率,企业绩效指标是活下来和保增长,绩效指标重视增长速度和短期利润。

对于颠覆式创新来说,企业需要更多独立、自由、平等与宽松的空间和氛围,为了寻求更大的发展,新项目的初期探索较少受到传统业务、绩效指标、商业价值和短期利益的干扰,组织文化上更加开放、包容,重视个人价值和多元思考,对于拥有独特禀赋的"歪瓜裂枣"式员工给予更多的包容与重视。创新型人才有可能是不循常规的,他们通常愿意挑战权威,有颠覆的思想,有质疑的精神,喜欢平等的环境和自由的交流。为了加速知识的流动、共享和创造,打造平等、自由、宽松的学术环境,企业鼓励挑战、质疑和试错,在组织设计上,就需要安排有机式的团队组合、非正式的信息交流,对员工充分授权,打造分散灵活的跨部门、跨组织协同,根据组织需要设计动态绩效指标,以满足短、中、长期的发展需要。

在研究数字化转型的过程中,笔者更重视数字化创新文化中的激励机制和包容失败两个方面。

企业创新的最大难题是如何应对不确定性,同时,在企业内部,也存在着各种障碍,例如:创新探索活动要求企业改变或摆脱组织现有路径与能力的束缚;资源匮乏的中小企业难以承受创新活动的成本和风险,只能选择模仿、复制或跟随战略从而直接进入市场环节;而大企业不愿放弃或颠覆已有优势，不愿承担组织转型的痛苦和短期收益的损失，对创新探索活动噤若寒蝉[1]。在这种情况下，企业需要探索多种创新机制，如鼓励初创企业、支持内部创新与孵化、收购新技术公司、倒逼传统部门拓展新的能力等，以寻求低成本、快速迭代的创新路经和方法。

构造数字化创新的激励机制。学术界对数字化创新的研究主要聚焦两个方面：一是数字化技术在数字化创新过程中的作用，二是影响数字化创新的组织因素。激励机制的设计属于后者，在本次调研中，我们特别关注的激励机制类型包括提供内部创业机会、提供员工持股机会、提供职业晋升机会、获得丰厚的报酬、为数字化转型团队设立单独的KPI考核、数字化团队与原有体系享受相同的KPI体系，等等。

打造包容失败的创新文化。创新型组织文化是营造一种以冒险和创造性为价值观的、以结果为导向即勇于承担风险的环境。创新文化也是个人价值观念、管理水平、经验能力和行为品质的综合，其特征包括首创精神、风险倾向、创新能力、环境融合等[2]。创新是对未来的探索，面对各种不确定性和复杂的内外部因素，有可能成功，也有可能失败。而创新文化的核心是对待失败的态度。在美国硅谷和以色列特拉维夫，创新即使失败也被认为是有价值的尝试，因此，对失败采取更加包容的态度。在中国，创新失败事关面子，人们会忌讳失败，进而放弃探索的机会。中国企业家成长与发展专题调查表明，全国总体上对创新失败的容忍度相较2015年的调查结果有明显下降，而社会对冒险精神和开拓进取的鼓励程度显著增长[3]。这反映了社会的创新氛围在增强，而企业和组织内部的创新文化在衰弱。从另一个角度看，

---

[1] 董小英，晏梦灵，余艳. 2015. 企业创新中探索与利用活动的分离—集成机制：领先企业双元能力构建研究[J]. 中国软科学, 12: 103-119.

[2] 约瑟夫·熊彼特. 1990. 经济发展理论[M]. 北京：商务印书馆.

[3] 中国企业家调查系统. 2017. 中国企业创新动向指数：创新的环境、战略与未来——2017·中国企业家成长与发展专题调查报告[J]. 管理世界, 000(006): 37-50.

失败的风险越大,成功的价值越高,对创新者来说,失败是探索未来的一种方式,失败的价值在于考验了我们的勇气和魄力,鼓励我们学习经验、继续前行。

11.5 我国企业数字化创新调研发现

我国企业的数字化创新方式。 我们的调研显示(见图11.3),我国企业在数字化创新中使用最多的模式是"利用已有资源,内部创新研发"(均值为4.11);"利用合作伙伴资源,与其共同创新研发"排名第二(均值为3.93);"通过产品的购买、租赁获得新能力"排名第三(均值3.63);"通过兼并收购获得新能力"排名第四(均值3.59);"通过孵化初创企业获得新能力"得分最低(均值仅为3.41),这种方式对人力资源要求很高,风险相对较大,但颠覆式创新的可能性也比较大。

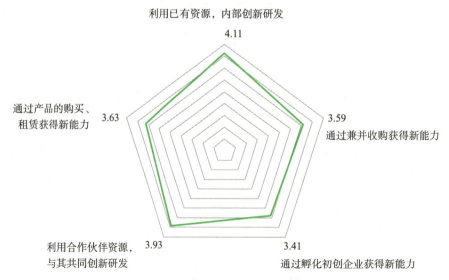

图11.3 被调研企业数字化创新方式

我国企业数字化创新的激励机制。我们的调查发现，我国企业对数字化创新团队的主要激励是给予职业发展空间，并未将其作为新兴创业团队。如图11.4所示，最主要的激励机制是"提供职业晋升机会"（68.4%），"为数字化转型团队设立单独的KPI考核"位于第二（50%），分别有39.5%和35.5%的企业"提供丰厚的报酬"和"提供员工持股机会"，"与原有KPI体系一样"的比例最小（11.2%）。以上说明企业对数字化转型的难度和风险有清醒的认识，激励机制还是比较有力的。

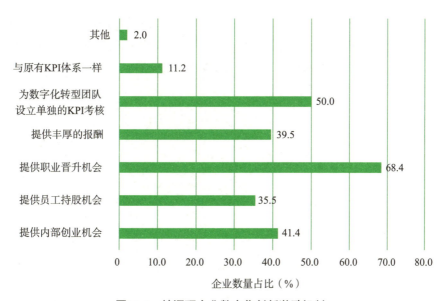

图11.4 被调研企业数字化创新激励机制

我国企业的创新文化。在创新文化上，我国企业对试错和失败的包容度还比较低。如图11.5所示，企业"鼓励员工对新观念持开放态度"排名第一，均值为4.05；企业"表扬或认可新想法和新方法的实践"排名第二，均值为4.02；但是，企业"鼓励员工对新项目试错迭代""极大激发员工的创新热情""鼓励员工分享自己的创新故事"三项得分很低，说明企业的创新文化落地情况较差。

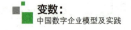

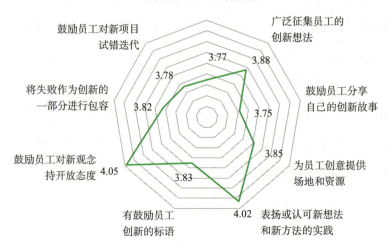

图11.5 被调研企业数字化创新文化

CHAPTER

12

第12章

数字化资产

12.1 什么是数字化资产

维克托·迈尔-舍恩伯格在《大数据时代：生活、工作与思维的大变革》中说道："虽然数据还没有被列入企业的资产负债表，但这只是一个时间问题。"[1]数据资源将和土地、人力、资金等生产要素一样，成为企业的资产。

数字化资产是指由企业拥有或控制的，任何以数字化形式存在（便于电脑处理，通常是二进制）或由数字化方式生成或转化为数字化形式时能给企业带来经济利益的资源。业界对于数据资产的定义是企业或组织拥有或控制的，能在未来带来经济利益的数据资源。

数字化资产的对象包括数据（以数字化形式存在）和能够通过技术手段转化为数字化形式（数据）的一切资源，比如一篇纸质文章、一张照片、一段录音。

当然，不是所有以数字化形式存在或者可以转化为数字化形式的资源都是数字化资产，只有可控制、可量化、可变现的数字化资源才能称为数字化资产。

为了便于理解，下面对资料、数字化资源和数字化资产三者之间的关系进行分析（见图12.1）。企业在生产运营过程中产生的所有凭证都可以称为资料，这里面包括大量的未经数字化的资源，例如纸质合同、纸质产品说明书、员工大脑里的想法等。这些宝贵的资料经过数字化就可以转化成数字化

---

[1] 维克托·迈尔–舍恩伯格，肯尼思·库克耶. 2012. 大数据时代：生活、工作与思维的大变革[M]. 杭州：浙江人民出版社.

资源，比如可以设法将优秀员工的知识经验挖掘出来，建立企业的知识库。数字化资源经过价值评估以后就变成了可以用货币计量的数字化资产，就具备了流通变现的条件。

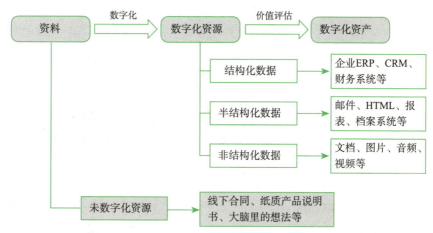

图12.1　资料、数字化资源、数字化资产三者之间的关系

12.2　数字化资产分类

企业的数据与企业的业务运营相生相随，这些数据也散落在企业信息化的各个领域和层次，在企业运行过程中发挥了巨大的支撑作用。数据分类方法决定了业务发生过程应该记录的问题，作为数据资产的管理和使用用户，我们应对企业的数据分类有初步了解。企业数字化资产分类如图12.2所示。

主数据（master data）是关于业务实体的数据，如人、地点、客户、产品等。

交易数据（transactional data），也叫事务数据、业务数据，用来描述组织业务运营过程中的事件或交易记录，如销售订单、通话记录等。

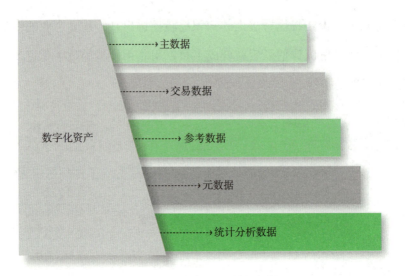

图12.2 企业数字化资产分类

参考数据（reference data），也叫标准代码数据，是用于将其他数据进行分类的数据。参考数据的值又称为枚举值，如客户等级分为A、B、C三级。

元数据（meta data）是描述数据的数据，用来帮助理解数据。元数据又分为技术元数据、业务元数据等。

统计分析数据（analytical data），又叫指标数据，是对企业业务活动进行统计分析的数据，如客户到达数、数据接入率等。

当然，数字化资产还有其他分类标准，如按数据来源（企业内部产生、外部获取）、时效性（实时、准实时、批处理）、结构特性（结构化、半结构化、非结构化）、生命周期阶段（在线、近线、离线、销毁）等分类。

数字化资产管理应结合各种分类及对其特征的分析，才能有针对性地开展相关工作，做到有的放矢、对症下药。

汤姆·彼得斯（Tom Peters）是全球最著名的管理学大师之一，他曾说过："一个组织如果没有认识到管理数据和信息如同管理固定资产一样重要，那么它在新经济时代将无法生存。"①

所以,如何识别数字化资产、治理数字化资产,利用数字化资产创造价值,是企业面临的重要课题。只有管理好数字化资产,才能让企业在未来立于不败之地。数字化资产管理包括四大核心业务领域(见图12.3):数字化资产规划、数字化资产治理、数字化资产增值和数字化资产变现。这四个环节环环相扣,涵盖了数字化资产管理的生命周期。

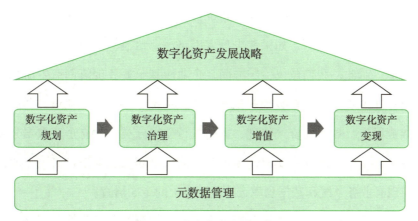

图12.3 数字化资产管理体系

12.3 数字化资产规划

数字化资产规划是指规划企业数字化资产目录、标签体系及数据分布,定期进行数字化资产盘点和发布。其核心是数字化资产盘点,目标是全面了解企业拥有哪些数字化资产,以及还需要哪些数字化资产。

许多企业号称实现了管理信息化,但实际上只有一些彼此孤立的数据和一些堆砌的程序。企业需要通过总体数字化资产规划,进行企业级共享数据

---

① DAMA International. 2010. The DAMA Guide to the Data Management Body of Knowledge (DM-DMBOK)[M]. Bradley Beach: Technics Publications, LLC.

库设计,有步骤地实现数据中台建设。

数字化资产在哪里?

数字化资产包括以数字化形式存在的或由数字化方式生成的或可转化为数字化形式的任何资源,其中未转化为数字化存放数据类包括公文、合同、操作单、项目文档记录、传真、财务报告、发展计划、应急预案,以及各类外来流入文件等;数字化存放数据类包括表单、配置文件、拓扑图、系统信息表、用户手册、数据库数据、操作和统计数据、开发过程中的源代码等。如此纷繁复杂的数据来源,如果缺少盘点思路,恐怕很容易就陷入数据的汪洋大海之中。对此,我们建议:一方面,企业应基于业务价值创造生命视图,从企业管理本质出发,打破现有流程和信息系统,由上至下地对各个业务的端到端流程进行数字化资产梳理,重新进行数据分类,建立企业数据分类标准,并在此基础上建立企业概念模型、逻辑模型和物理模型;另一方面,企业应对现有业务系统和数据仓库进行从下至上的全面清查。

无论是企业还是其他组织,其存在必定有相应的业务目标,围绕这一目标,会设置相应角色、环节,形成一定的流程。不管是固化的流程,还是动态调整的流程,"凡经过必有痕迹",在此过程中,就可以寻找到数字化资产的影子。通过对各环节的业务理解,可以对具体操作涉及的数字化资产及对数字化资产进行的加工处理进行识别。

希望进行数字化转型的企业,一般都已经建立了很多的信息系统,那么就需要从下而上地对已建系统、在建系统进行梳理,厘清现有信息系统数据架构,绘制概念数据模型,包括关键实体、主要关联关系等;以及针对规划中的信息系统,充分分析其业务和目标,并将其纳入整个数字化资产管控体系,统一进行管理。

数字化资产现状分析

数字化资产现状分析是对数字化资产的彻底盘点。通过业务数据矩阵,组织可以分析数据资产的规模、分布、流向等，全面掌握数字化资产的基本情况。在此基础上，对数字化资产进行活性、质量、安全等方面的评估，为数字化资产的使用提供有价值的参考。在对数字化资产进行评估时，用到的方法是数据体检，即通过在设计、采集、存储、使用等不同阶段对关键数据进行采集和健康度评估，可以对每一项数字化资产进行360度分析，给每项数字化资产评定一个健康分。数据体检是数字化资产管理水平不断提升的驱动力。数字化资产现状分析不只包括对现有数字化资产的分析，更包括数字化资产规划，如对数据需求的分析——组织有哪些资产？若现有数字化资产无法完全满足业务需求，还需要哪些外部数据？然后，再制订相应的数据需求计划，进而确定相应的数据来源。

数字化资产类目管理

现实中，企业或组织的数字化资产往往分布在不同的部门，各个部门数据的用途、结构、核心价值以及管理状况、质量水平等都有差异，数据往往呈碎片式分布。因此，在掌握了数字化资产的分布情况后，就需要进一步梳理汇总，建立起数字化资产的整体视图，或者说数字化资产类目。

数字化资产类目，是以元数据为核心，从不同的维度对数字化资产进行分类，形成的数字化资产目录体系。目录有助于用户发现和使用数据，让数据分析人员用更少的时间查找到所需数据，用更多时间从数据中挖掘价值。

类似于客户画像，我们也可以给数字化资产打上各种标签。在起步阶段，还需要人工先给数据打上相应标签，为的是引入智能化处理，实现根据模型训练结果自动地给数字化资产打标签。

数字化资产卡片为数字化资产的管理和评估奠定了基础。通过利用数字化资产卡片对数字化资产进行登记，就可以真正做到像管理企业的固定资产一样管理数字化资产。企业可以实现从价值的角度对数据进行管理，对每一项数字化资产都指定相应的责任人，对资产价值进行评估，并记录价值变化情况，采用二维码、数字水印和区块链技术实现全程可追溯。

12.4 数字化资产治理

数字化资产治理体系包括数据战略、核心领域、保障机制、技术支撑四个层级，从上至下指导，从下至上推进，是一个多层次、多维度、全方位的体系。其中，数据战略是企业发展战略中的重要组成部分，是保持和提高数据质量、完整性、安全性的总体规划，是指导数字化资产治理的最高原则。数字化资产治理的核心领域是指数字化资产治理的目标对象，包括数据标准管理、数据模型管理、元数据管理、主数据管理、数据质量管理、数据安全管理、数据架构管理和数据生命周期管理八个核心领域。数字化资产治理保障机制是指保障各个核心领域的内容有效落地执行的管理机制，包括治理组织、治理制度及治理流程。数字化资产治理的技术支撑是指支撑核心领域的工具和平台，例如数据质量管理工具、元数据管理系统等，它们是数字化资产治理能够顺利开展的技术保障。以上共同形成了如图12.4所示金字塔形的数字化资产治理体系，本节重点讲述下面三层的内容。

数字化资产治理核心领域

数据标准。数据标准是数字化资产的标准化定义，企业应建立覆盖全部数字化资产的标准化规划，遵循统一的业务规范和技术标准。通过制定共同遵循的数据标准，企业可以实现理解一致和应用统一。数据标准一般分为基础类数据标准和指标类数据标准。基础类数据标准主要针对业务端产生的原始明细数据、交换流转过程中的数据、数据平台中的基础明细数据进行规范和约束，对应企业数据分类中的基础数据和公共代码等；指标类数据

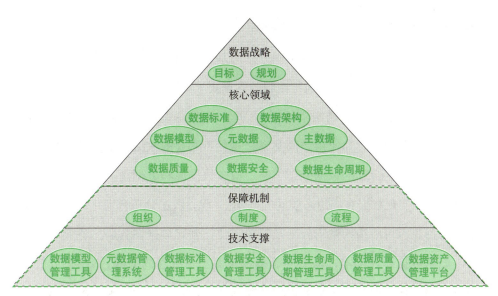

图12.4 数字化资产治理体系

标准主要对在基础数据之上、经过进一步加工处理形成的统计类指标数据进行规范和约束,对应企业数据分类中的衍生数据。

数据标准管理主要包括三个方面的内容:首先是建立企业级数据标准体系;其次是明确数据标准的描述方式;最后是通过梳理全公司报表、应用系统,以及已经发布的制度、标准、规范,对其中的数据进行逐个识别、去重、归并,并依据数据元表示规范对其进行定义,形成数据标准,以此指导数字化资产的管理。

数据标准管理的制度应在组织分工的基础上明确数据标准申请流程、数据标准制定流程、数据标准发布流程、数据标准执行流程、数据标准复核流程及数据标准变更流程的管理要求和职责分工。

数据架构。数据架构是从总体看企业的数字化资产,其核心是要明确数据的层次划分、数据在不同层次的分布情况和层次之间数据的流转情况。

数据架构管理工作包括基于各业务部门及应用系统的需求,建立企业级数据架构;根据数据架构的变更需求,对企业数据架构规划进行修改和完善;对信息系统的数据架构进行规范和指导等。

数据架构管理的制度应在组织分工的基础上明确数据架构建立流程、数据架构变更流程和数据架构执行流程的管理要求和职责分工。

数据架构设计应遵循四个原则：（1）数据共享原则。它是指数据在企业范围内的各个部门和应用之间共享，避免不必要的数据冗余、数据复制及重复采集。制定合理的数据分布策略，减少数据源和数据副本，降低数据整合难度，以实现数据在应用系统间的共享。（2）数据分布合理化原则。它是指根据企业应用架构的逻辑分层及应用定位，确定数据在各层、各应用的分布。如果数据存在副本，需要明确确保主副本一致性的措施。（3）可信数据源原则。它是指对于关键数据项及共享数据，在不能确定唯一数据源的情况下，都应有一个权威的可信数据源，通过该数据源完成数据采集，为业务提供一致的、完整的、共享的数据，让业务运营和管理决策变得更加可靠。（4）数据流转规范化原则。它是指数据提供方原则上应该是数据的首责应用，应用之间应当建立数据接口或者服务调用接口，实现数据的流转。在架构层间应当建立各应用、各层之间的数据流转关系视图。为减少对首责应用的负载，应当建立数据交换平台，相同的数据一次抽取、多次使用。建立企业级数据交换接口规范，所有应用间的数据交换都必须遵循该规范。企业还需要充分利用数据集成类系统的功能，避免形成网状的数据流转关系。

数据模型。数据模型应能够如实、完整、准确地反映业务开展的情况，能够清楚地表达企业内部各种关键业务主体、属性间的关系，使不同部门的业务用户、技术用户和管理用户获得对业务及数据的统一视图。

数据模型从抽象层次上描述了数据的静态特征、动态行为和约束条件，为数据库系统的信息表示与操作提供了一个抽象的框架。数据模型所描述的内容有数据结构、数据操作和数据约束三部分。数据模型按不同的应用层次分成概念数据模型、逻辑数据模型和物理数据模型三种。

概念数据模型是一种面向用户、面向客观世界的模型，主要用来描述现实世界的概念化结构，与具体的数据库管理系统无关。逻辑数据模型是用统一的逻辑语言描述系统需求，侧重于信息的表示方法和信息结构化的实现方法，是与业务人员沟通的语言，与具体的数据库管理系统无关。物理数据模型是一种面向计算机物理表示的模型，描述了数据在存储介质上的组织结构，与具体的数据库系统密切相关。物理数据模型表征的业务含义及规则应和逻辑数据模型保持一致，但模型本身不是一一对应的。在从逻辑数据模型落地成物理数据模型的过程中，需要考虑物理平台特点、系统性能、降范式处理等，使其能够在充分表达业务规则、满足扩展灵活性的基础上，最大限度地提升性能、降低数据处理和加工的难度与复杂度。

数据模型管理的主要工作内容包括：理解企业数据模型管理需求并制定数据模型管理的工作目标；模型设计工作，包括业务调研，系统调研，概念数据模型、逻辑数据模型、物理数据模型的设计；制定数据模型设计、管理维护的规范和流程；对企业数据模型进行统一管控（包括模型设计、审核发布、版本管理）；等等。

数据模型管理的制度应在组织分工的基础上明确数据模型建立流程、数据模型变更流程和数据模型部署流程的管理要求和职责分工。

元数据。元数据是描述数据的数据，上述提到的数据标准、模型等均应作为元数据进行统一管理。元数据管理是数字化资产管理的重要基础，是为系统建设过程中产生规范元数据信息而进行的规划、实施与控制行为，必须能够忠实地反映系统建设和业务开展的情况，并能够在某种程度上和数据标准对齐以反映系统和业务的规范化程度。

元数据可分为数据规范、数据模型、数据集成、数据库表、数据项五类，其中每一类所包含的内容如表12.1所示。

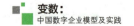

表12.1 元数据分类

序号	元数据类型	所包含的元数据
1	数据规范	指标数据规范
2	数据模型	企业级逻辑数据模型、应用系统与企业级逻辑数据模型的映射关系
3	数据集成	数据接口、ETL作业*、数据质量规则
4	数据库表	数据分布
5	数据项	明细数据规范

*ETL即extract-transform-load的缩写，指数据抽取、转换和装载。

元数据管理的制度应在组织分工的基础上明确元数据获取流程、元数据变更流程及元数据注销流程的管理要求和职责分工。通过开展企业级的元数据管理活动，可以使企业的数字化资产管理更加有序、合理和受控，有助于企业理解数据的真实含义。

主数据。主数据是指系统间共享的数据。与记录业务活动、波动较大的交易数据相比，主数据具有高度共享性、长期稳定性、数据独立性、业务关键性等特点。在正规的关系型数据库中，交易记录可通过关键字段关联到主数据，形成对交易数据分析的主体等维度信息。主数据必须存在并加以正确维护，才能保证系统的参照完整性。主数据是描述企业核心业务实体的数据，对业务开展具有很高的价值，它不是特定应用的专属数据，在企业范围内跨业务重复使用。

不同的主数据应建立专门的管理系统，实现主数据的集中储存、展现和使用。通过系统建设和明确管理要求，建立主数据单一、权威、准确的数据来源以保障主数据的数据质量和使用效果。不同的主数据管理系统在系统定位、功能、响应效率、时效性等层面有各自不同的要求。

主数据管理的制度应在组织分工的基础上明确主数据新建流程、主数据变更流程及主数据发布流程的管理要求和职责分工。

数据质量。数据质量是数字化资产治理的重要领域之一，实施数据质量控制可以确保数据的准确性、完整性和一致性。数据质量管理的内容可分为管理制度的制定、组织架构的建设、技术支撑平台的建设。

数据质量管理要确定数据质量衡量维度，这是衡量数据可用程度的尺度，一般来说包括完整性、准确性、唯一性、一致性和规范性等五个指标，每个指标可以包括若干判断约束。例如，规范性维度包括"精度约束""长度约束""格式约束"等，每个数据的质量问题可能涉及一个或多个数据质量衡量维度。

数据质量管理还需要针对每个数据制定数据质量规则，包括数据质量业务规则和技术规则。其中，数据质量业务规则应至少定义每个数据的质量衡量维度、质量要求的业务描述及一个可唯一识别的质量规则编号；技术规则应至少定义数据基础信息，如数据库表、字段信息、参照数据等，以及数据质量评估脚本和代码。

数据质量管理领域的工作应通过信息化的手段落地，利用信息化系统建立、管理规则库，并通过规则引擎执行数据质量规则脚本，发现存在的数据问题。数据质量管理平台要支持对其他业务系统、数据仓库、数据平台的访问等功能。

数据质量管理的制度应在组织分工的基础上明确数据质量规则定义流程、数据质量检查流程、数据质量问题分析流程、数据质量问题整改流程，以及数据质量考核评估流程的管理要求和职责分工。

数据安全。数据安全管理是企业或组织信息安全管理的重要组成部分。建立完备的数据安全管理体系，不仅是为了满足国家法规、行业准则和监管要求，更是为了保证企业生产运行的稳定性和连续性、保护企业和客户重要的有形和无形资产。数字化资产是数据安全管理的目标对象，数据安全管理就是要保证这些数据已经被实施了充足的控制和适当保护，不会被误用。

数据安全管理的目标是建立完善的、体系化的安全策略和措施，全方位进行安全管控，通过多种手段确保数字化资产在数据生命周期各阶段的安全可控。数据安全管理的主要任务是对数据设定安全等级，保证其被恰当地使用。企业通过数据安全管理，规划、开发和执行安全策略与措施，提供适当的身份用以确认、授权、访问与审计等。企业应在组织分工的基础上明确数据安全规则定义流程、数据安全检查流程、数据安全问题根因分析流程、数据安全问题整改流程以及数据安全评估流程的管理要求和职责分工。

数据生命周期。数据生命周期管理是指通过制定策略，对数据生命周期的不同阶段进行科学、有效的管理，从而在确保数据访问效率的前提下控制数据管理成本。数据生命周期可划分为在线、近线、离线和销毁四个阶段，其中在线阶段为必选阶段，近线、离线和销毁阶段为可选阶段。

在线阶段的数据访问频率最高，具有较高的保留价值和安全保护要求。要支持应用系统的正常运转及业务活动的正常展开，就必须确保在线阶段数据的可靠性和可用性。

近线阶段的数据使用相对不频繁，在系统资源受限的情况下，应将访问频度较低、访问需求不高的数据从应用中分离出来进行单独存放，以提升产生原始数据的应用的性能，并提供与在线阶段数据一样的访问方式。

离线阶段的数据一般是没有用户访问的，在系统资源受限和预防一些特殊事件的情况下，访问需求不高的数据会被从应用中分离出来单独存放在磁带、光盘及低端磁盘（包括移动磁盘）等低价值介质中，并提供专用或者通用的查询接口和工具。

销毁阶段的数据已过保存期，不再有利用价值，可以进行销毁，从物理介质上清除。但鉴于目前存储介质成本低廉以及监管部门的最低保存年限要求，企业应在对数据进行价值评估及结合现状后再决定是否销毁。

在制定数据生命周期管理策略前，首先要明确所有数据各个阶段的期限，然后对于明确期限的生命周期阶段制定数据存储方案、数据迁移方案、数据访问策略及数据销毁策略等。

数据存储方案至少应涵盖（但不限于）明确数据存储期限、数据存储容量、数据存储介质。原则上，在线数据应存储在高速存储设备中，近线数据应存储在中高速存储设备中，离线数据应存储在中低速存储设备中。数据迁移方案至少应涵盖（但不限于）明确需要迁移的数据、迁移目标位置、迁移频率、迁移时间点、迁移方式（增量还是全量）。数据的迁移应在确保业务不受影响的情况下进行，设计明确的数据备份方案，迁移后的数据应支持反向迁移至上一阶段，迁移过程中应保证数据的完整性、一致性。数据访问策略至少应涵盖（但不限于）对在线、近线、离线数据访问的技术实现方式，在在线、近线阶段要为用户提供数据的透明化访问。

数字化资产治理保障机制

数字化资产治理是一项非常专业和系统化的工作，除了要从数字化资产各活动领域开展治理工作，还需要相关保障措施，包括数字化资产管理的组织架构、制度体系和管理流程等。

组织架构。数字化资产管理的组织架构不同于企业的实际组织架构，而是一套符合企业现状、能有效推动数字化资产管理工作的虚拟组织架构。

组织架构主要由领导决策层、规划推动及执行层、参与配合及执行层构成，如图12.5所示。

数字化资产管理委员会负责领导数字化资产的管理工作，对工作进行集中统一领导，协调相关各业务及职能部门的运作，研究确定全企业数字化资产管理的战略、方针和政策，并对未来工作做出重大决策；审定数字化资产管理方案与实施计划；听取相关工作汇报并给出指导性意见；不定期审议数字化资产管理重大变更事项；在工作开展过程中出现资源冲突、沟通不畅时负责协调和仲裁；针对工作开展过程中的严重违规及重大问题，在全企业范

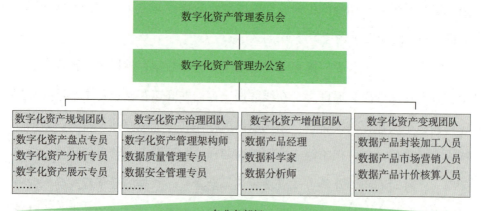

图12.5 数字化资产管理保障措施组织架构

围内协调整改、处理及处罚。

数字化资产管理办公室及下辖各领域团队负责制定数字化资产管理相关的政策、规范、管理办法、流程等；规划和制定数字化资产管理方案与实施计划；推动数字化资产管理的具体工作，并协调、监督、评价各参与机构的工作情况；定期总结数字化资产工作的进展、成果和存在的问题，并向领导小组汇报；推动数字化资产管理平台的建设工作，包括设计、开发和部署实施等。

各业务部门是数字化资产管理的参与、配合和执行机构，负责数字化资产管理工作在本部门的推动与执行，并向上反馈执行效果。

制度体系。数字化转型需要引入管理制度和规范，覆盖数据产生、流转、加工、整合、使用、交易交换等各个环节的管理，给予数字化资产管理各项工作制度上的保障，使其有据可循。

管理制度是用来约束和规范主体行为、特殊活动的一种规章制度，属于规范性文件；管理制度明确了适用范围和主体，澄清了基本概念，约定了主要环节工作内容及组织架构中各人员的角色、应承担的具体工作，统一了日常办公过程中的相关表格模板等。数字化资产管理的制度体系包括数据标准管理办法、元数据管理办法、数据质量管理办法、数据安全管理办法等。

表12.2汇总了已有的数字化资产管理制度,企业可以参考它来建立自己的制度体系。

表12.2 数字化资产管理制度参考清单

序号	数字化资产管理制度参考清单
1	数据仓库模型设计规范
2	数据集市模型设计规范
3	数据标准管理制度
4	数据分类分级标准
5	数据分类分级授权流程
6	数据查询管理规范
7	数据提取管理规范
8	数据质量管理办法
9	数据质量管理实施细则
10	数据质量技术规范
11	数据安全管理规范
12	数据模型管理制度
13	元数据管理办法
14	元数据管理实施细则
15	元数据技术规范
16	数据生命周期管理办法
17	数据生命周期管理实施细则
18	数据生命周期技术规范
19	数据架构管理制度
20	数据采集管理制度
21	数据加工处理制度
22	数据共享应用制度
23	数据备份管理制度
24	大数据应用管理制度

管理流程。制定数字化资产管理流程的目的是控制风险、降低成本、提高服务质量和工作效率,最终提高顾客满意度和企业市场竞争力,进而达到利润最大化和经营效益提高。管理流程明确了流程中的主要活动节点、活动节点的参与人及其工作内容、流程节点间的流向等。数字化资产管理流程包括数据标准制定、数据标准落地执行、数据质量问题跟踪处理、数据申请下载等。以数据标准制定为例,其流程如图12.6所示。

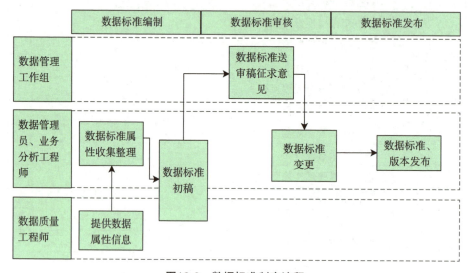

图12.6 数据标准制定流程

数字化资产治理技术支撑

在数字化资产管理实践过程中,需要依托具体的软件技术来进行支撑,主要的管理工具如表12.3所示。

表12.3 数字化资产治理技术工具

工具	描述
数字化资产管理平台	全面提供数字化资产运营管理、交易等完整的数字化资产管理能力,覆盖数字化资产的全生命周期管理;通过数字化资产管理,提升企业运用数字化资产的能力,加速从成本转换成价值

续表

工具	描述
元数据管理系统	对散落在企业各处的元数据进行全面、集中化的管控，能够忠实地记录业务、IT系统建设过程中沉淀下来的数据成果，并结合一系列IT管控手段将整个企业的元数据管理得更有序、更合理
数据质量管理工具	对各阶段数据进行数据质量衡量和监控，对发现的质量问题进行跟踪处理，并通过质量分析和报告定期评估数据质量改进的情况，确保数据能够满足使用方的需求
数据标准管理工具	为数据标准管理提供一个完全线上管理维护平台，并通过标准浏览、映射、API接口等一系列能力建设，满足组织对数据规范化管理的需求
数据安全管理工具	通过导入安全技术和线上安全管理平台，为企业数据提供安全防护和控制的技术手段，涉及数据使用过程管理、数据共享（提取）管理、数据存储管理
数据生命周期管理工具	依据数据生命周期管理平台提供的技术，根据指定的策略将数据组织成各个不同的层，并基于关键条件（比如存储介质的类型、价格等）自动地对数据进行复制、迁移等操作，确保数据能够以最佳方式存储于合适的介质上
数据模型管理工具	通过提供数据模型的设计和管理功能，并结合数据标准执行及模型管理规范和流程，支持数据模型在真实反映业务的基础上更加合理、规范化地组织数据

12.5 数字化资产增值

大数据在"变现"的过程中，需要考虑如何将数据的价值最大化。提供原始数据，就像提供原油，是最低层面的服务。如果将这些数据变成报表等粗加工形式，卖的价格可以超过原始数据。如果对这些数据进行挖掘和深度分析，那么这些数据就可以达到"液化石油气"的价格。

通过规划数字化资产增值战略，站在公司未来发展的高度统筹考虑，思考如何更好地支撑公司业务发展，制定有针对性的增值策略，不断满足企业自身及社会需求,是数字化资产管理的一项重要职能。

数字化资产增值方式。数字化资产增值方式主要有三种,如图12.7所示。

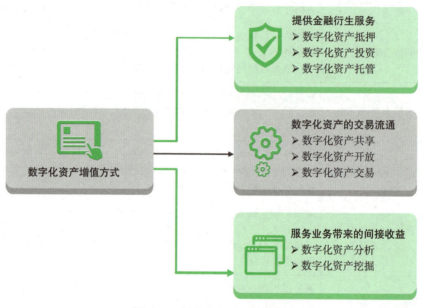

图12.7　数字化资产增值方式

一是提供金融衍生服务。除对数字化资产内外部价值的挖掘,提供数字化资产金融衍生服务也是数字化资产增值的重要方法,主要包括以下途径:(1)数字化资产抵押,将数字化资产作为债权担保抵押给债权人,若债务人无法履行债务,债权人有权对数字化资产进行处理。(2)数字化资产投资,将数字化资产作担保,经过重新包装、信用评价,发行为可流通的证券,帮助企业进行融资。(3)数字化资产托管,即将数字化资产委托给专业公司进行保管,被委托公司依据数字化资产实际运营情况为其提供投资管理的相关服务。

二是数字化资产的交易流通。企业所拥有的数字化资产,不但可以为业务发展所用,还可以通过数字化资产交易实现数字化资产的变现增值。数字化资产交易流通包括数字化资产共享、开放和交易等多种形式。数字化资产共享主要存在于合作企业之间，其流通受企业双方合同的约束；数字化资产开放主要是指企业利用政府开放数据的形式；数字化资产交易是指供需双方签订正式交易合同，明确交易条款和交易价格后进行数字化资产交易。

三是服务业务带来的间接收益。企业可以将数字化资产应用于业务，促进数字化资产增值变现。数字化企业会利用现有数字化资产进行数据产品开发，通过对数字化资产的融合、分析、挖掘，从数据中提取出更有价值的信息，从而满足相关业务应用场景需求，进而创造数字化资产价值。比如，利用数据构建用户画像，帮助业务更精准地了解用户特征，实现精准营销和个性化服务。

数字化资产跨界融合。融合旨在解决数据的割裂性。割裂的数据容易导致片面的认知，进而做出错误的决策。融合后的数据会产生更大的价值，比如，京东与头条的"京条计划"就是数据合作的一个案例：你在京东搜索的物品，会在所浏览的今日头条的新闻中呈现，从而实现了精准触达。

数字化资产融合还有利于新规律的发现。例如，用户信用评分的传统做法是基于是否有历史借贷违约，假如一个人从未借过钱，那么该如何评定他的信用等级？京东的小白信用分就是一个创新的个人信用评价方式。它融合了上网数据、身份特征、行为偏好、社交关系等数据，全面刻画用户的信用。

企业需要根据业务应用场景的需求，建立外部数据合作渠道，研究数据融合方式，制定相应的数据合作策略，跟进数据融合产生的效益，评估数据融合的价值。通过技术能力，将融合后的数据利用起来对外提供服务，满足外部市场的需求。

数据生态圈打造。大数据的世界不只是大量的数据，而且是一个由多

元参与者、多种类型的复合型数据所构成的生态系统。任何一个企业都不可能拥有社会全部的数据，也不可能掌握所有的大数据技术，因此必须强强联合，形成大数据采集、管理、挖掘与应用服务的良性增益的闭环生态系统，加快大数据与传统产业的融合，共同推动社会进步。

举个例子，京东利用自身丰富的数据源（比如商品数据，从商品本身的属性，到用户对商品的评价等），通过语义分析等方法，了解商品的不足和改进的空间，因此就诞生了"京东慧眼"这样的项目：京东把来自消费者的真实需求挖掘出来提供给制造商，实现C2B反向定制，让真正符合用户预期的产品得以诞生。这就实现了数据的增值，为业务带来了实实在在的收益。但是，京东需要的不仅仅是自身高质量的电商数据，这样还不够全面，还需要比如用户的社会化网络信息等强关系体系的交互数据，这些在京东内部是缺失的。因此，京东和腾讯制定了著名的"京腾计划"，在大数据领域展开强强合作，让大数据拥有更高的应用价值。通过企业间的合作，整合数据源，数据的维度和价值显著增加了。

12.6 数字化资产变现

数字化资产变现是通过数字化资产运营实现数字化资产收益，包括数字化资产确权、资产购置、营销、服务、结算、资产处置等。通过数据开放、数据共享交换、数据交易、联合建模等方式促进数字化资产的流通和变现。

数字化资产价值评估

数字化资产价值评估是实现数据资产化的基础，也是数字化资产定价和数字化资产运营的基础。针对不同的评估目的和资产类别，企业要设计适用的数字化资产价值评估模型，充分利用机器学习等技术，通过模型算法实现自动化。评估模型总体上分为两类：第一类是非金融或非经济价值评估模型，其评估结果只体现数字化资产的内在价值；第二类是经济价值评估模型，它量化评估数字化资产的货币价值。

非金融或非经济价值评估模型

数字化资产的内在价值。该模型根本不考虑业务价值，而是集中在数据的内在价值上。它将数据质量分解为精度、可访问性和完整性等特性。每一个特性都被评定，然后按最终分数进行统计。

数字化资产的商业价值。该模型测量关于一个或多个业务流程的数据特征。例如，准确性和完整性被评估为"及时性"，因为即使数据与业务流程相关，但如果不是及时的，它还值多少钱？该模型可以根据组织的需要进行定制，甚至适用于非结构化数据或第三方数据等特定数据类型。

数字化资产的绩效价值。该模型更具"实证性"，因为它衡量数据随时间推移对一个或多个关键绩效指标（KPI）的影响。例如，以销售部门为例，如果销售人员可以访问竞争对手的定价数据，就可以更快地完成销售额吗？企业可以通过比较无法获得竞争对手定价数据的对照组与实验组来查看数据的绩效价值。

经济价值评估模型

数字化资产的成本价值。该模型测量"获取或替换丢失的数据"的成本。通过测量损失的收入以及获取数据所需的成本，将值分配给数据。这也是估值专家评估大多数无形资产的方式，因为无形资产和数据一样没有明显的市场定价。在无市场价格可以参考的情况下，一般只评估数据的成本价值。

数字化资产的经济价值。该模型衡量数字化资产如何为组织的收入做贡献。这也是我们的KPI模型，但我们不考虑任何给定的KPI，而是考虑收入。为了更好地说明这个问题，让我们再回到上面那个销售的例子：实验组可以访问竞争对手的定价数据，而对照组则不能。在一段时间内，我们不再关注销售时间，而是关注任何特定销售人员的收入，这将使我们对这些数据的价值有一个很好的认识。企业应该考虑购买、管理和将融合数据上传到销售人员正在使用的系统中所花费的成本，同时，还应该考虑数据的寿命（例如，竞争对手的定价数据具有保质期），将其纳入数据经济价值的评估中。

数字化资产的市场价值。该模型衡量"出售、出租或交换"公司数据所产生的收入，这是评估数字化资产的最佳方式之一。问题是大多数数字化资产没有会计师所说的"开放式公平市场"，或者数据在公开市场上的价格。解决这个问题的方法是弄清楚来自数据交易市场或竞争对手的类似数据的价格，在此基础上考虑一定的折扣。当我们出售数据时，我们并不是真的在卖它，而是授权它。折扣率将根据公司销售数据的次数和其他因素而有所不同。

无论公司选择哪种模型将数据估值嵌入公司的战略，都可以采取两个实际步骤：

第一步，制定明确的评估政策，并在公司内部共享。在这一领域制定全公司范围的政策至关重要。例如，您的公司是否创建了一个数据目录，以便了解所有数字化资产？您是否跟踪数字化资产的使用情况，就像公司跟踪其拥有的汽车或卡车的里程一样？让隐性数据策略在公司中显化、编码化和共享是评估的第一步。

我们发现，数据估值最有力的商业案例是收购、出售或剥离拥有大量数字化资产的业务部门。我们预计，在未来，首席数据官的一些不断演变的职责可能包括为达到这些目的而评估公司数据。但这一角色对我们来说太新了，目前还无法看出总体趋势。

第二步，建立内部数据评估专家。我们的研究发现，一些公司正在探索将数字化资产货币化、出售或授权给第三方的方法。然而，拥有数据与知道如何出售数据是不一样的。一些公司依赖外部专家而不是内部专家来评估数据的价值。我们预计这种情况将会改变。寻求将数字化资产货币化的公司首先需要解决的问题是，如何在自己的组织中获得和发展估值专业知识。

个人隐私数据保护

事前预防。 事前应该制定数据安全策略，构建数据安全治理机制和体系，完善数据安全治理能力，制定数据分类分级标准，识别个人隐私数据，制定个人隐私数据保护制度和标准，制定个人隐私数据保护流程，储备隐私数据保护技术，进行个人隐私数据的去标识化/匿名化等加密脱敏处理，管理用户/密码和用户组成员，签订保密协议，组织培训，宣传个人隐私保护理念等。

事中阻断。 有了充分的事前准备之后，就需要在个人隐私数据全生命周期及处理的全流程中进行标准的落地实施。首先要将个人隐私保护标准在产品中落地，对老系统进行个人信息安全影响评估，对正在研发以及未来将要研发的产品在其上线前强制进行个人信息安全影响评估。其次在个人隐私数据的入、存、使、出各环节严格执行相应的标准规范，为此需要通过个人隐私数据保护流程进行管控，对个人隐私数据的每一项操作都要登记处理记录，利用技术手段监控用户身份和访问行为，以便及时发现问题。

事后审计。 定期开展个人信息安全审计，分析、验证、讨论个人信息安全管理相关的政策、标准和活动。审计的目的是为管理层和数据委员会提供客观中肯的评价、合理可行的建议。审计工作应该由公司内部和外部审计人员配合完成，这有助于确保审计活动结果的公平性。

数字化资产定价

价格会影响市场需求。在一般情况下，需求会随着价格反向变动。价格上升，需求减少；价格降低，需求增加。市场需求曲线呈向下倾斜的趋势（见图12.8）。

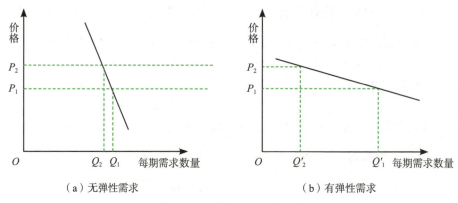

（a）无弹性需求　　　　　　　（b）有弹性需求

图12.8　无弹性和有弹性需求

正常情况下，商品定价时必须遵照需求的价格弹性变化规律。数字化资产的需求缺乏弹性，因为其符合以下几个条件：替代品很少或没有，没有竞争者；购买者对价格不敏感，有价值的数据都想要。

需求弹性较小的细分市场适合采用撇脂定价策略。数字化资产因其具有可复制性，所以会越来越贬值，应该在初期尽快收回投资。

以数字化资产价值评估结果为基本依据，考虑预期收益进而确定价格，是最常用的定价方法。计算公式为：

$$p = C_u + \frac{E_{rr} \times C_i}{n}$$

式中，p 为某个数字化资产目标收益价格；C_u 为某个数字化资产单位成本；E_{rr} 为期望回报率；C_i 为投资金额；n 为销售数量。

根据数字化资产的特点，具体报价方面，可以参考如下六种报价形式，灵活报价，以满足不同客户的需求。

（1）按次报价。这种报价方式最简单，适用于小客户或者想试用的客户，按每个标签调用一次多少钱计费，比如根据市场行情，价格一般在0.02

元/次左右。

（2）组合报价。对于客户画像来说，可能根据个别标签无法准确刻画出一个客户群，一般需要利用多个标签才可以，所以可以根据客户需求，灵活选择其所需的标签，然后制定一个套餐，约定每个套餐调用一次多少钱。

（3）阶梯报价。为了吸引大客户，可以采取阶梯报价策略，调用次数越多单价便越低（比如，100次以下，按0.02元/次计费；100—1 000次，按0.01元/次计费；等等）。

（4）包量报价。这种报价方式是按照一个统一的价格，约定给客户哪些标签，并承诺允许其调用多少次（为避免无限期拖延，可以适当约定一个期限），比如标签数据的定价若确定为1 148元，可以允许客户调用10次或者更多，具体次数可以和客户商谈。

（5）包年（月、季、半年）不限量。这也是市场上采用比较多的一种方式，非常适用于数据应用产品，如客户画像数据的报价为3 499元/月。

（6）包年（月、季、半年）限量。这种报价策略类似于手机流量包月，比如每年允许客户调用100次，超出部分按次收费。这种方式可以避免因客户无节制的调用，对服务器和网络产生巨大压力。

在报价时，完全可以让客户根据自身情况，选择其中几种报价策略灵活组合。

12.7 如何用数字化资产为企业赋能：以某独角兽公司为例

某独角兽公司通过建立良好的数字化资产管理体系，完成了对数字化资产的管理、优化和利用，建立了常态化的数字化资产管控机制，以应对广泛的数据应用需求，保障数据的质量与安全，支撑企业的智能决策应用。如图12.9所示，该公司从数据架构设计、数据资产管理、数据安全管理、统一业务指标体系、数据服务管理等五个方面构建了数字化资产管理框架，通过组织、规范、流程和技术给予支持，完成其数据管理的目标。

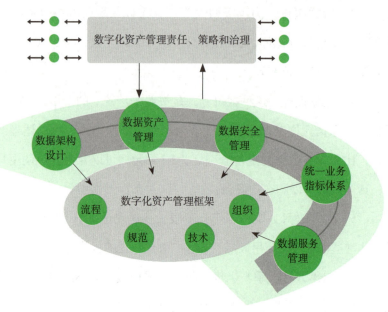

图12.9　某独角兽公司数字化资产管理框架

该独角兽公司的数字化资产管理从数字化资产盘点出发，厘清数据之间的关系，建立数字化资产管控的标准和体系，实现该公司全域数据的资产地图，为数据进一步的应用和挖掘奠定基础。

数字化资产盘点

盘活企业数字化资产，第一步就需要对已有数据进行集中盘点。如图12.10所示，该独角兽公司通过盘点将散落的数据源信息汇聚到一起，在数据生产者和数据消费者之间建立一个完整统一的数据地图，标识出有哪些数据可以消费、数据来自哪里、哪些数据之间有关联。

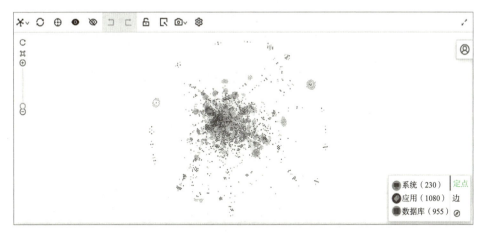

图12.10　某独角兽公司数字化资产地图

通过数字化资产盘点，可以建立全公司的数字化资产地图，实现所有数据源的统一登记和展现，消除因为信息不对称导致的不同部门之间数据的重复存储和抓取，共同完善底层数据资源的扩充和共享。

元数据管理

数据分析师或BI人员每天都要与大量的数据模型打交道，如果数据模型没有任何的元数据，数据使用将变得非常困难。即使数据开发工程师维护了详尽的元数据，也会存在大量的解释成本，如果没有辅助工具能够记录这些表的信息，数据分析师或BI人员需要到相应的仓库或集市上去逐个查看表的基本信息，这将严重影响工作效率。基于以上的考虑，该独角兽公司研发了自己的元数据管理平台（图12.11为数据血缘关系），用于管理数据模型的一些基本信息，方便分析师或BI人员快速查询，从而更快了解数字化资产的信息，处理业务的数据需求。

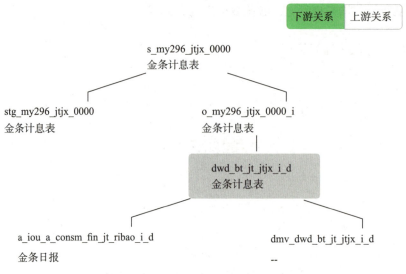

图12.11　某独角兽公司数据血缘关系

数据质量管理

高质量的数据是有效分析和利用大数据的前提，是大数据产生跨区域、跨行业、跨部门价值的保障。引发数据质量问题的原因总结起来有以下几种：（1）数据创建中产生，如数值为空、数据内容和描述不符、数据精度不足、数据默认值使用不当以及数据录入的校验规则不当等。（2）数据获取中产生，如数据结构错误、数据获取不完整、数据采集点不正确、取数时点不正确等。（3）数据传递中产生，如接口数据传递延时、接口数据漏传、网络传输不可靠丢包、数据传递不及时等。（4）数据加工中产生，如数据清洗和加工逻辑不正确、算法错误导致数据多算和漏算等。

围绕上述数据质量问题产生的原因，结合自身信息系统建设的特点，该独角兽公司使用以下几个指标来描述数据质量：（1）及时性，即数据平台是否满足业务应用对时间的要求。（2）完整性，即数据平台是否包含了业务应用所需要的所有数据，每份数据的记录是否完整无缺等。（3）准确性，即获取的每一份数据是否存在异常或者错误，数据平台在数据的获取、传递、加工过程中是否能保证准确。（4）可用性，即多维度、多渠道获取的数据是否能够易于理解并使用。

根据评估规则，该公司定期校验数据的波动性、一致性、有效性等，并进行预警。其数据质量评估的核心过程如图12.12所示。

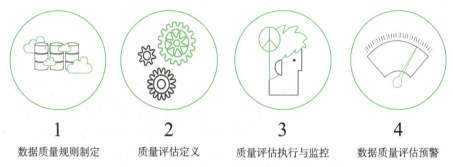

图12.12　某独角兽公司数据质量评估核心过程

资产管理平台建设

数字化资产管理必须有平台支撑，如图12.13所示，该独角兽公司在大数据平台与业务应用场景中间建立了一个统一的数据管理中台体系，加强对数据使用机制的管控，让内外部数据能汇聚融合、有序流通。

数字化资产管理平台的目标主要有两个方面：一是从资源管理的角度，一方面通过合理的数据使用流程和机制，帮助企业节省存储和计算资源；另一方面，要丰富外部数据资源，实现全域数字化资产的持续扩充。二是从数字化资产质量提升的角度，通过数字化资产管理来提高数字化资产的质量和数据服务质量。

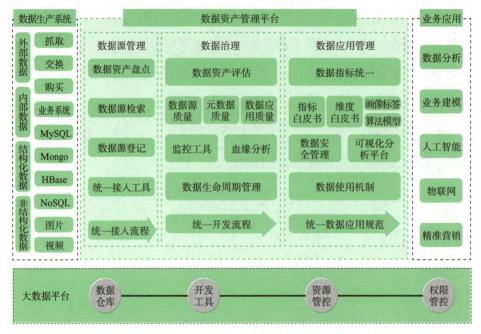

图12.13　某独角兽公司数字化资产管理平台

提升数字化资产的质量，主要是通过持续跟踪数字化资产的使用状况，形成从数据源头到数据消费的整条数据链路，了解数字化资产使用的热点，不断沉淀数据使用过程中的共性问题，规范数据服务流程，指导数据架构、模型、数据服务接口的优化，提升使用效率，并同时引入数据治理的策略和系统。

提升数据服务的质量，主要是指从满足应用的角度来监控任务时效、响应效率及数据一致性等问题。该独角兽公司通过数字化资产运营、SLA（service-level agreement，服务等级协议）监控、指标统一管理等组合手段，促进数据的集中共享，保证口径的统一，让数据消费者减少找数和对数的问题，更多地专注数据创新应用。

数字化资产管理平台的实现，能够在数据生产系统和业务应用场景中间，通过数据源管理、数据治理、数据应用管理等关键环节，实现接入流程、开发流程和数据应用规范的统一,从而达到上述提到的目标。

大数据挖掘应用

该独角兽公司大数据的挖掘应用体现在业务的各个环节,如采销、搜索、推荐、广告、供应链、金融、物流等。该公司分别打造了服务于内部运营人员和商家的数据产品:服务于内部运营人员,可用于实现个性化的搜索和推荐、极致的用户体验、精准的广告投放、快捷的物流服务等;服务于商家,可用于指导商家的数字化运营,协助其优化营销策略,提升店铺销售额。

智能营销产品就是一款面向客户全生命周期的个性化营销工具,通过分析和挖掘客户的浏览、交易等数据,确定客户所处的全生命周期阶段,预测用户对各种商品(在品类、sku[①]等各种维度)的促销响应,基于预测结果构建营销场景进行个性化营销,跟踪营销效果,并基于数据反馈进行循环预测,构成营销闭环。智能营销产品在用户预测和促销过程中都做到了个性化、智能化、自动化,能够显著提升促销效率。在实际的应用中,促销的效率较非智能化、非个性化的系统提升200%以上。

智能营销产品采用了大数据技术预测用户流失,预测用户对促销的响应程度,并结合全程的准实时数据跟踪,做到针对每个个体用户的个性化营销。产品不仅提升了用户体验,而且帮助运营方和商户选择合适的用户进行营销活动,增强了营销效果,提升了产品销量。

大数据价值变现

该独角兽公司充分利用公司集团超3亿活跃用户的交易数据及几十万供应商与合作伙伴数据,通过统一的大数据平台实现数据集中,确保各级部门均

---

① 指stock keeping unit,库存保有单位。

可在保证数据隐私和安全的前提下共享数据，充分发挥了数据作为企业重要资产的业务价值。

该独角兽公司建立了客户、产品的统一视图，有效促进了业务的集成和协作，并为企业级分析、交叉销售提供基础。集团业务人员可以基于这些数据进行多维分析和数据挖掘，为业务创新（客户服务创新、产品创新等）创造有利条件。

同时，数据平台对数据的集中管理，为管理分析、挖掘预测等系统提供了一致的数据基础，改变了原有系统数据来源多、数据处理复杂的局面，实现了应用系统建设模式的转变，提升了相关IT系统的建设和运行效率。

随着大数据、人工智能、商业智能等技术的应用，该独角兽公司正在开启对传统行业的形态重构，并推出了一系列产品和服务。比如大数据风控，它是指通过运用大数据构建模型的方法对借款方进行风险控制和风险提示。大数据风控通过采集大量借款企业的各项指标进行数据建模分析，不仅提高了效率，还使统计结果变得更加有效。

该独角兽公司的风控产品可以满足五大应用场景的需要：人机识别、信息核验、欺诈甄别、异常检测、案件处理（见图12.14）。该系统的效率较传统模型提高了不止十倍，并且可以实现对不同个体的差异化风险定价。

该独角兽公司的风控体系不仅在自身产品和服务上得以应用，更是实现了对外输出，帮助银行、企业等传统金融与非金融机构降低成本、提高效率。它可以为客户提供全贸易流程的资金支持，实现可融资额度实时更新和管理。基于供应链运营过程中呈现的数据特征，该体系将风控点布局到贸易状态中的每次流转环节，将风控下沉到每一笔应收账款。该体系不仅可用于该独角兽公司自己的客户，还能够实现与外部核心企业的对接，帮助外部企业建立属于自己的能力。通过新型大数据风控及流程优化等方法，将传统需要大量人力服务的业务转变成无需人工审核的线上自动化服务。

图12.14 某独角兽公司风控产品的五大应用场景

12.8 我国企业数字化资产调研发现

数字化资产作为战略资产，治理机制有待完善。调研发现，为了有效使用数据，"高管参与关键性决策"排名第一，"业务和数据部门有主动沟通意愿"排名第二。但在建立完善的数据治理职能如数据治理委员会、数据主管、数据科学家等结构方面，还需要进一步加强（见图12.15）。

数据标准化是数字资产整合的基础，行业数据标准化有改善空间。如图12.16所示，在企业内部，"不同来源的数据经过转换实现标准统一"排名第一；"各信息系统对同类数据的名称、定义、计算方法一致"排名第二；"行业内有统一的数据标准，指导企业互联互通"一项得分最低，这一问题需要政府相关部门、标准制定机构协同企业共同解决。

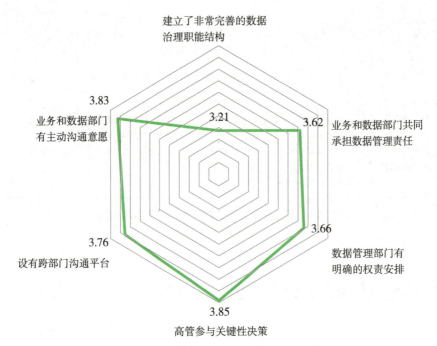

图12.15 被调研企业数字化资产治理情况

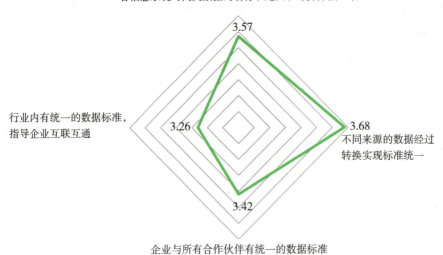

图12.16 被调研企业数据标准化情况

企业需要更严格的事前防范机制来保护数字化资产隐私和安全。 调研显示，企业"对数据使用有完备授权、使用和管理机制"排名第一；企业"有完善的数据加密、传输和审核机制"排名第二；"发生数据泄露或丢失等风险时，有完善的措施将损失降到最低""用户对个人数据有充分控制权"得分相对较低（见图12.17）。

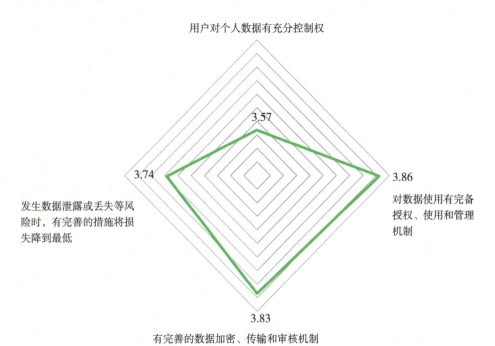

图12.17 被调研企业对数字化资产隐私和安全的保护情况

CHAPTER

13

第13章

数字化绩效

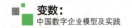

根据我们长期的跟踪调查和实践发现，最近几年，不少中国企业已经开始试推新的绩效管理方法，这些方法更注重事中的持续监测、反馈、纠偏、培训和引导，而弱化了事后的绩效评估。把原来以控制和处罚为主的绩效考核转变成一种新型的、以改善和引导为主的绩效引领，这是一种根本上的改变。企业引进、实施这种方法，再借助与时俱进的数字化人力资源管理工具，新的数字化绩效管理方法不仅将发挥有效的作用，更将逐步提升企业生产力并变革企业文化。

13.1　什么是数字化绩效

数字化转型意味着变革，甚至颠覆。商业领袖普遍面临一系列新的市场竞争力量和数字创新挑战，这些正在扰乱它们的战略和节奏，必须通过一系列变革来应对这些挑战。

基于多年对数字化转型的探索、研究和实践，我们发现企业存在不少的误区，比较典型的误区包括：（1）大胆冒进。即只谈转型，不看成效，有新技术就上，有新概念就跟，使企业陷入困境，未能从技术投资中实现价值。（2）绩效指标陈旧、使用不当。尽管许多组织已经开始了数字化转型之旅，也有了自己的KPI，但相对还是比较传统，如业绩增长、利润上升、成本下降、客户满意度等；或者选错了KPI，比如，肩负创新使命的大名鼎鼎的通用电气数字部门及其软件平台Predix的KPI居然是利润！这些传统的度量标准在今天是不合适的，甚至是灾难性的。在数字经济时代，企业需要将传统的和新的绩效指标应用于数字投资中,并跟踪企业数字化转型的进展和表现。

(3)绩效指标有改进但仍然与企业高管的核心关注点脱节。近年来,CIO已经开始逐渐专注基于技术的业务成果,而不是IT本身的绩效,并制定了相关的业务绩效指标,比如成本下降/利润提升、上市速度、生产力/关键流程时间、用户满意度和风险管理等。但企业的高管则更关注于市场份额的增长、投资回报增长、盈利增长、客户满意度提升、安全合规且成本可控、人员生产力增加、数字业务收入占比的增长、创新/协作文化带来的收入或利润增长等。这两者显然是脱节的。

企业数字化转型过程中需要有一套新的KPI诞生,如何去设计新的KPI,既能满足当前的核心绩效评估与管理,又能对转型起到引领与加速作用呢?这正是数字化绩效管理面临的挑战关键所在。

根据IDC的分析报告[①],陈旧的考核体系是企业数字化转型面临的五大挑战之一——数字企业需要新的度量标准来了解进度和引导投资,中国有60%的企业面临此挑战。

企业数字化转型的目的是通过大量的数字投资使企业逐步进化为数字化企业。企业数字化转型的方向如何?进展如何?成效如何?这些是必须面对的问题。数字化绩效指标就是以业务为导向、具有可行性的数字化业务衡量标准。领导者借助数字化绩效指标可以更有效地与各部门高管沟通、管理数字化业务的发展进程,同时结合企业的其他非数字化业务的评估和引领标准来制定和优化与业务综合发展的战略。

数字化绩效是指"多打粮食"和"提升土壤肥力"两个方面的指标达成情况,通过定义目标和适时衡量关键结果,引领团队朝着明确的方向前进,迈向成功。一方面,通过数字化转型获得组织期望的总体绩效结果——"多打粮食",通常包括销售额、利润,以及数字化业务带来的销售及其增长率

---

① IDC. 2018. 中国数字化转型2018年度金典[C]. 内部资料.

等财务绩效。另一方面，还需要引进客户层面、内部运营和学习、创新与成长等改善目标类的引领指标，用于监控和引领企业数字化转型的进程、运营和创新的过程及投资，确保"土壤肥力"得到有效、持续的提升。其中，达成对外财务绩效目标，提升客户口碑，改善核心业务流程效率，以及创造成长和改善的环境等四大目标是确保达成企业数字化绩效的关键要素。

13.2 数字化绩效关键指标

为了简单有效地定义、衡量和引导成功，企业需要设计、提供一套极简的高阶企业总体数字化绩效卡，它是传统的滞后财务指标（如收入及其增长）和新型引领指标（用来评估企业前瞻性的投资、引导数字化转型推进或目标达成）的混合集，并从财务、客户、内部运营及学习、创新与成长四个维度各定义3-5个关键绩效指标。企业需根据关键绩效指标进行适时衡量管理，包括设置目标、跟踪进度，并根据衡量结果调整投资方向或资源配置等。

虽然企业会衡量各种详细的绩效指标，但只有少数可以作为"关键"指标呈现给高管，或者纳入绩效跟踪与管理。例如，制造业务可以通过多种方式数字化，可以连接生产设备，可以分析数据，可以优化产量，可以减少消耗品，可以最大化正常运行时间，可以最小化在制品库存，等等。但是，一个时期内，通常只应选择其中很少量的指标作为"关键引领指标"。比如，"资产数字化连接占比"就是描述企业制造业务数字化程度的一个关键引领指标。

不少的领先企业已经开始把"关键引领指标"纳入其核心的绩效指标。比如，招商银行将月活跃用户（MAU）作为"北极星"指标纳入其零售银行的关键引领指标。2018年，招商银行首次提出以MAU作为"北极星"指标，推出"移动优先"发展策略，实现了招行零售客户"三亿"齐飞的成绩：招行的储蓄客户和零售客户总数分别达到1亿人和1.25亿人，分别增长17%和18%；而"招商银行"与"掌上生活"两大App累计用户数达到1.48亿人，增长43%，其中MAU突破8 100万人，增长47%，仅次于工商银行。

关键引领指标通常是公司数字化运营与创新在某一个阶段（一般2—3个月，有时也可以是1年）所有人都一致聚焦的很少量的数字指标，所有OKR[①]及下一级指标的拆解都围绕它来制定和决策。关键引领指标通常是能够反映"即时性"和"积极性"的引领指标（多采用比率和比值，而非平均值或总和，如付费客户转化率或新用户付费率），而不是对数字化运营与创新没有任何帮助、用于考核的奖惩性KPI滞后指标（如收入、投资回报率等）。企业关键引领指标本身也需要不断被监测，及时了解其是否持续达标和与未来业务方向一致，适时调整，或者再设置新时期的关键引领指标。只有不断执行"假设与验证"的精益实验，激励企业不断地自我迭代、自我进步，才能保证企业数字化转型健康发展，不断创新并迈向成功。

在制定关键引领指标的时候，首先要看公司业务形式，其次看公司业务发展阶段，结合自己所在行业的实际情况，最终确定当下的关键引领指标并与公司当前阶段OKR关联。一般说来，数字化转型中的企业的增长引擎有黏着式、病毒式、付费式三种。下面根据这几种业务模式简单介绍常见的关键引领指标[②]：（1）黏着式增长引擎需要吸引并长期保留顾客，一般指标定义为用户留存率，根据公司所处的不同阶段可以细化为新客户首次登录付费率、新客户留存率、高价值客户留存率、老客留存率等。（2）病毒式增长引擎就是产品认知度在人群中快速传播，就像病毒散播传染病一样，一般指标定义为传播系

---

① OKR，即objectives and key results的缩写，目标与关键成果法。——编者注

② 埃里克·莱斯．2012．精益创业[M]．北京：中信出版社．

数,即每个用户带来的新用户数,根据公司所处的不同阶段可以细化为新用户注册时间、高黏性客户传播系数、新客户传播系数等。(3)付费式增长引擎就是通过客户付费购买产品价值来增长,一般指标为客户价值成本率,也就是客户终身价值(customer lifetime value,CLV)、客户获取成本(customer acquisition cost,CAC),还可以根据公司所处的不同阶段细化为新客获取周期、新客价值成本率、留存客户价值成本率等。

企业或业务不同的发展阶段、不同的创新方式都应该选择不同的绩效衡量指标(见表13.1):

表13.1 企业或业务不同发展阶段的主要绩效衡量指标

发展阶段	成功关键	主要方法	核心任务	衡量指标
初创期	生存试错	颠覆式创新	探索新业务	创新率
成长期	消除成长的制约	适应性创新	迭代拓展已验证业务	市场占有率或收入
成熟期	发掘新的增长机会	渐进式创新	优化成熟业务	利润及利润率

初创期企业或业务的成功关键是生存试错;主要方法是进行颠覆式创新,即创新产品、服务或体验;核心任务是探索新业务,其关键衡量指标可以选择创新率。

成长期企业或业务的成功关键是消除成长的制约,增强增长的动因;主要方法是进行适应性创新,即响应已经出现和验证的业务,但企业尚未正式回应的客户或市场变化的创新,通常需要创建、增加或替代旧版数字产品或服务,并不断迭代升级;核心任务是迭代拓展已验证业务;其关键衡量指标可以选择市场占有率或收入。

成熟期企业或业务的成功关键是发掘新的增长机会;主要方法是进行增量式创新,即旨在优化或改进现有产品、服务或客户体验的创新,以提高其实用性、降低成本或最大限度地提高运营效率等;核心任务是优化成熟业务；其关键衡量指标可以选择利润及利润率。

总体数字化绩效卡是精心选择设定的一组汇总的数字化绩效的衡量指标，它借鉴了经典的平衡记分卡方法，用作定义和衡量企业数字投资产生的财务、客户、运营及学习、创新与成长等方面的关键价值。凭借着这四方面指标，企业可以明确和严谨地诠释其数字战略，把财务产出的衡量指标和驱动财务指标达成的非财务的三个方面的引领指标相结合，寻求财务与非财务指标之间、短期与长期目标之间、滞后与引领指标之间、结果与过程之间及外部与内部绩效之间的平衡。

这里提供的企业总体数字化绩效卡示例是跨行业的，适用于不同类型和规模的机构。制定的衡量指标集应该是包容的和完整的，也是动态的、不断优化和迭代的。

13.3 财务指标的达成

无论是数字企业还是正在经历数字化转型的企业，最终目的都是要创造商业价值。如何衡量一个公司的绩效？几十年来，衡量企业价值的指标通常都是净利润、每股收益和投资回报率等传统的对外财务绩效指标。比如，我们在陈述微软公司数字化转型的成效时，就主要通过达成的财务指标来说明。

以微软公司数字化转型的对外财务绩效为例，2014年2月，萨蒂亚·纳德拉（Satya Nadella）成为微软公司的新任首席执行官，带领微软公司向云计算全面转型：拥抱成长型思维模式，深耕客户、员工、运营与流程、产品与服务四个关键领域，并以数据和AI作为核心能力提升竞争优势。在纳德拉执掌企业的4年半中，微软公司发生了天翻地覆的变化。公司2018财年总收入达到1 104亿美元，与2014年的868亿美元相比有了大幅提升；云技术相关收入在

3年内从44亿美元跃升至189亿美元；公司股价是当年的3倍多，从纳德拉上任前一天的每股36美元增至2018年10月中旬的每股111美元，市值接近1万亿美元。最重要的或许是企业文化的转变，微软公司内部建立起了一种积极合作并持续推动创新的新文化。

除了国内外上市公司需要定期对外公布业绩，其他企业也常需要对外提交自己的绩效评估报告，比如中国政府对央企就有特定的绩效评价要求。

再谈一下央企综合绩效评价标准。由国务院国资委考核分配局编制的《企业绩效评价标准值2018》一书，是依据《中央企业综合绩效评价管理暂行办法》（国务院国资委令第14号）等有关规定，基于全国国有企业有关财务数据、国家统计部门有关统计资料、各行业协会有关材料等，结合2017年度国民经济各行业运行情况的客观分析，运用数理统计方法测算编制的。书中明确了企业综合绩效评价指标及权重表（见表13.2）：

表13.2 企业综合绩效评价指标及权重表

评价内容与权数	财务绩效（70%）		管理绩效（30%）
	基本指标与权数	修正指标与权数	评议指标与权数
盈利能力状况，34	净资产收益率，20 总资产报酬率，14	销售（营业）利润率，10 盈余现金保障倍数，9 成本费用利润率，8 资本收益率，7	战略管理，18
资产质量状况，22	总资产周转率，10 应收账款周转率，12	不良资产比率，9 流动资产周转率，7 资产现金回收率，6	发展创新，15 经营决策，16 风险控制，13 基础管理，14 人力资源，8 行业影响，8 社会贡献，8
债务风险状况，22	资产负债率，12 已获利息倍数，10	速动比率，6 现金流动负债比率，6 带息负债比率，5 或有负债比率，5	
经营增长状况，22	销售（营业）增长率，12 资本保值增值率，10	销售（营业）利润增长率，10 总资产增长率，7 技术投入比率，5	

资料来源：国务院国资委考核分配局. 2018. 企业绩效评价标准值2018[M]. 北京：经济科学出版社.

同时也进一步给出了全国国有企业整体绩效评价国际标准值（包括盈利能力、资产质量、债务风险、经营增长状况及补充资料等五类绩效评价指标）（见表13.3），并明确了企业绩效评价指标计算公式，绩效评价标准值的选择原则，以及中央企业综合绩效评价管理暂行办法。

表13.3 全国国有企业整体绩效评价国际标准值（范围：全行业）

项目	优秀值	良好值	平均值	较低值	较差值
一、盈利能力状况					
净资产收益率（%）	11.7	8.6	5.6	1.2	−9.7
总资产报酬率（%）	7.2	5.3	3.4	0.1	−6.9
销售（营业）利润率（%）	17.4	10.3	5.0	−2.3	−9.5
盈余现金保障倍数	11.0	5.3	1.1	−3.0	−3.9
成本费用利润率（%）	12.1	8.8	5.3	1.8	−4.5
资本收益率（%）	12.1	8.9	6.2	1.5	−5.9
二、资产质量状况					
总资产周转率（次）	1.6	1.0	0.5	0.3	0.2
应收账款周转率（次）	21.5	12.1	7.6	3.3	1.2
不良资产比率（%）	0.2	0.8	2.5	5.4	13.0
流动资产周转率（次）	2.6	1.5	1.1	0.7	0.3
资产现金回收率（%）	21.1	9.4	3.3	−0.7	−9.5
三、债务风险状况					
资产负债率（%）	49.5	54.5	64.5	74.5	89.5
已获利息倍数	5.3	3.9	2.6	0.3	−2.3
速动比率（%）	134.9	98.2	75.0	57.6	36.7
现金流动负债比率（%）	24.4	17.6	8.1	−5.6	−12.2
带息负债比率（%）	21.6	33.1	48.2	67.5	80.5
或有负债比率（%）	0.2	1.5	4.8	11.4	17.6
四、经营增长状况					
销售（营业）增长率（%）	25.1	18.2	13.0	−0.2	−12.1

续表

项目	优秀值	良好值	平均值	较低值	较差值
资本保值增值率（%）	111.6	107.1	104.3	100.6	90.5
销售（营业）利润增长率（%）	23.5	16.5	11.4	−2.1	−11.2
总资产增长率（%）	16.8	13.3	8.0	−5.7	−14.2
技术投入比率（%）	3.5	2.5	2.0	1.7	0.7
五、补充资料					
存货周转率（次）	17.7	11.2	4.5	2.2	0.9
两金占流动资产比重（%）	14.8	30.0	43.3	54.1	64.2
成本费用占营业总收入比重（%）	87.5	91.5	95.4	98.0	100.9
经济增加值率（%）	8.8	4.1	0.4	−3.9	−9.9
EBITDA（%）	24.3	13.9	6.7	−0.2	−3.2
资本积累率（%）	33.2	18.6	9.2	−3.8	−14.8

资料来源：国务院国资委考核分配局.2018.企业绩效评价标准值2018[M].北京：经济科学出版社。

每一个企业都需要制定或遵循对外的财务绩效目标并在财年结束时进行考核。这些财务绩效通常是衡量并展示已实现结果的传统指标，是滞后指标。这些指标还可以用作与过去的或行业的绩效基准进行各种统计分析和比较等。

除了需要定义企业财务绩效指标，随着组织开始自己的数字化转型，衡量数字化进程的进度及其创造的业务价值也非常重要。所以，数字化绩效引入一些非财务指标就成为必然。为此，我们需要引入新的引领指标，用于监控数字化转型的方向、目标和进展，并实时传达"纠正"信号，敏捷地完成迭代，及时调整关键结果或关键行动。

总体数字化绩效卡必须包括财务和非财务绩效指标。财务绩效用于回答"要在财务方面取得成功，企业应向股东展示什么"这一问题。非财务绩效指标（如质量、生产时间、生产率和新产品等）的改善和提高是实现目的的手段，而不是目的的本身。

国内外部分领先企业已经开始的数字化转型中，有不少企业从财务绩效指标上看已取得了不错的成绩。比如，三棵树涂料2016年开展涂装一体化数字转型探索，为消费者提供全方位涂装服务，包括新房装修、旧房翻新、外墙涂刷、木器涂刷的服务等业务。通过搭建数据中台及涂装管理平台，对内外部数据进行收集和整理。利用互联网等多种渠道引流寻找消费者，打通全渠道订单至涂装平台，而后流转至服务商团队，促进订单达成。通过从传统涂装服务转型至数字涂装服务，2017年服务签单的总销售额为2亿元，其中产品销售额1.07亿元，服务收益达到0.93亿元，启动服务商533家，覆盖城市498个。上汽大通则率先在国内启动汽车行业个性化定制C2B模式的实践，以"满足用户高质量互动体验"和"实现用户个性化产品和服务需求"为目的，驱动企业数字化转型。2016—2018年，上汽大通数字化工程项目涵盖11大板块、324个项目。

13.4 客户满意度指标的达成

提升客户口碑目标是确保达成企业数字化绩效的关键之一。

总体数字化绩效卡需要包含客户层面的绩效指标，用于回答企业要实现的愿景、企业应向客户展示什么的问题，即用于将企业使命和策略诠释为具体的与客户相关的目标和要点。企业应以目标顾客和目标市场为导向，应当专注于是否满足核心顾客需求。客户层面指标通常包括客户满意度、客户保持率、客户获得率、客户盈利率，以及市场份额及其增长等。客户层面的指标使企业的管理者能够阐明客户是谁和市场战略如何，从而创造出出色的财务回报。

国内外部分领先组织已经开始的数字化转型中，在提升客户口碑方向有些企业已取得了不错的成绩。比如，浙江省数据管理中心的"最多跑一次"数据共享服务平台。它通过新一代数字化技术，实现了浙江省政府部门间的数据共享和政务事项网上办理、快速送达，大大降低了群众办事成本和时间。截至2017年12月，浙江省"最多跑一次"事项实现比例已经超过九成。2017—2018年，长安福特实施了企业中台"筋斗云"项目。上线6个月即获15万注册用户，成交车辆2 000余台。该项目大幅缩减了企业与客户的距离，初步实现了企业与客户的实时互联。而良品铺子通过精准数字营销方式，通过圈定过去3个月中买辣味零食和买过冻干面的人群，对250万人进行精准的触达，介绍产品卖点。最终发现，在同样的沟通成本和信息之下，这些触达人群到店率比大众化营销的到店率提升了3倍，客单价提升了23%，也为良品铺子带来了1 300万元的销售增量。西安康明斯发动机公司打造的SC-cloud(陕康云)远程智能服务系统，可实现故障诊断、主动服务、数据分析、车辆运营分析、配置推荐等功能，满足了西安康明斯产品、质量、服务改进及促进市场销售的需求，为终端用户提供了更优质的服务体验，帮助车队用户提升了运营效率，为后市场服务保驾护航。2017年，西安康明斯的客户满意度由78%提升到91%，索赔单一次通过率由70%提升到80%。

 13.5 核心业务运营效率指标达成

数字化绩效除了财务和客户指标，还包括内部运营方面的非财务引领指标。改善核心业务流程效率目标也是确保企业数字化转型成功的关键之一。

总体数字化绩效卡需要包括内部运营层面的绩效指标，用于回答为满足客户和股东的需求，应该在哪些业务中处于领先的问题。即应以对客户满意度和实现财务目标影响最大的业务流程为核心，不断改善流程并为此设立衡量指标，以吸引和留住目标细分市场的客户，并满足股东对卓越财务回报的期望。内部运营指标既包括短期的现有业务的改善，又涉及长远的产品和服务的革新。内部运营面指标涉及企业的研发、生产、经营和客户服务等过程。

青岛中集冷藏箱制造公司通过推进具有离散型制造、全价值链信息平台集成特点的数字化精益制造工厂，自动化程度高达70%，两化深度融合，不但实现了制造过程的透明化，而且利用物联网平台实现了能耗实时量化、关键工艺全程监控及质量全价值链追溯。华星光电则在国内率先构建了一套计算机集成制造信息系统，实现制造、管理和决策的全流程数据化、自动化和初步智能化，建成了基本实现全自动化、智能化生产的无人车间。通过智能制造，华星全面提升了生产运营效率，使成本降低了25%、产品的研发周期缩短了30%、生产效率提高25%。赛轮集团通过在产品的全生命周期引入信息技术，为整体业务绩效改善提供了强有力的支撑——产品研制周期大幅缩短，投放市场的效率提高70%以上，生产效率提高25%以上，产品的不良率降低60%，能耗降低10%。与此同时，数字资产价值初显。在制造执行层面，近100%的工艺设备和生产设备都进行了联网，有近29万个数据采集点，分为生产设备、检测设备、能源（水、电和蒸汽）三大类。在企业运营层面，通过系统集成，实现了集团外部主要价值网络的整合。大搜车通过SaaS（software as a Service，软件即服务）系统深耕汽车流通行业底层，在短短数年中已经对全国9 000家4S店、90%的中大型二手车商和5 500余家弹个车品牌授权店进行了数字化连接。蒙牛乳业集团的"蒙牛智慧供应链"则打通了从牧场"牛"到最终"消费者"的端到端全链路流程数据，实现了全域数据分析溯源；进而通过大数据分析进行全局优化，"蒙牛智慧供应链"指导经销商下单，提升销售计划准确率、物流满载率，使得全业务链条的工作效率提升了一倍。

◆ 13.6 企业创新与成长指标的达成

数字化绩效除了财务、客户、内部运营指标，还包括学习、创新与成长方面的非财务绩效类指标。这类指标用于回答为实现愿景，企业要取得怎样的进步来适应变革和发展的问题。它是企业要实现长期成长和改善的基础，以及未来成功的关键。学习与成长层面的绩效指标通常包括员工满意度、员工净推荐值、员工培训和技能、信息系统的能力与激励、授权与相互配合，以及创新与发展潜力方面的衡量指标。

海尔集团在"人单合一"战略的指引下，展开人力共享生态共创项目，以用户体验为中心，搭建了HR共享智能化、专业化、以单为索引的全流程3C［connect（链接全流程）、communicate（沟通交互）、co-create（生态共创）］平台，为员工提供了高效的HR业务申请平台，为HR共享服务专员提供了业务流转管理平台，成为HR社群共创的专业解决方案平台。凯盛融英信息科技公司，则利用自主开发的大数据平台，通过数据分析和挖掘，配合人工智能技术，以线上与线下相结合的方式为客户、专家提供深层次的增值服务。3年来，凯盛融英已经积累了高频专家背景资料数据20万条、候选专家库简历数据库300万条、业务访谈信息摘要信息80万条、行业新闻和研究资讯报告200万篇，打造促进实体经济发展、产业优化升级的动型"知识库"和"智力库"。沃尔玛也是小创新不断，沃尔玛中国2018年4月正式上线的小程序"扫码购"，解决顾客痛点，成功试水智能门店，并成为拥有突破千万级用户小程序的首家零售商超。截至2018年10月，"扫码购"在沃尔玛中国门店的最高渗透率可达38%，拥有用户人数突破1 500万，累计访问量超过6.6亿，创行业新高。

13.7 我国企业数字化绩效调研发现

数字化渠道销售额是传统渠道的补充，尚未成为主流渠道。被调研企业的数字化渠道销售额的占总销售额比例分布如图13.1所示，24.6%的企业该比例在10%—20%，21.6%的企业该比例在10%以内（不包括0），20.6%的企业该比例在20%—40%。

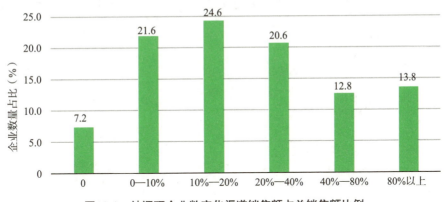

图13.1 被调研企业数字化渠道销售额占总销售额比例

数字化产品和服务的销售额目前处于辅助地位。如图13.2所示，在调研中，21.9%的企业数字化产品和服务销售额为0，20.3%的数字化产品和服务销售额占总销售额的比例不到10%，18.7%的企业该比例在10%–20%，7.8%的企业该比例在40%—80%。

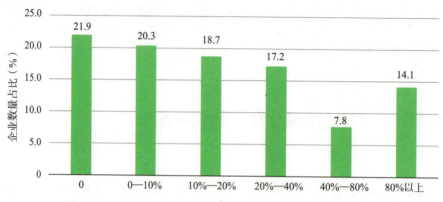

图13.2 被调研企业数字化产品和服务销售额占总销售额比例

数字化转型对企业未来竞争力提升作用明显，但财务绩效尚不明显。如图13.3所示，企业"抓住未来发展机会的能力明显提升"排名第一，在"产品服务质量明显提升""行业影响力明显提升"两方面突出，在"市场份额明显增加"方面较弱。

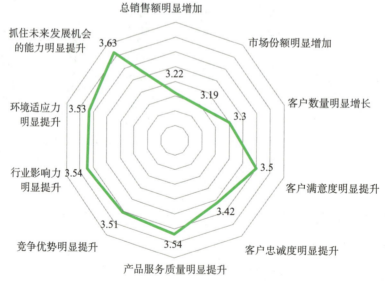

图13.3 被调研企业数字化转型的绩效情况

数字化转型绩效主要体现在提升客户响应速度和决策速度上。 如图13.4所示，对于企业数字化运营效率的评估中，"对客户需求的反应速度大幅提升"一项表现突出；企业"决策准确性大幅提高"排名第二；企业"物流配送效率大幅提升"排名靠后。

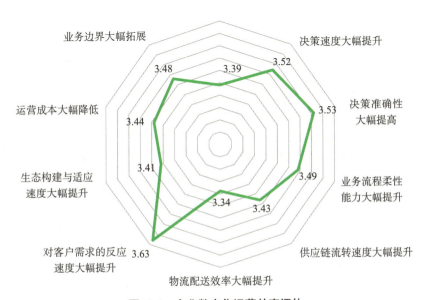

图13.4　企业数字化运营效率评估

数字化价值是源于数字化产品/服务和线上线下互动。 我们的调研结果表明，在数字化价值创造渠道中排名第一的是"从数字化产品/服务中创造收益"，均值为3.48；企业"从线上线下互动中获得收益"排名第二，均值为3.47；企业"通过把控数字化产业平台获得收益"和"通过数字化资产创造收益"排名最低。

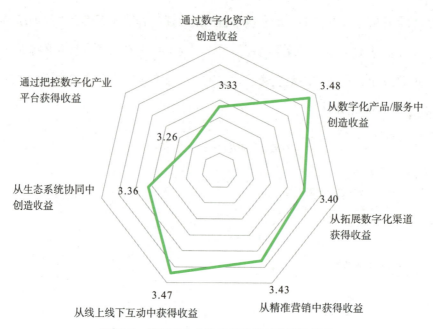

图13.5 被调研企业数字化价值创造评估情况

CHAPTER

14

第14章
数字化转型案例

14.1 华为的数字化转型[①]

华为数字化转型的愿景

2016年,华为在内部首次提出数字化转型战略,希望通过数字化变革,在客户服务、供应链、产品管理、流程与组织等方面全面提升效率,率先实现ROADs(realtime, on-demand, all-online, DIY, social,即实时、按需定制、全在线、自助、社交)的体验,实现达到领先于行业的运营效率和客户满意度。

2017年12月起,华为决定把数字化转型作为华为未来五年唯一的一个战略方向。任正非重新定位了华为的使命——带领每个人、每个家庭、每个组织进入数字世界,构建万物互联的智能世界。

2018年,华为再次优化愿景,提出"数字化第一"(digital first),实现全连接的智能华为,成为行业的标杆。

董老师点评

> 华为的战略设定一直以简约、聚焦为特征,全连接的智能华为意味着华为在连接、整合、数字驱动、云计算和人工智能领域提供全栈式解决方案,通过整合软件、硬件和计算资源,成为数字经济时代强有力的参与者和推动者。

[①] 董小英,晏梦灵,胡燕妮.2018.华为启示录:从追赶到领先[M].北京:北京大学出版社.

华为数字化转型的核心目标是实现全连接的智能华为，通过对企业自身数字化转型实践的成功探索，成为行业标杆，之后将自身的数字化转型经验作为服务输出给其他相关企业，"自己造的降落伞自己先跳"。可以预见，企业数字化将成为华为的另一个战略增长点。

华为数字化转型的关键概念

在华为看来，对于传统企业来说，数据战略的制定是把数据变成核心竞争力的关键。要实现这个战略目标，主要有三个维度：一是资产数据化。在这个过程中有三种类型的数据至关重要——客户数据、运营数据和资产数据。其中，资产数据具体指产品和服务数据，是行业独有数据，是数字化生产变革的关键。二是数据流动化。企业要将内部甚至价值链合作伙伴原本分散的数据集中起来，建设统一的数据底座，通过良好的数据治理实现数据的一致和共享，让数据在流动中产生价值。三是产品模型化。对于大部分企业来说，堆积的数据就像散乱的面包屑一样，很难直接变现；企业需要为核心产品构建数据模型，实现数字世界与物理世界的双向沟通和反馈闭环，最大化数据的价值。[①]

在无线通信领域，华为基于历史积累的基站研发数据和350万站点数据，可以从全流程上缩短网络业务的上线时间，降低成本并提升效益。比如，在研发设计环节，设计人员可以戴着VR眼镜和感应手套进行各种场景的虚拟安装，快速迭代优化设计；在工程安装环节，安装前只需一次3D扫描就能完成对站点的勘测，解决了频繁上站勘测的问题；在安装验收环节，现场只需拍几张照片，后台就能通过图像识别完成验收，避免了人工上站验收的成本；等等。

---

① 徐文伟. 2017. 决胜数字化转型 [J]. 哈佛商业评论（中文版），10:96–101.

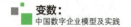

华为数字化转型的主要目标

华为数字化转型的关键目标是要为企业业务提供更好的服务。作为一个在全球拥有19.4万名员工、900多个分支机构、14个研究院／所／室和36个联合创新中心，还有百万级的合作伙伴、6万多家供应商的企业，华为管理的是庞大、复杂的组织机构。随着全球业务复杂性的增加、不确定性的不断增长，华为原来中央集群管理所有流程的方式，无法满足未来对灵活性和高效率的要求。

面对这一管理挑战，华为认为必须对准公司的业务目标，驱动业务的变革，实现"大平台下的精兵作战"，即一线在充分授权的情况下进行高效决策。在这种分布式管理模式下，整个公司的管理架构、运作流程及IT建设都会发生改变。通过数字化转型加大平台建设能力，真正实现"多打粮食、增加土壤肥力"。华为已经深刻地体验到了"要致富，先修路""欧美砖，修长城"的好处。因此，数字化转型是其长期信息系统建设中的新篇章。①

华为数字化转型V字模型

华为提出的数字化转型V字模型实现业务与数字技术的"双轮驱动"，这里面有两条路径（见图14.1）。第一个路径是CBA，从以客户（customer）为中心到回归业务（business），再到通过架构（architecture）牵引，重点强调数字化转型的商业逻辑是从外部市场到内部技术管理支撑，这也是数字化服务的核心目标。第二个路径是在此基础上用技术的手段为业务赋能，这时ABC的含义已经发生改变——C指cloud，即云平台；B指big data，即大数据；A指AI，即智能化。三个技术直接有内在的逻辑关系。

---

① 陶景文. 2017. 华为CIO亲述数字化变革与IT实践[EB/OL]. [2020.05.05]. https://e.huawei.com/cn/publications/cn/ict_insights/201711071509/manufacturing/201711130959.

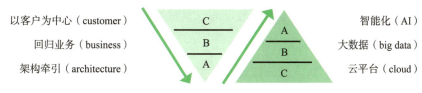

图14.1 华为数字化转型的V字模型

资料来源：陶景文. 2018. 华为陶景文详解华为数字化转型秘诀：坚定"以客户为中心"的思想[EB/OL].（2018.08.17）[2020.05.05]. https://www.sohu.com/a/247895015_116132。

华为数字化转型的三个层面

从宏观体系架构来说，华为认为数字化主要有三层：第一层是信息与通信技术（ICT）基础设施，构建数字经济的基础；第二层是网络安全，既包括物理世界也包括网络世界的安全，是发展的保障；第三层是各行业实现数字化，在此基础上实现从城市级到国家级的信息整合与统筹管理，即打造拥有信息集成能力的智慧大脑。

在数字化生产方面，华为数字化生产对标的对象主要是20世纪末美国联合攻击战斗机研制项目。这个项目要求在原型机上同时开发三个不同用途的机种，以满足空军、海军、海军陆战队的不同需求。为了按时完成合同，以洛克希德·马丁公司为首，由30个国家的50个公司组成联合团队，采用了数字化的设计、开发和管理方式，让50个公司可以协同设计、制造、测试、部署并跟踪整个项目的开发过程。最终，成效非常显著——设计时间减少50%，制造时间缩短67%，总装工减少90%，零部件数量减少50%，设计制造维护成本分别减少50%。

为了打造数字化生产系统，华为的设想是：在端层面，打造"会说话的机器"。数字化生产需要大量来自终端设备的信息，这就要求机器"会说话"，即通过传感器源源不断地吐出数据，实现"行为即记录，记录即数据，数据进系统"。在网层面，打造联结万物的网络。数字化生产需要将企业的各种资产设备连接和管理起来，通过窄带物联网实现低功耗、远距离的海量连接。在云层面，打造多层次的云平台。预计到2025年，华为85%的企业应用将被部署在云上，应用的开发离不开平台软件层（PaaS），包括大数据分析、IoT平台、人工智能平台等模块。最低一层是基础设施层（IaaS），它提供计算、存储、网络、安全等云服务。大中型企业出于数据安全的考虑一般采用混合云的方式，在混合云的公有云部分则尽可能选择安全可信的提供商。例如，欧洲空中客车飞机制造公司之所以选择德国电信的公有云，很大一个原因就是德国电信能满足政府要求数据存储80年的规定。

在服务层面，数字时代大大减少了数据变机会的时间和成本，使原来高成本的服务变成低成本服务，原本碎片化的服务变成规模化的服务，原本无法提供的服务现在变得容易起来。大规模的数字化服务变得越来越有利可图，产业价值开始从传统产品和服务向数字化服务转移。①

华为数字化转型的战略推进

在华为高层管理者看来，未来并不是新企业淘汰老企业，而是发展战略转型升级。企业通过探索与试错，逐步实现数字化转型。华为内部也是在争执不休的情况下，决定在方向大致正确的前提下快速行动，建立基于数据的快速反馈闭环，在不断调整中推动战略执行。

在数字化转型的历程中，华为决定先从自己开始进行探索。具体表现为建立自己的公有云业务，在此基础上与全球运营商合作，携手运营商和商业合作伙伴打造生态，实现行业云化，从而实现成为世界"五朵云"之一的愿景。与互联网企业相比，华为最大的优势是运营商的伙伴关系和线下服务行业企业的能力。在这个过程中，华为将其内部分享机制和分享文化向外部扩

---

① 郭平. 2017. 数字化转型之马斯洛需求层次[EB/OL].（2017.11.09）[2020.05.05]. https://www.huawei.com/cn/industry-insights/outlook/asia-pacific-innovation-day-2017-guoping?ic_source=corp_box121_guoping&ic_medium=hwdc.

散，通过利益团结一切可以团结的人，与上下游产业链、客户、供应商分享利益。在整个云生态圈中，华为只取1%，其余都让利给合作伙伴。

华为自己首先要实现数字化转型，转型的重点用"ROADS"来表示。实现数字化转型，变革与IT要在夯实集成研发系统/集成供应链/从线索到现金/集成金融体系（IPD/ISC/LTC/IFS）的基础上围绕这个目标来展开。R代表实时零距离，"点击即可得"，业务发放对用户实时生效，从订单生成、付款，到系统配置完成、业务下发只需几秒钟时间，在用户兴趣还未消散时，就能享受到便捷的订购服务。对比以前业务发放需要几个小时，甚至几天、几个星期，它极大地提高了用户满意度。O代表按需定制，让用户可以按照自己实际需要定制各项服务。现阶段用户在选取电信业务时，往往只有数目有限的套餐可选，未来应该让用户在带宽、容量、时间、质量等各维度上更加自由地进行选择。A代表全在线，现今用户已经越来越习惯在线进行各种操作、订购各种服务，如在线购物、在线缴费、在线办公等，未来基于云技术，越来越多的业务可以在线完成，这极大地方便了用户。电信服务也应该向全在线转变，一方面方便用户，提升效率；另一方面减少自身门店和人员的成本投入。D代表用户自助服务，提供用户做任何想做的机会，甚至提供用户参与各种业务的开发优化过程的机会，帮助加速业务创新，提升用户的参与感。S代表社交与交互。ROADS是企业在信息时代下以用户为中心的外在表现，其背后需要企业的商业模式、营销模式、研发模式、运营模式、服务模式等全方位改变，同时还需要电信网络本身进行重构以支撑上述改变。

董老师点评

从作者掌握的企业案例来看，现在一些实施数字化转型的大企业都是先自我赋能，再对外赋能。自我赋能的过程中发现大量需求、问题和陷阱，企业在实施数字化项目过程中边干边学，探索的经验教训如果及时有

> 效地总结，可以转化为数字化资产，为有类似管理需求的企业提供咨询和解决方案，数字化转型不仅解决自己的管理运营问题，还可以将其转化为新增业务。

华为数字化转型由谁主导

华为是一个非常重视管理的企业，企业信息部门在数字化转型中发挥着重要作用。数字化转型应该由业务部门来主导，业务主管要清楚如何通过数字化转型来支撑业务发展，解决哪些业务问题；IT部门作为重要的使能部门，不能越俎代庖，应该与业务部门进行充分沟通，构建强大的IT平台以驱动、支撑变革的快速落地。数字化转型以客户需求为核心。在华为看来，数字化转型需要面向各类客户，包括企业客户、消费者、合作伙伴、员工、供应商等，分别构建一个多生态、全连接的数字化平台，而不仅限于企业内部员工。数字化的架构体系要包括"业务对象的数字化、业务过程的数字化和业务规则的数字化"，因此是全方位的数字化转型。转型的路径是华为先在自身业务平台上进行实践，以"ROADS"体验为牵引来提升效益、效率及客户满意度；在转型成功之后，将自身的经验和方法提供给其他企业，帮助其他企业实现数字化转型，并为业务提供无缝连接的高效服务。华为这一套"自己做的'狗食'自己先吃"的策略①，将为国内外企业的数字化转型提供一套可期待的经验。

在一个组织里推进数字化转型，最重要的就是人和组织，要构建以业务、客户为中心并与之匹配的组织文化架构。过去，华为的流程IT部门并没

---

① 任正非. 2016. 任总在诺亚方舟实验室座谈会上的讲话[EB/OL]. （2016.08.10）[2020.05.05]. http://xinsheng.huawei.com/cn/index.php?app=forum&mod=Detail&act=index&id=3181857&search_result=1.

有真正介入业务流程当中,仅仅是在开发和安装各种工具。而当工具越来越多,必然的结果就是有的工具没人用,有的工具一天要用几十次。

为了确保数字化转型成功,华为成立了"IT铁三角"(见图14.2):一方是业务&工厂混编团队,即业务供能团队(business enable team, BET);一方是IT服务化平台(IT service);一方是运营指挥中心(operation control center)。这个IT铁三角要全力支持公司的各业务单元,在此过程中,不能仅仅是取悦他们,更重要的是要靠持续的能力提升赢得业务对IT的尊重。也就是说,IT团队要通过持续地为业务创造真实的价值来证明自己。

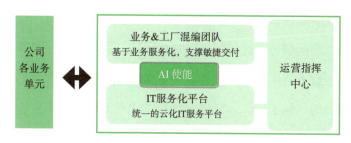

不能仅靠贴心的服务取悦业务,还要靠持续的能力提升赢得业务的尊重

图14.2 华为的IT铁三角

资料来源:陶景文. 2018. 华为陶景文详解华为数字化转型秘诀:坚定"以客户为中心"的思想[EB/OL]. (2018.08.17) [2020.05.05]. https://www.sohu.com/a/247895015_116132。

华为数字化转型的关键要素

华为将数字化战略分解为体验优先、场景化、服务化、多云管理与实时指挥五个关键要素。

体验优先。华为面向客户、消费者、合作伙伴、供应商、员工这五类用户,构建一站式体验,用数字化手段做深连接,包括连接团队、连接知识、连接装备、连接业务等,追求客户/用户满意。

场景化。华为要构建公司的场景地图,按作战场景提供标准化的IT服务。华为梳理了总共226种场景，每一种场景都实现了服务化、标准化，并基于场景进行服务编排，实现全球"等距服务"，快速灵活地支持业务作战。比如，在共享服务场景下，华为将运营中心、HR共享中心、签证服务中心、培训中心、投标中心、技术支持中心、远程交付中心等进行整合，为一线业务人员提供灵活服务。再比如，在消费者门店场景下，华为可以提供12种以上的标准化IT装备服务，包括WIFI、办公PC、电话、文印、收银、店内大屏、考勤机、无线防盗等，基于规则引擎、流程引擎快速编排服务，第三方的开店周期得以从3—6个月缩短到1—2周。

服务化。从企业的整体视角出发，单一技术是不可能解决所有问题的。作为信息系统的建设者，华为需要的是一个公共的服务平台。这个平台要提供安全数据、公共服务及统一的基础设施架构，让华为可以根据自身的实际需求来平等地选择各类产品和服务。构建数字化转型的"共同平台"，打造支持业务增长的"黑土地"，具体包括三大业务流服务、办公协同、公共应用服务。

多云管理。华为的多云管理主要包括三个方面：一是多云管理架构，包括多租户，多级组织架构；配额管理，申请管理，流程审批；服务目录资源与服务自助申请；以及应用服务编排与自动化部署。二是云管理，包括多数据中心、多云平台统一纳管；多云环境统一监控与资产管理；安全巡检，作业调度，自动化运维；应用蓝图设计，审批流程自定义；以及组织、用户、角色与权限统一管控。三是云运营，包括混合云计量计费配置与管理；公有云成本分摊，费用趋势分析；资源与服务使用情况多维度，多视角统计分析、展现、报表输出；以及多维度条件性能分析，优化建议输出。

实时指挥。打造企业"千里眼""顺风耳"式的实时智慧运营中心，实现对业务的监控、预测、预警、协调、调度、决策、指挥。智慧运营就是要利用IOT技术，把数据通过有效的方式呈现在客户面前。这实际上是技术与业务部门之间协同的关系,也是产生数据的最基本来源。

14.2 美的集团数字化转型与决策支持[①]

美的集团(以下简称"美的")是一家科技集团,提供多元化的产品种类与服务,包括以厨房家电、冰箱、洗衣机及各类小家电为核心的消费电器业务;以家用空调、中央空调、供暖及通风系统为核心的暖通空调业务;以库卡集团、美的机器人公司等为核心的机器人及自动化系统业务;以安得智联为集成解决方案服务平台的智能供应链业务。

美的在世界范围内拥有约200家子公司、60多个海外分支机构及12个战略业务单位,在全球拥有约150 000名员工,业务涉及200多个国家和地区,结算货币达22种。2018年,美的营业总收入为2 618亿元,净利润为217亿元。2019年上半年,公司营业总收入为1 543亿元,同比增长7.4%。

美的先后与多家行业领头企业达成合作协议,形成全方位的智慧生态战略合作关系,比如:与华为在智慧家居领域形成全方位的战略合作关系;与广药集团签署战略合作协议,在机器人及医疗器械开发、健康数据应用、智能供应链建设、医疗投资、智能制造等细分领域进行合作;与碧桂园在产城融合、科技小镇、智能家电、智慧家居、海外项目等多维度进行合作;等等。

从人才到技术再到智慧生态链的打造,"美的式创新"正在推动美的探索更深层次的发展与创新突破模式,提升品牌全球影响力和核心竞争力,稳步向全球化科技集团迈进。

---

① 本案例中图表、数字如无特殊说明,均来自美的公司公开资料。

美的数字化转型战略

美的秉承"产品领先、效率驱动、全球经营"三大策略:"产品领先"是指通过科技创新不断提升产品品质,满足用户需求;"效率驱动"是指利用自动化、信息化手段不断提升制造效率和资产效率;"全球经营"是指在全球范围内布局,实现自主品牌的提升。

美的三大策略引领了美的集团的企业数字化转型。企业数字化转型的最大要求是支持企业的精益与敏捷,而提升效率、实现信息敏捷离不开信息化、互联网化。在这个过程中,数据的驱动尤其重要。数据是改变的考量依据,数据驱动流程的优化、产品的创新、商业模式的变革。美的数字化转型主要包括四大核心内容,即632项目、"双智"战略、大数据项目与移动化项目。

美的632项目

从2012年开始,美的就开始做IT治理的集中制,全面重构系统,系统交付从外包转变为自己制造为主。632项目具体包括构建六大运营系统、三大管理系统、两大门户和集成技术平台(见图14.3)。

图14.3 美的632项目的信息化架构

资料来源:谷云松. 2018. 美的集团:632战略推动企业数字化转型[EB/OL]. (2018.04.16) [2020.05.05]. https://www.baidu.com/link?url=0Qv-ND0ZKVlb9_j2lCJl_7dfBJo2L-DBu5rOkqr3wtRYCJDsPbLwq0pNGc82qoct&wd=&eqid=95d84cc700000227000000025eb22207.

美的投资十多亿元实施632项目，由董事长亲自推动，由IT部门构建632体系框架（见图14.4），通过"一个美的、一个体系、一个标准"的原则和方法论，实现整个集团的整合。这一项目由各大事业部快速推广，管理层全员参与，历时三年完成。632项目主要对集团系统进行全面重构，实现了集团级的企业标准和语言，系统从2B转向2C，设立新的用户体验设计部门。这让美的实现了企业管理的透明化，也形成了打通业务、内部协作的基础。整个系统设置了两千多个接口，在三到四个月的实施周期里，每个事业部差不多有两百人在专职负责，巨大的人力投入体现了公司对于推动企业转型的勇气和决心。美的最终实现了从订单到收款、从采购到付款，以及内部关联交易、合作伙伴业务流程与系统的打通。

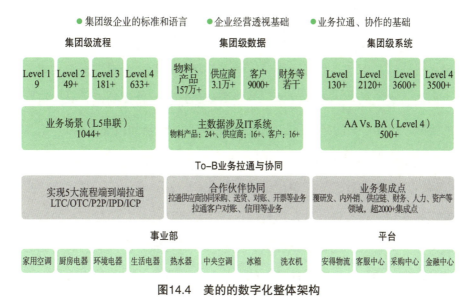

图14.4 美的的数字化整体架构

资料来源：美云智数公司。

通过这些项目，美的总结了以下信息系统集成化的经验：第一，企业框架及流程梳理与拉通方法。第二，IT架构梳理、规划与管理办法。美的请了三星的首席顾问，用一年的时间做IT架构方法，最终形成美的独有的方法。

第三,需求到交付闭环及项目群管理办法。通过具体的实施和经验的总结,美的集团将信息化集成作为解决方案对外进行输出。

美的"双智"战略

2014年,美的提出了"双智"战略,力求实现互联网化、移动化、智能化。"双智"战略中的一个"智"是智能产品,即创造智慧和有温度的产品;另一个"智"是智能制造,即进行全价值链的精益化与数字化改造与经营。根据美的提出的整体战略和行动规划,美的集团在智能产品领域将实施"1+1+1"战略(一个智慧管家系统+一个M-Smart互动社区+一个M-Box管理中心),依托物联网、云计算等技术,由传统家电制造商转变为智慧家居创造商。与此同时,依托多产品品类及完整产业链的领先优势,布局机器人产业。

智能产品。在过去,美的习惯使用"野蛮生长"模式来发展,各项业务的成长路径基本都是先做大规模,然后依靠对产业链的垂直整合来降低成本。然而,我国的家电行业普遍过分依赖规模增长,这样的模式受到越来越大的挑战,因此,美的必须寻找新的商业模式来适应新的市场环境。

美的董事长方洪波表示,白色家电未来会向智能产品发展,不管是万物互联,还是智慧社区、智慧城市、智慧家居,只是叫法不一样而已,实现的前提是必须配置智能硬件,而且所有硬件都要连起来。因此,美的现在每年有60亿—80亿元的固定资产投入,全部投在智能技术和产品上,足见美的"技术领先"的决心。在智能产品的研发设计过程中,美的始终秉持以用户为中心的理念,正如方董事长提出的,必须根据用户需求去做大规模的定制,设计以用户价值、用户体验为中心的体系。未来美的所有人的薪酬体系激励,都是以用户价值和用户体验这个指标来考量,而非销量。一切围绕用户,用户就是营销,用户就是最好的广告。

美的自2014年以来,已实现单品牌内多类家电产品的互通互联。早在

2017年第三届中国（广东）国际"互联网+"博览会上，美的就展示了由全语音控制、所有家电互联互通的智慧家居。根据回家、离家、会客等多种模式在客厅、浴室、阳台等多个场景转换，实现不同情况下门锁、音响、空调、热水器等家电的协调运作，为用户带来了全自动智慧化的家居体验。

目前，美的正着力打造未来家庭生态圈，并完成了网关、智能门锁、传感套装、智能面板、语音机器人的自主研发，同时加强M-smart全系统的对外开放，实现了智慧家居再升级，形成了完善的智慧家居解决方案。

智能制造。美的集团"双智"战略，提前布局在服务机器人、工业机器人上，这将构建美的新的产业优势，也将有助于迎接"90后""00后"及老龄人群的消费需求。此外，美的内部工业机器人需求量逐年加大，已成刚需。近几年，在美的各类工厂内，投入使用的工业机器人有1 200多台，累计投入自动化改造的费用达50亿元。

智能制造是美的632项目的触发，美的在实施632项目过程中发现仅仅进行信息系统的集成还不够，还需要在集团进行更深入的转型，一个是要把工厂里面各个环节包括工人、物料、机器全部链接起来，另一个是要把美的的合作伙伴、供应商链接起来。因此，在632项目统一系统的基础上，美的将智能制造（见图14.5）作为重点项目，从生产自动化、信息透明化和物流智能化三个方面开展。

图14.5 美的智能制造

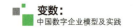

董老师点评

> 传统制造企业在数字化转型时一个很大的困惑是数字化与信息化的关系。从美的的经验和实践来看,数字化是信息化的延展,信息化是数字化的基石。美的通过632项目,特别是通过"一个美的、一个体系和一个标准"的原则及方法论,通过基础的数据一致化战略,确保系统互联、数据互通,为后面的全要素、全过程数字化打下了坚实的基础。

美的空调事业部是集团生产自动化的主要试点,集团计划投入50亿元实施空调事业部的自动化改造工作。自动化改造的重点,一是像搬压缩机这种劳动强度很大的工作,现在用机器人来搬运。此外,二是一些高危工种,例如冲压、空调面板喷粉等,采用机器人后就能保障员工的安全。美的目前的自动化改造多是从人性化的角度来实现产业升级。在美的中央空调合肥工厂,钢板脱脂清洗、钢板自动化卷圆、自动化焊接等工序均由机器人完成。目前,美的中央空调已实现工厂的自动化生产,生产线人数下降50%,自动化生产使得工厂生产效率提升70%,产品合格率达99.9%。

在信息透明化方面,美的实施三层信息可视:一是现场看板信息可视化;二是工厂生产制造信息在中控室大屏幕的全面展示;三是管理层信息移动化。通过这三层,一旦工厂现场出现问题,现场马上会显示,如果5分钟之内没解决,就上报到中控台来管理,半个小时还没解决就上报到总经理手机终端,整个信息形成一个闭环。在效果方面,工厂效率提升33%,市场回收率降低10%,原材料库存减低90%,物流提前期缩短61%,物流损失减少58%。

美的大数据项目

在大数据方面,美的重点打造了数据生态圈,让数据驱动成为一个企业运营和管理的本能。以往企业是依靠经验进行决策,随着信息化水平的提高，企业开始依靠数据进行决策，但是仍然摆脱不了管理者的经验局限。随着云计算、大数据技术的发展，依靠数据驱动的运营和管理成为可能，也为美的带来新的发展方向。

董老师点评

> 美的数字化转型最有价值的地方是对全要素、全过程数据进行系统地采集、整理、分析和决策支持。它的360度视角，覆盖了外部竞争对手和客户、内部价值链和供应链数据、不同事业部的生产运营数据、资源和交易数据等，从而能够实现全面管理。美的十朵云和应用App。为企业生态中的每一个成员赋能，并提供决策支持。从而真正做到了管理决策的数据化、透明化、精细化和智能化，为打造数据驱动的智能科技制造业，探索了一条有效的路径。

目前，美的正在致力于研发和推动以数据驱动集团整个业务，构建研产销一体化的大数据平台（见图14.6）。平台基于开源技术，由美的大数据团队搭建。

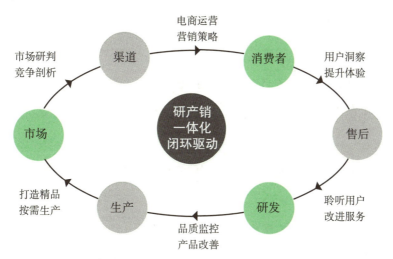

图14.6 美的研产销一体化的大数据平台

美的大数据体系名为"开普勒"（Kepler），由五个应用产品组成大数据产品群体，覆盖PC、移动设备及大屏幕（大厅、生产车间及领导办公室）等展示终端。"开普勒"的数据来源既有外部互联网数据、内部业务数据，也有智能产品的运行数据及生产现场的设备数据。

美的为各个大数据应用产品都赋予了很深刻的命名。"水晶球"是企业经营分析系统，拉通了供应链、生产、内外销、研发、财务、人力资源等十几个领域的数据。以内销领域为例，美的整合了九大业务系统，建立了十八个核心业务指标，实现了全流程的业务数据拉通分析。借"水晶"这个寓意，美的希望能够通过该产品看到更通透的企业。"地动仪"是美的的用户画像分析中心。"观星台"基于互联网的电商数据，结合用户热点评论、消费数据等，分析行业竞争格局、对标热销、提升购买体验等，从而达到知己知彼、持续改善的目的。

另外，为提升企业上下对数据的敏感性，美的还搭建了大数据服务号，培养企业员工看数据的习惯。该服务号内容简单明了，用户通过手机端应用可快速获取有效信息，指导日常管理决策与业务运营。

在工业互联网方面，美的打造了M.IOT工业互联网平台，M.IOT包括工业大数据平台、数字双胞胎平台、工业智能自动化平台等三大平台，帮助工厂降低成本、提高效率、提升产品和服务品质及创造新价值。工业大数据平台将工业数据集成化及透明化，实现工业数据驱动管理、运营与决策，从而不断缩短流程周期，提高流程效率。数字孪生平台采用模型仿真与动画数字驱动的技术，实现人、机、物互联的实体信息与信息系统虚拟信息的双向连接，通过监测全流程的生产回路实现快速数字化决策和调整，驱动和指导制造现场进行实时的生产优化、智能控制，提升现场层决策、响应的速度，拓展工业大数据驱动应用的深度与广度。工业智能自动化平台集成了主流机器知识库和大量开箱即用的工业智能算法模型，并提供完善的模型管理功能，可以提升自动化切入的可靠性，提高项目成功率，帮助工厂实现自动化和智能化，提升生产效率，提高产品品质，降低成本。

通过M.IOT工业互联网平台，美的的制造综合效率提升33%，零部件通用化率提升30%，计划效率提升83%，采购效率提升14%，原材料、在制品库存降低90%，生产损耗降低68%，物流效率提升60%。

在云计算方面，美的在IaaS私有云的基础上，构建了美的SaaS十朵云，包括营销云、大数据云、制造云和智能云等。电商云用于管理美的在淘宝上的店铺。依靠电商云，美的可以快速连接几千家店铺，实现多平台的商品一键发布、库存的一键查询。而协作云则用于服务美的的供应商，在与供应商协作过程中引入交互式核价、定价过程，阳光透明，最后形成采购订单等，所有的流程都可以在手机端完成。

美的移动化项目

美的的移动化分ToB、ToC和ToE三种（见图14.7）。ToB主要面向合作伙伴，如供应商或客户的App；ToC是面向消费者的App平台、微信服务号；ToE则是面向内部员工的信息共享与协同的美信。

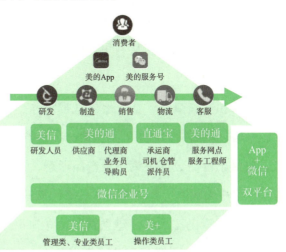

图14.7 美的移动化建设布局

资料来源：美云智数公司。

美的2018年移动报告显示,美的移动化应用累计用户173万(不包含消费者),月活跃用户54万,月启动次数2 675万次,累计应用总数304个。最具人气的应用是导购应用,最具情怀的应用是美的报,最省心的应用是美捷报。

以内部费用管理App美捷报为例。美的员工因公使用滴滴,就在应用里点滴滴,由公司直接支付;出差报销是和银行卡直接打通的,只要在报销项目上打钩,相应的报销就会发到员工的银行卡上。制造业企业的一个显著特点是工人众多,美的采用App"美+"为逾30 000名工人提供从通知公告、工资明细到生活需求的一站式移动服务,比如员工金融服务能让员工在提出贷款申请的第二天拿到钱。

美的数字化转型管理方法

美的大数据策略

业务策略:培养数据文化,领导看数最重要。美的大数据的业务策略可以归结为以下五点:第一,传播数据价值,力求一张图读懂;第二,统一数据口径和业务指标;第三,事业部间运营指标要进行多维对标,树立竞争意识;第四,数据实现多屏展示,包括手机、电脑、CEO大屏等多渠道展示;第五,业务闭环即从利用大数据发现问题到驱动业务优化,实现管理闭环。

技术和实施策略:全价值链数据拉通,完善大数据团队。美的大数据实施策略可以归纳为以下五点:第一,全价值链系统建设,将数据拉通;第二,提供丰富的数据决策支持产品形态,比如商业智能(BI)、互联网商舆情、用户大数据、智慧家居产品等;第三,采用世界领先的开源技术;第四,引进、消化技术后,建立具有独立知识产权的大数据平台;第五,通过建立100多人的大数据团队,开发爬虫、BI平台、业务分析等工具和数据方法。

美的大数据平台

美的从2012年就开始打造大数据平台"开普勒",如今已能够深度支持企业生产、运营、营销、决策等方方面面。

美的开普勒(见图14.8)是美的流程T中心基于开源技术框架自主研发的大数据产品体系,包括观星台、水晶球、地动仪、陀螺仪、服务号五大部分,作为企业的数据基础平台,其内核是"发现另一个数字化美的",利用数据聚焦研产销全价值链运营,以业务为先导,将所有终端事业部及职能部门、市场运营中心串联并行,探索更多的创新点和价值点。

图14.8 开普勒体系

观星台是面向市场消费者、友商竞品、产品店铺和舆情的数据决策支持系统。它帮助美的业务部门掌握家电零售市场综合信息。通过实时采集主流电商平台和大型综合网站、2 000多万商品、10亿条用户评论数据,为企业提供一站式市场经营、产品企划、店铺运营、用户洞察和舆情监控等SaaS服务。通过采集主流平台舆情数据,每年处理负面舆情100多万条,形成工单4万多条。这为美的的市场研判工作提供了强大的数据支持。

观星台4.0于2018年10月发布(见图14.9),美的对其数据、功能、场景和体验进行了全面优化和提升,聚焦互联网大数据,对行业、竞品、电商、品质和用户做全面的挖掘分析，让各事业部更快速、更全面、更深入地了解行业及美的整体市场情况。

图14.9 观星台系统

水晶球是美的内部经营数据分析系统，涉及财务、内销、外销、运营、审计、金融、人力资源、智慧家居等各类内部数据，并对其进行全面融合，通过丰富的维度指标、可视化的数据展示和良好的数据使用体验，全面助力企业运营决策分析和内部运营效率的提升（见图14.10）。

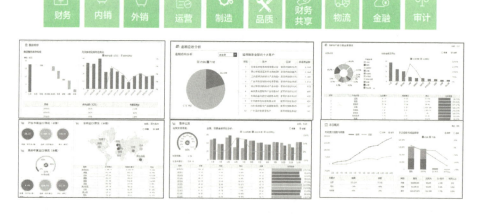

图14.10 水晶球系统

水晶球可以做到统一数据、统一平台、统一运营,涉及美的12大业务领域、2 000多类业务报表、3 000多种业务指标、4层数据模型。所有的经营情况,实时在美信App上体现,包括经营日报、智能预警、内销分析、外销分析、营销风云榜等。还可以做到分权管理,定义哪些该看、谁应该看,不管你是哪个层级的,都可以在手机上看到需要的数据。

地动仪是美的用户画像产品,它汇集了家电行业全流程节点用户明细数据,构建用户全景视图和家庭画像(见图14.11)用户画像包括用户特征标签、产品购买渠道、营销效果、价格分布、媒体偏好、消费偏好、用户价值、产品推荐、用户行为等多方面信息,不断丰富用户标签和应用场景,保证产品服务精确推送,为美的产品的用户研究和功能研发提供全方位的支持。现在美的有4亿售后服务数据,2亿的带手机号唯一身份用户,3 500万的线上交易数据,800万专门店数据,800万电商会员,500万物流用户,200万智慧家园,并且每天以20万新增用户的速度在增长。

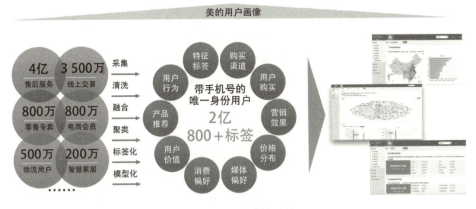

图14.11　地动仪系统

陀螺仪是美的开普勒大数据平台的基础,是企业级的数据中心,目的是盘活企业的数据资产,集成化管理企业的数据内容(见图14.12)。平台的功能包括调度平台、预警平台、集成平台和报表平台,形成企业一体化的预警监控平台。它是互联网开源技术在美的内的成功实践。作为美的大数据的基础平台,它对内提供企业级调度监控、元数据管理、报告平台开放和系统运维等方面的服务。

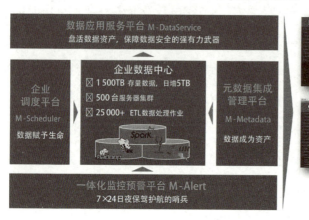
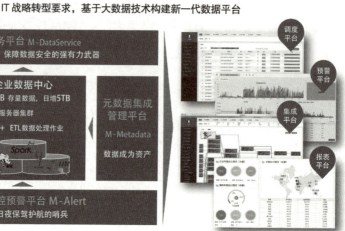

图14.12 陀螺仪系统

服务号是开普勒移动解决方案的门户。通过移动端快速满足用户的数据服务需求,既简单又高效,全面覆盖内销、外销、财务、产品企划、运营等不同业务领域,真正实现"手机在手,经营随我走"。

美的大数据如何支持智能制造

大数据支持按需设计。

(1)聆听用户声音,准确定位产品痛点。要获取已经售出产品的质量和使用情况的信息,传统的方法只能通过用户报修,从维修数据上了解。然而,报修的缺陷已经是极其严重的问题了,对于沉默用户的问题及还未影响到用户使用的产品潜在的缺陷,传统信息搜集方式无能为力。针对这一痛点,美的的大数据平台可以充分挖掘电商平台的用户评论数据,再结合业务人员对产品的理解，就能够精准定位产品痛点。

（2）竞品分析，指明产品改进方向。对于产品个体，观星台通过语义分析等技术深入解析用户需求，用数字量化用户的需求点、关注点，抓住核心需求。结合用户需求对产品进行针对性改进，全方位提升单品的竞争力。

（3）差评监控，闭环品质提升管理。系统支持产品品质维度的差评定位，可以快速获取产品的品质差评点，找出当前用户最关注、影响层面大且差评率较高的产品的差评原因，为品质部门改进产品质量找准方向，实现整改周期的全系统管理。

大数据支持按需生产。

能够生产出更好的商品，意味着需要对订单有更好的预测，对决策和制造过程有更加精细化的管理。美的通过数字化工厂、MES、机器人、物理信息系统等，对于包括物料环节在内的生产全过程进行数据采集，持续提升柔性制造性能。

（1）美的智能制造数据决策环节。美的智能制造数据决策包括以下环节：设备自动化，包括自动化机台、自动化产线、信息物理系统、生产透明化，包括计划拉通、品质透明、订单跟踪透明、可追溯、送货透明、生产线资源透明、制造过程透明；物流智能化，包括自动化物流、入场、总部物流拉动、供应商互联；管理移动化，包括看板移动、订单跟踪移动化、美的通、供应商互动移动化、App电子单据、无纸化；决策数据化，包括数据联机、自动采集，数据分析与展现，品质在线管控，中控室等。

（2）计划拉通精准化。计划是龙头，美的通过以搭建三层计划体系和融汇价值流的"拉式为主，推拉结合"的计划模式，提高预测准确性，实现产销协同，缩短供货周期，提高物料通用性（标准化、平台化），实现计划的刚性执行。借力大数据提高预测准确性，提升数据处理能力，缩短计划刷新时间，更加及时调整物料计划、生产计划。

（3）MES的价值流拉动。以往因为计划变动大，物料准备与配送有不准确现象，导致物料品质异常、IQC（来料质量控制）检验周期长。同时，供方送料不及时，配送信息不透明，自制件未按总装要求生产的现象也时有发生。而价值流拉动使得计划稳定，供方库存也更加透明，同时IQC前移，品质检验标准化与刚性执行使得计划、来料、生产消耗环节信息透明。

（4）MES的自动化及对接。自动化生产线、机台的对接从初期的关注OEE（设备综合效率）等简单对接到关注换型转产、关注工艺参数等实际支撑生产线运转的对接。把生产线、机台的实际运转工艺参数记录下来，通过大数据分析找出匹配不同产品的最优参数，提升制造能力，并支撑快速换型转产，做到柔性制造。海量数据的持续记录为透明工厂、深化管理（如能耗管理）打基础，可以使工厂运营更精确。

（5）MES的品质管控。即通过大数据的计算能力，做到品质在线预警、管控。美的通过对海量的物料、工艺参数、机台、人员、环境等数据的持续记录，利用大数据分析技术，找出品质保证的最佳参数。追溯也从以往的关键件追溯提升到物料、工艺参数、机台、人员、环境等的综合追溯。

美的大数据如何服务精准营销

只有认知用户才能做出更好的产品、服务用户。美的有4亿售后服务用户、2亿带手机号唯一身份用户、3 500万的线上交易数据、800万专门店数据、800万电商会员（并且每天以20万的数据在递增），还有800多个标签……如何利用这些数据？如何识别用户？

在美的看来，精准营销拼的不是方案，而是数据资源和能力。所谓能力，就是有多少用户标签。只有要有这两点，精准营销就可以带来更大的用户价值和回报率。

美的以大数据为支撑，营销云为落地，众多应用为入口，构建了立体精准的营销体系，实现了数据采集、分析和应用闭环。通过打造全流程数字化营销，营销执行过程已实现云化、网化。

美的通过识别用户的特征去更好地卖产品，通过识别用户的需求去做更加精准化的产品定制。在大数据采集过程中，美的非常重视数据触点的处理，尤其在和用户的数据触点上，美的目前有线下导购和售后服务，还有线上收购服务，这些触点都是非常重要的数据来源。

用户画像推荐模型，服务一线导购。 如果客户现在打美的客服，通过手机号码，用户曾经在美的买过什么东西、修过什么东西、换过什么东西、预计还需要什么东西，将会马上投屏到工作人员的电脑屏幕，工作人员会给用户更好、更体贴的服务，同时会对客户进行二次营销。

挖掘市场商机。 空调市场谁第一、第二、第三，产品布局怎么样，各个价位销量怎么样，利用大数据平台可以将市场格局看得非常精准。美的对所有的差评都有单独的分析，分析为什么是差评，然后进行改进。

舆情管理，维护声誉。 做家电产品，包括食品，如果有人说这个东西不好，发一个抱怨的微博，对企业来说就是非常大的危机。美的大数据平台可以做到，网络只要发非常负面的信息，15分钟内就能知道，并且安排处理解决。美的大数据运用CPC（cost per click，每点击成本）匹配模型构建产品、渠道和用户三维精准匹配营销应用体系，把合适的产品通过合适的渠道推给合适的用户。地动仪平台通过挖掘潜在需求、精准定位用户、营销云平台，实现互联网化互动营销、O2O引流、营销效果数据回流大数据平台、智能报表量化跟踪和分析，以大数据为支撑、营销云为落地，实现由传统零售向O2O的转变，以及全流程数字化营销。

以前美的各个事业部售卖产品的时候，想要做精准营销，不知道从哪里获取用户数据，现在只要用这套平台和系统，自助勾选用户标签，就可以识别出自己想要的精准用户了。

大数据移动化，提供便捷服务。 通过各App，美的打通了咨询、体验、购买、配送、使用、售后全流程数据，实现了大数据应用落地，为用户提供快速便捷的服务。其中，"美的"App面向消费者，基于用户行为实时数据为消费者提供一站式服务；"美的通"App面向导购、业务员和工程师，提供销售、客户和维修实时数据，内外互联，一"通"百通，精准高效服务。

"美的M-SMART智慧家居"实现在线设备数据主动收集，设备状态、全程监控和用户操作行为实时追踪；大数据对智能设备反馈的用户注册信息、设备信息和用户操作行为等信息进行深度挖掘，全面分析用户特征、潜在诉求、产品功能、设备状态和设备故障等情况，为智慧家居发展进程提供全局监控，创造产品使用新模式，提升用户体验满意度，挖掘产品潜在功能缺陷和用户操作行为偏好，助力产品研发；基于用户操作数据、设备故障信息和设备运行状态，提供智能报表，主动跟踪和发现用户潜在诉求和产品功能缺陷。

比如，用户评论之后做分析，形成结构化数据，分析哪些是产品问题，哪些是质量问题、服务问题。美的有一款产品，半年时间内用户投诉漏配件的比率非常高，产品部门一直不知道原因。回访用户，用户也讲不清楚，就说少一个螺丝。通过大数据分析发现，该产品的包装箱的顶部是一个泡沫塑料盒，里面放的是产品的支架或者零配件，有些用户把设备拿出来之后就把盒子扔掉了，有些零部件也随之被扔掉。美的马上在包装上进行了改善，从此漏配件的投诉率下降了30%—40%。

美的大数据未来的发展方向

一方面是现在整个的内外部数据的结合机制以及闭环机制，另外美的会将触角延伸到C端，美的认为，"移动+大数据"是未来非常重要的一个环节。随着智慧家居领域的迅速发展，用户的分布情况，用户使用智能家电的行为习惯，都会在大数据平台上被系统化分析。

另一方面，在供应链方面，美的有几十万供应商，整个供应链上的信息的打通，包括供应链金融、消费金融、产业金融的模式都需要数据支撑。

美的的智能制造在广度和深度上展现了很高的水平，通过移动技术、大数据、云计算与信息系统打通并覆盖了产业链的各个环节，特别是利用大数据实现多层次的管理决策的数据化和智能化，在行业数字化转型上走在了最前面。就数字化成熟度来说，美的已经达到比较高的水平。它在推进过程中是一把手工程；整体设计、整体规划、整体推进；将移动技术嵌入整合到生产系统、管理体系和市场服务的每一个环节和相关人员中，真正实现了市场、计划与生产的联动，值得推广。

14.3 酷特智能：数据驱动的商业模式创新

青岛酷特智能股份有限公司（以下简称"酷特智能"）创建于2007年，注册资本1.8亿元，拥有以西装厂、衬衣厂和西裤厂为主的三个专业智能制造工厂，产品品类覆盖个性化定制男装和女装。酷特智能的前身是一家以生产经营中高档西服、裤子、衬衫、休闲服装及服饰系列产品为主的大型民营成衣服装企业。从2003年开始，这家传统OEM代加工厂商开始了转型之路。

通过十多年的探索实践，酷特智能从生产模式到商业模式都发生了翻天覆地的变化，发展出基于互联网的服装大规模个性化定制新业态和新模式，形成了C2M（customer to manufactory）定制生态体系，即消费者个性化需求驱动工厂有效供给的电商平台生态，形成了可以帮助其他企业转型升级的方法和解决方案，在服装定制细分领域达到世界领军地位，成为服装定制供应商、定制服装品牌商、平台运营商、解决方案服务商。在这个过程中，其公司品牌也从"红领"进化为"酷特云蓝"。

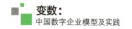

数据如何驱动个性化产品的智能制造

酷特智战。转型与创新探索的原因来自21世纪初服装工厂之间的价格恶性竞争,以及服装行业难以解决的库存问题。红领品牌自2000年开始率先推出了西装量身定制服务。随着量身定制业务的展开,尽管当时和大多数服装厂商一样只是利用几个有限的型号进行修修改改,最高峰时也达到了每天500—600件的个体定制订单。通过电话和传真来进行信息传递的方式使新业务的开展遇到了前所未有的挑战,例如客户在专门店下订单时电话询问存在的面料,到交货时却因面料短缺交不了货,只好要求客户重新选择面料,有的客户竟然被如此反复询问五六次之多。这一问题仅仅是冰山的一角,由此暴露的面辅料占用、供应链管理、产品质量、款式设计、计划交期、生产管理、成本核算、售后服务等方面的问题,令董事长张代理看不到未来。他深感服装加工企业如果无法健康、持续地发展,最终必将走向衰亡。

2003年,张代理提出转型个性化服装定制的战略,决心靠市场和核心竞争力来生存,而不是在价格战中挣扎。传统的定制弊端太多,对人工过于依赖及时间、效率、成本等都是问题。因此,张代理开始考虑如何用工业化的手段来做大批量的个性化定制服装。

服装生产的流水线特点之一就是流水线上的每个工作者只固定完成一道或少数几道工序,以高度的专业化实现较高的生产效率,而每个工作者在某一批服装订单中要完成的工序,是统一而不断重复的。把工业流水线和个性化这两个相互矛盾的模式融为一体,在服装行业从业者看来简直是天方夜谭。张代理提出的战略,不仅得不到下属的认可,而且也找不到既有的解决方案。此前,国际上在服装领域还没有用工业化的方法进行个性化定制的先例,一切都需顶住压力,从零开始。

在谈及十余年的整个探索过程有哪些难以攻克的难点时,酷特智能的总裁、同时也是董事长张代理的女儿张蕴蓝这样说道："在没有完成整个闭环的时候，全部都是困难。这件事最可怕之处就在于越是专业的人越告诉你做不了。"她以"制版"与"量体"两个环节为例，讲述了创新探索的不易。

如何克服自动"制版"难关？ 以工业化的智能手段、大数据系统完成自动制版，是完成大批量个性定制服装需要攻克的一大难关。制版环节是服装设计、加工与生产中颇为关键的一步，它关乎整套服装的版型与款式。在传统的服装定制模式中，一个老裁缝一天不休息最多打两套版。而要达到工业化的效率，满足批量化定制的需求，不可能沿用这种费时费力的制版方式。2007年，张代理召集专家开会，研究机器制版的可能，却遭到了所有专家的反对。但在他的坚持下，CAD（Computer Aided Design，即计算机辅助设计系统）打版设备和自主研发的打版机床不仅让电脑自动制版成为可能，而且效率大大提高，精准度也丝毫不亚于拥有几十年经验的老裁缝。为了把服装的版型标准化，酷特智能建立了一个版型库，囊括了数量达上百万万亿的数据组合，足以满足客户的个性化需求。现在，工厂接单后，可以根据客户的数据实时生成适合他们的版型，完全摆脱了对制版师的依赖，成本也大幅缩减。在制版部门，还可以看到一些来自欧美客户的数据，其中不乏较为少见的特殊身材客户，比如肌肉极为发达或腹部脂肪极多者。这样的客户在一般的成衣店很难购买到适合自己身材的西装，而酷特智能的版型库却能轻而易举地满足他们的个性化需求。版型库经历了建立三次、推翻三次的过程。建立一个版型库需要一年的时间，而推翻它则要根据大批量订单的实际制版操作情况进行验证。可想而知，其建立不仅是对技术的考量，更消耗了高昂的订单成本和时间成本。

如何克服"量体"难关？ 人体数据的采集，即量体，对于大批量个性定制服装也是一个考验。在传统服装定制中，采集人体数据的是裁缝师本人，他需要对服装的版型、人体结构和服装工艺具备一定的专业知识。从学徒到出师，需要若干年的磨炼。这种非标准化、基于时间和经验积累的方式，显然不利于推进大规模定制。于是，公司找到一个从事了五十年量体工作的老师傅，希望他来制定一套简便易行的量体方式，让不懂服装的人经过培训也能够精准地测量人体数据。但他研究后给出的结论是：需要培训半年。这样漫长的培训周期自然是公司无法接受的，以至于最后这位专业人士给出这样的结论是：这是一个不可能完成的任务。后来，经过张代理董事长亲自上阵研究，公司摸索形成了一套方法。这种三点一线坐标量体法，基于人体上一些关键的坐标点，如肩端点、肩颈点、颈肩端、中腰水平线等，量体师只需要5分钟、采集人体19个部位的22个尺寸，就能掌握合格的人体数据。而这套标准化的方法，没有任何相关经验的人都可以通过短期培训（仅需5个工作日）具备精准测量能力。

列举的上述两例，仅仅是酷特智能创新探索中的两个环节。在酷特智能制作的宣传片中，董事长张代理这样总结道："从大批量生产到个性化定制的转型，历时15年时间，投入了数亿资金，以信息化与工业化深度融合为基础，形成了完整的物联网体系，打造了独特的核心价值，创造了全新的思想与方法。"

打造数据驱动的个性化智能工厂。如今，酷特智能从一家传统的成衣工厂转型为一家数据驱动生产全流程，以工业化手段、效率及成本大规模制造个性化产品的智能工厂。建立的版型、款式、面料、BOM（bill of material，即物料清单系统）四大数据库，达到百万万亿量级的数据，可以满足99.99%的人体个性化定制需求。福特汽车公司创始人亨利·福特于1913年发明了工业流水生产线，因为产品规格的标准化，从此个性化产品被工业流水线扼杀，人类开始大批量、高效率地生产工业产品，工业化和个性化成为工业制造领域一个牢不可破的生产悖论。越是长期从事工业生产的从业者越认为这个悖论不可逾越。而酷特智能通过数据驱动的大规模个性化定制生产模式，打破了工业化和个性化的生产悖论，重塑了制造业。

酷特智能工厂里每天能够完成四千多套件个性化服装的生产，每一件服装从生产到发货，仅仅需要7个工作日。走进酷特智能的服装生产车间，可以看到流水线上处于不同环节的服装，奇妙的是，这些服装的面料、版型、颜色、细节各不相同。工厂里的状态，仍同传统的服装加工厂一般，负责不同工种的工人忙碌而迅捷地完成自己的加工工序，不过，他们每个人的面前，多了一个小屏幕。这一个个显示终端，背后隐藏着巨大的信息与数据链条。

"传统的服装企业用流水线生产同质化的产品。我们的核心技术是大数据，用数据来驱动流水线，制造个性化的产品。数据是我们最核心的资产，从数据的建立、使用，到数据的流动。这里的工厂车间从表面看跟传统的工厂没有区别，还是那些工人和设备，最大的区别在于隐藏在各个环节过程中的数据流。数据流驱动着整个工厂的个性化定制。"在董事长张代理看来，这种软性的数据驱动的方式，让整个工厂的状态宛如"一台巨大的3D打印机，需求的数据进来之后，通过这台3D打印机大规模产出个性定制的服装。"[1]

董老师点评

> 酷特智能转型的核心是将以往被老师傅掌握的经验和判断显性化为数据，以前是人掌握数据，现在是数据驱动生产流程和生产环节的运营、发展和改善。数字资产成为驱动业务运营的核心资产，可以大大提升企业的效率、促进规模化、降低成本。

RFID（radio frequency identification，射频识别）技术的引入对于工厂内工作流程的分配所起的作用不可小觑。它作为数据流的一种形式可

---

[1] 数据驱动，个性定制——酷特云蓝走访记[N/OL]. 中国工商报. （2018.7.27）（2020.3.30）. http://www.prcfe.com/finance/2018/0813/301340.html.

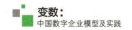

以较为直观地呈现出来。客户的人体数据采集完成后,会传输到酷特智能的数据平台上,RFID制卡人员把全数据录入一个电子标签内。此后,这个像身份证一样的标签会跟随与其相对应的那件衣服一直走完全部的生产流程。每道加工工序的工人拿到一件分配的衣服,会首先刷卡读数,根据代码转译成的工艺指令来完成诸如剪裁、缝制、钉扣、刺绣、熨烫等具体操作。而他们每个人面前的那个小屏幕,就是用来显示每件衣服应当进行何种操作的工艺指令。

酷特智能定制比较优势。酷特智能创造的以数据驱动的大规模个性化定制模式,与传统成衣工厂相比,在生产、产品、起订量、库存、现金流、纯利润率等方面都极具优势(见图14.13)。而与传统定制相比,酷特智能在成品、时间、成本、顾客群、可复制性等方面也都有明显优势。比如,定制时间从3-6个月缩减到7个工作日,让定制走向大众日常消费。

图14.13 酷特智能定制比较优势

资料来源:酷特智能公司。如无特殊说明,本案例的图片均为酷特智能公司提供。

全新商业生态模式——C2M生态平台

酷特智能经过十余年创新探索,在建立起了全球领先的大规模个性化定制工厂后，张代理发现：后端的智能制造完全能满足消费者个性化定制需求，而消费者的直接需求却无法准确直接地到达工厂。在颠覆了生产制造模式后，张代理又提出了一个颠覆传统商业模式的全新商业生态模式。

当今，企业面临供给和需求的双重压力。从需求角度看，同质化需求的高峰已过，个性化、多样化的需求正逐步成为主流，传统行业的供给方式无法有效满足个性化和多样化的需求；从供给角度看，行业内竞争激烈，基于预测的同质化产品批量生产，库存成本大，利润空间非常小，用户满意度低。传统的扩大规模、控制产业链、提效降成本等做法，对企业的发展没有实质效果，只会导致更多库存。新需求呼唤新供给，这种形势迫使企业必须颠覆传统"以产定销"的同质化产品批量生产模式，寻求新的以满足用户个性化需求为核心的发展模式。

如何构建C2M生态平台？ 酷特云蓝独创的C2M（customer to manufacturer，从客户到生产者）商业生态模式，因为是先订后做，卖了再做，因此工厂里生产的每一件西装都是已经销售出去的，完全实现了产品的零库存（如图14.14）。用张蕴蓝的话说，就是车间里的工人知道每件衣服的主人是谁，甚至可以从客户的版型、款式、面料、刺绣等个性化元素里读出这件衣服背后主人的性格、爱好。个性化定制解决了让制造业头疼不已的产能过剩、高库存问题。

董老师点评

酷特的案例证明，数字化技术在一定程度上颠覆了传统的制造业商业逻辑。以往制造业的逻辑体系是以产品和生产过程为核心，在产品完成后通过营销策略和销售渠道推给客户，当产品和客户需求不匹配时，大量产品就形成库存滞压。但酷特的数字化模式是以客户需求为先导，根据客户需求调用生产资源，生产客户需要和满意的产品。制造业的逻辑起点从生产商转向客户，而系统和数据驱动的生产体系支持企业以高效、同步的方式做这件事情，使得大规模定制成为可能。

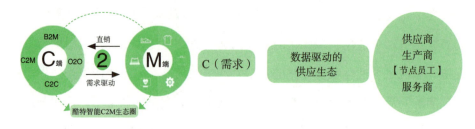

· 以客户需求的数据驱动供应商、生产商、服务商

从客户交互＞智能设计＞单件生产＞智能物流＞自主运行＞平台服务

图14.14 酷特智能客户数据驱动的C2M大规模定制

酷特智能工厂的订单主要来自两个平台：一是大众创业平台。酷特智能为服装行业的创业者提供供应链的全部服务，目前约70%的海内外订单来自这个平台。二是Cotte Yolan。这是一款直接针对终端消费者的App，它让品牌直接面对消费者，让工厂直接从平台上获取订单。

大众创业平台包括研发体系、供应体系和培训体系的支持。创业者可以应用其线上平台进行服装设计，可以通过供应体系进行面料的采购（酷特云蓝与世界上最好的面料、辅料供应商建立了合作关系），并进行下单、生产、物流、客服等一整套操作，还可以在培训体系中得到专业的产品、量体和营销培训。这一平台支持了很多优秀的创业者，并且解放了他们的双手，从产业链上解除了他们的后顾之忧，使创业者可以专注自己品牌的经营，充分发挥想象空间。

Cotte Yolan作为移动互联网应用程序，服务于个体客户。通过简便的操作，使用者就可以在手机端、Pad端选择喜欢的服装版型，并进行个性化的定制。比如针对某一版型的西装，Cotte Yolan提供了一些可供选择的面料、款型细节（如领口样式、口袋样式、扣子样式等），使用者可以根据自己的喜欢进行个性化的组合挑选。同时，还可以选择喜爱的文字或图案，作为个人的标签，以刺绣的方式体现在衣服上，刺绣的部位、颜色也可以选择。客户一键预约量体裁衣，在线下享受量体师的一对一服务。目前，Cotte Yolan 中可定制的主要是男装，在不久的将来，女装也将上线，希望既有女性的柔美，又能体现她们的专业性，把职业和时尚完美融合起来。

上述两种方式体现了酷特智能的C2M商业模式。这种新型的电子商务互联网商业模式，让工厂真正直面消费者。凭借工业效率的个性化定制，撇去中间商的端到端模式，酷特智能的定制服装达到了很高的性价比，提供同等品质的服装，价格却是同行平均水平的1/5到1/3。C2M平台是用户的线上入口，也是大数据平台。它实现了从产品定制、交易、支付、设计、制作工艺、生产流程、后处理、物流配送到售后服务全过程的数据化驱动和网络化运作。顾客下单后，工厂才进行生产，没有资金和货品积压，运营简单，实现了"按需生产、零库存"，可以最大限度地让利给消费者，而消费者也无需再分摊企业库存成本。定制生产在成本上只比批量制造高10%，但收益却能达到两倍以上。

至此，董事长张代理最初设想的端到端的C2M路径就打通了——C端客户的个性化需求直接对接M端工厂，工厂通过个性化生产满足客户需求，去除了代理商、渠道商等中间环节，客户不再为中间环节的高额成本买单，享受到高性价比的产品服务。酷特智能实践的这一C2M模式，重塑了制造端的源头价值，颠覆了工业生产的微笑曲线，实现了生产的零库存和精准供给、有效供给，无疑是传统产业改变命运的最佳路径，为国家供给侧结构性改革提供了典型样本。

从制造商到个性化定制解决方案供应商

酷特智能在转型升级过程中,发现传统企业对升级改造有着巨大需求,而酷特智能的经验具有普适普惠性。董事长张代理发现大规模个性化定制背后的逻辑和算法是共通的,他组织参与工厂转型改造的信息、工程、技术人员,从中总结、提炼再创新,创造了适用于传统企业转型升级的解决方案——SDE(source data engineering,源点论数据工程)(见图14.15)。这套系统专为传统企业升级改造提供解决方案,帮助传统企业实现转型升级。

图14.15 酷特智能SDE转型升级方案

酷特智能的传统企业转型升级解决方案可以理解为方法论,是酷特智能自主研发创造的产品。它专门为传统制造业升级改造提供彻底的解决方案,帮助传统工业升级为互联网工业。BOM(物料清单系统)、MES(制造执行系统)、APS(高级生产排程系统)、OMS(订单管理系统)、WMS(仓库管理系统)、SCM(供应链管理系统)、ERP(企业资源计划)等都是酷特智能输出的技术体系。虽然单个技术并非"高""新"，但在高效的运用和管理逻辑下，它们发挥了最大的效能。"源点从战略上指的是愿景，从战术上指的是需求，源点论是指企业所有行为都以需求为源点，以源点需求来驱动、整合和协同价值链资源。通过最大限度地满足客户需求来实现企业目标，产生价值。"这就是酷特智能发展的战略性核心——"酷特云蓝企业治理体系"，其被视为引领企业治理发展的先进理念。

当被问及帮助同行进行个性化定制改造会不会担心业务流失时，张代理回答道，现在绝大部分的企业都是在做零和博弈，你的市场份额占比大了，竞争对手的份额就小了，总是在做$a+b \leqslant 0$的事情。定制市场是我们发现的一片新的需求市场，如果大家都看到了就一起培育客户的定制消费习惯，扩大这个市场。我们不但不担心业务流失，相反还要做成全球定制供应商品牌，为他们提供产品定制支持。

如今，酷特智能已经是全球个性化定制解决方案供应商，帮助更多传统企业尤其是中小企业，实现"零库存、高利润、低成本、高周转"的运营能力，真正实现了"帮助别人、成就本人、发展自己"的价值导向。目前，已经有牛仔服装、鞋帽、家具、机械、电器等多个行业的近百家试点企业应用酷特智能的转型升级解决方案。经过对十余家试点企业进行3个月及以上不等时间的升级改造，解决方案的实现效率提升30%以上，成本下降20%以上。2015年以来，国内外来访学习的人员达到数万人。至今，由酷特智能带动的转型升级企业在酷特模式的启发下进行二次创业创新，形成以用户为核心的定制新模式新业态，促进了全球定制产业体系的形成。而这也成为酷特智能颠覆零和博弈、塑造多赢共生的普世价值。

用治理取代管理，解决企业转型与创新传承问题

2017年，酷特智能对企业品牌进行了升级，将传承之意嵌入其中。在全新的品牌中，原先的"酷特"后面加入"云蓝"两个字，变为"酷特云蓝"，女儿的名字被加入其中，寓意新老交融。"酷特代表的是我，是老一辈企业家的变革和创新；云蓝代表的是我女儿，是企业的未来。"董事长张代理如是解释。

这是IT、DT、智能的时代，互联网、大数据、人工智能技术的进步与应用，让这个时代沟通越来越直接和扁平化，地球越来越趋近于一个平面，传统的企业管理理念和方法越来越不合时宜。酷特智能在完成了数据驱动的智能制造模式后就意识到这个问题，企业的领导化、部门、科层、审批等越来越成为限制企业高效生产和管理的桎梏。在个性化服装生产完成数据驱动后，酷特智能原有的组织架构、管理方式与先进生产线的矛盾立刻显现出来。成功把女儿培养成接班人的张代理，却再次考虑起了一个全新的命题，如何让企业成为有益于社会文明进步的百年企业？

董事长张代理的答案是：建立一套新时代普适的企业治理体系！在将酷特智能的模式复制到多个行业的近百家企业之后，张代理找到了一直在探寻的中小工业企业转型升级的全新治理模式，而在这个过程中，他也找到了企业传承和治理问题的答案。爱折腾的张代理又为酷特智能勾画了一幅面向未来的新图景，带领企业开启第二次转型之路，这次刀锋挥向颠覆现代企业管理的"让治理取代管理"的革命。

酷特云蓝建立了一套全新的企业治理体系（如图14.16）——"源点论企业治理体系"。其核心是遵循、顺应、践行自然的根本规律（时代、市场、社会等组织的需求和平衡）。通过规范化、标准化、体系化、数字化、平台化建设，去领导化、去部门、去科层、去审批、去岗位等。这套建立了组织

生态系统的完整方法论，还原人性，找回初心，实现了由人治到自治、从管理到治理的转变。

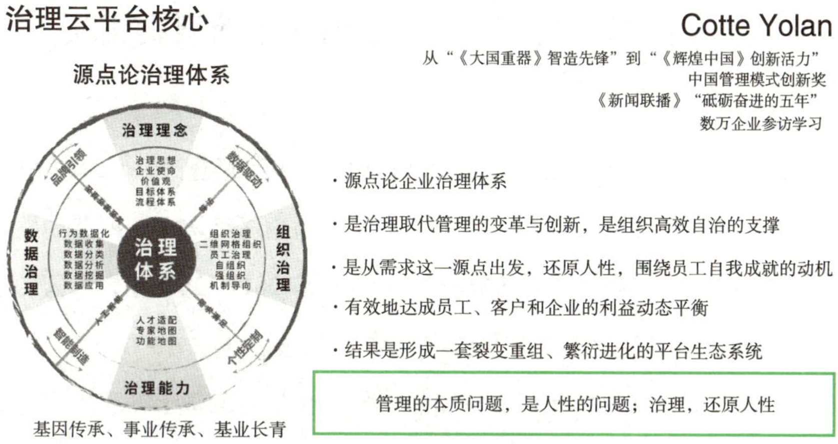
治理云平台核心
源点论治理体系
治理理念
治理思想
企业使命
价值观
目标体系
流程体系
品牌引领
数据驱动
数据治理
行为数据化
数据收集
数据分类
数据分析
数据挖掘
数据应用
治理体系
组织治理
组织治理
二维网格组织
员工治理
自组织
强组织
机制导向
人才适配
专家地图
功能地图
智能制造
个性定制
治理能力
基因传承、事业传承、基业长青
Cotte Yolan
从“《大国重器》智造先锋”到“《辉煌中国》创新活力”
中国管理模式创新奖
《新闻联播》“砥砺奋进的五年”
数万企业参访学习
· 源点论企业治理体系
· 是治理取代管理的变革与创新，是组织高效自治的支撑
· 是从需求这一源点出发，还原人性，围绕员工自我成就的动机
· 有效地达成员工、客户和企业的利益动态平衡
· 结果是形成一套裂变重组、繁衍进化的平台生态系统
管理的本质问题，是人性的问题；治理，还原人性

图14.16 酷特智能企业治理体系框架

“一切都依赖平台上的数据，企业的一切都是数据化的，企业发展不会因为经营者的变更而出现太大变化。”张代理自信地表示。如今，酷特智能的数据化不仅表现为数据驱动生产流程、变革管理方式，数据还成了酷特智能流程诊断的重要工具。

“生产过程中任何时间节点，都可以对所有的经营数据进行实时统计，统计结果完整地呈现企业现有的经营状况，帮助企业及时总结、改进自身的生产管理。”张代理说。在传统的生产企业中，企业经营的健康状况需要按照月度甚至季度来进行总结评估，这种方式容易产生经营盲区，无法保证企业在走错经营方向前及时止步，而酷特智能用数据实时监察的方式，能令经营者随时掌握企业状况，有助于及时改进企业的失误并使其快速成长。

酷特智能将这套治理体系优化升级为平台化、生态化治理体系，企业经营过程和客户需求以数字呈现，形成运营和生产的数据，并始终在企业大数据平台上实时流动和呈现。这种平台化、数字化、数据化的改变，颠覆了传

统管理模式，最终形成了完全独立创新的企业平台化、生态化治理体系。

14.4 大搜车：汽车产业互联网生态的创新实践

自2018年以来，我国新车交易市场成交率一度遭遇滑铁卢，并持续至今。但同处于汽车交易市场，二手车的交易量却是逐年增加。据艾瑞发布的《2019年中国二手车电商行业研究报告》[①]显示，2011-2018年，我国二手车市场交易额实现了超过22%的年复合增长率。

在汽车交易市场中，被行业熟知的大搜车就是一家基于二手车市场交易而长成的汽车产业互联网平台。7年来，大搜车在汽车流通领域的人、货、场三方面进行数字化、协作化和智能化改造，力求打造企业"护城河"。今天，大搜车实现了旗下汽车新零售品牌"弹个车"在全国2 000余区县布局社区店5 500多家；2019年4月发布的旗下二手车新零售品牌"大搜车家选"，截至2019年7月月底，已聚集加盟优质二手车商接近300家，优质二手车源2万余辆。

2019年，大搜车已将推动汽车产业数字文明作为使命。那么，大搜车对汽车流通市场的数字化改造到底做了哪些创新？弹个车、大搜车家选这两个针对消费者的平台，是如何顺利搭建起来的？车商又为何踊跃加入？

大搜车的数字化创新举措

2012年12月，神州租车创始团队成员、前执行副总裁姚军红创建了大搜车，并在之后持续对汽车流通市场进行了数据层、交易层、金融层的数字化创新改造。

---

① 艾瑞咨询. 2019. 2019年中国二手车电商行业研究报告[R/OL]. (2019.04.28) [2020.03.08]. http://report.iresearch.cn/wx/report.aspx?id=3359.

创新一：数字化赋能线下零售商。大搜车通过技术手段提供SaaS系统产品，打通底层数据，对汽车流通市场进行数字化改造。

大搜车相继推出针对小型二手车商户和二手车经纪人的"车牛"App和服务大中型车商的经销商业务管理系统"大风车"App。两款SaaS服务系统全面覆盖寻客、获客、ERP、CRM、微信营销系统、财务系统等一系列工作流，赋能经销商实现数字化运营，为整个产业链走向协作化和智能化奠定了基础。

创新二：搭建平台实现汽车交易资产协作化，赋能车商。在实现汽车交易资产协作化、赋能车商方面，大搜车先后推出两个2C的新零售品牌：弹个车和大搜车家选。弹个车以"1成首付，先租后买"服务为主打，不仅有效降低了用户购车门槛，而且基于"先租后买"的新型购车模式，大搜车还实现了用户群的扩大。大搜车家选则通过向平台车商提供统一的品牌背书、流量支持和用户服务内容，实现了优质车商的价值最大化。

创新三：全产业链的智能化改造。为提升行业运营效率、优化用户体验，大搜车尝试通过大数据与人工智能技术实现对汽车产业的智能化改造。如研发智能语音机器人，一来可以通过人工智能模式对由产业链收集的大量数据进行人工智能分析与开发，二来帮助经销商提高运营效率，三来通过数据分析可以实现对上游汽车主机厂下一代产品的反向定制。

大搜车是基于怎样的行业背景，使得其认准了要采用数字化手段对汽车流通市场进行创新赋能呢？

大搜车数字化创新原因

2010年以来，我国迎来了互联网技术的高速发展阶段，"互联网+"模式的提出，对传统二手车交易市场的商业模式带来了强烈冲击，同时也为先觉企业带来了发展机遇。于是，不少二手车企业将互联网作为市场的流量渠道和科技引擎，甚至是融资策略，致使部分坐拥流量的互联网公司在二手车市

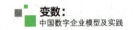

场出现了渠道"坐地为王"的现象,甚至部分互联网企业对市场进行"降维打击",将二手车市场演变为一场实力不对等的商业战争。

我国传统二手车零售市场一直存在严重的资源不匹配、资源浪费等问题。对于传统二手车零售企业来讲,二手车是一桩孤品生意,"资源获取难"一直是行业普遍存在的问题;加之远地物流运输实现难,零售商之间互相协作弱,市场信息严重不对称,传统二手车零售企业触达客户的能力极其有限,进而导致了大量客户资源严重浪费。

基于以上两个方面,大搜车发现了汽车流通市场的核心逻辑为"人、货、场"资源间的高效匹配,并认知到高效匹配的背后是数据间的匹配。

于是,如何利用数据和技术解决行业中的资源浪费问题,并将行业资源进行高效匹配,成为大搜车数字化汽车流通市场的重要课题,同时也促使大搜车明确了企业自身定位与发展方向。

大搜车的数字化创新战略布局与落地方法

大搜车对整个汽车产业的数字化战略布局可以从"深"和"广"两个方面分析。"深"是指大搜车使用"数据"对整个汽车流通产业进行数字化的深耕。"广"是指大搜车针对B端和C端的多触点、多产品矩阵构成的数据广度,搭建产业互联网,实现以产业数据为底层的互联网协作。

资产数字化奠定深厚根基

大搜车通过采用数字技术,向汽车经销商免费提供SaaS服务系统,依托SaaS产品将数字化深入尚未改造的各个领域,进行第一步的数字化深耕。在打法上,大搜车采用了从"场"切入、由"场"到"货"、由"货"到"人"的顺序。

成立初期,大搜车就二手车零售"人、货、场"之间的利弊进行探索后发现,二手车零售市场是一个"人跟着货走"的市场,而货往往耗资太重,弊端明显。于是，2014年，大搜车选择从"场"切入，摒弃传统的零售连锁市场模式中产业扩展有限的弊端，选择了连锁的底层——数据，通过底层技术、打造一系列SaaS产品。截止到2018年，大搜车帮助10万线下二手车零售门店实现了数字化和协作化，同时大搜车也实现了交易额数千亿的交易资产协作化，为形成大搜车特有的数据壁垒和场景壁垒打下基础。

在数字化改造二手车市场领域的落地实施中，大搜车首款数字化SaaS产品则是为中小车商和二手车经纪人打造的"车牛"App。"车牛"可实现线上微车店开店、业务管理、完成线上营销、车源采购和批发等，是一款更多注重交易结果的SaaS产品。

而2015年，针对服务的大中型车商，大搜车打造了"大风车"业务管理系统（含评估系统、ERP、CRM、营销系统、报表系统）。与"车牛"不同的是，"大风车"注重交易过程管理，而"车牛"App更多是估价、收车、卖车、拍卖、交流、担保交易等。在大风车业务管理系统中，商家可迅速发现经营缺陷和资源浪费情况，还能通过实时在线连接，降低浪费，提升经营管理效率。

董老师点评

> 企业在数字化转型过程中，信息系统开发的定位不同，解决问题的能力也不同。大风车业务管理系统的优势是着重于对交易过程管理，使企业的管理能力从对结果和对象的管理，上升到对过程的动态管理，管理的时效性、精细度和真实性会大大提高。

大搜车通过打造车牛和大风车，可为大、中、小二手车商和经纪人线上查勘门店运营管理和车辆库存情况，包括员工工作效率、车辆入库时长、财务管理等大量数据，帮助二手车商避免线下繁琐流程，迅速掌握车辆情况，

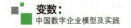

调整销售策略。

而针对经销商集团，2019年大搜车推出了"大搜车超级4S"全新数字平台系统，它是在传统ERP基础上的超级迭代版本，除了具备ERP属性，更拥有移动互联、人工智能、云服务等特性。而且，超级4S还接入大搜车SaaS生态协同作战能力、二手车置换、社会化渠道销售网络等，能够全面帮助汽车经销商在运营、管理、销售等方面实现数字化转型升级，让各个环节中被无形浪费的利润"聚沙成金"。

因此，大搜车通过打造数字化平台赋能经销商，对汽车流通市场进行了效率的迭代赋能，大搜车企业自身也基于SaaS产品与平台搭建掌握了大量的汽车流通市场数据。

场景协作化扩展数据广度

如果说对二手车市场的持续赋能形成了大搜车的数据深度，那么针对B端和C端的多触点、多产品矩阵，则构成了大搜车的数据广度。

在通过数字化和协作化帮助车商、经销商解决内部问题的基础上，大搜车进一步进行了协作化布局：第一步，实现场景的协作化布局；第二步，实现产业互联网的协作化布局。

场景协作化布局。大搜车首先实现了线下近场网络布局，在帮助车商解决外部问题的同时，也扩大了大搜车的数据广度。

大搜车2016年推出的弹个车，是大搜车布局线下近场网络的重要一步。对于C端消费者来说，弹个车是"一成首付，先租后买"的全新购车方式，遍布全国2 000多个区县的5 500余家线下社区"便利店"实现了交易的近地化。

而对B端来说，传统的汽车交易链条从主机厂到4S店，再到分销商，最后触达终端消费者，这个中间过程一直因信息不透明而饱受诟病。与传统4S店不同的是，弹个车可提供"线下体验、线上下单"的OMO解决方案，大幅减少了门店的运营成本。这些门店同时也是遍布全国的场景触点网络：将线下用户转化为数字用户,从供给侧到需求侧,提升了整个汽车产业链的数据匹配效率。它将所有链条平台化,无论"大B"还是"小B",都从信息层面达成了一种平权和普惠关系。

2019年4月发布的大搜车家选更加聚焦二手车交易,即精选全国15%的优质二手车零售商户,优选市场30%的优质车源,面向消费者统一使用大搜车家选品牌,采用车商联盟品牌模式,为消费者提供全方位服务。

依托SaaS产品,大搜车打通了二手车流通产业链,同时也得到了更多来自B端与C端的数据沉淀,用于打造场景数据壁垒。

董老师点评

> 数字化转型中项目的着眼点通常从场景出发,针对场景中的痛点和需求提供有针对性的解决方案。以往的信息化通常从综合信息系统和整体流程出发,重视横向的、线性的解决方案;数字化也需要对解决方案提供整体架构和系统解决方案,但项目的切入点和需求分析往往从给客户带来困扰的场景出发,寻求解决问题的创新空间。考虑到中国企业和商业场景的复杂性和多样性,可以预判数字化解决方案还有很多的创新机会。

产业互联网协作化布局。基于二手车流通产业链的打通和场景协作化布局,大搜车的互联数据网开始逐渐形成,即降低门槛,拓展用户覆盖;搭建平台,解决匹配痛点;信息协作,提升运营效率。

(1)降低门槛,拓展用户覆盖。弹库推出的"1成首付",用户只需10%的首付即可享受汽车使用权,降低了汽车购买门槛,将下沉市场的海量青年纳入消费人群,扩大了目标用户群体。同时,借助蚂蚁金服,用户在弹个车购车时,最快5分钟就能完成在线征信审批,直接进入购车流程,大大优化了用户体验。

（2）搭建平台，解决匹配痛点。弹个车与大搜车家选赋能车商，为平台上优质车商提供统一的品牌背书、流量支持，同时为用户提供交易保障，解决了传统汽车流通行业长期存在的信用和效率问题。

（3）信息协作，提升运营效率。在二手车领域，由于车辆价格不透明、难评估，车商信誉度、车辆检测标准对于二手车企业显得尤为重要。2018年，大搜车收购了中国最领先的二手车交易综合服务商"车易拍"，通过"车易拍"将已经建设起来的新车场景和二手车商通过拍卖服务连接起来。在基础物流建设方面，搭建线下仓储物流网络，收购"运车管家"，实现全国物流2200余市县区的覆盖。在产业链服务方面，大搜车收购布雷克索等公司。在新零售解决方案方面，大搜车与长城汽车、长安汽车、英菲尼迪等主机厂商达成合作。在汽车新零售布局中，大搜车与中石油昆仑好客达成产业链上下游的合作……从而，大搜车逐渐搭建起了比较完整的汽车产业互联网协同生态。

为了使SaaS交易平台资产高效运转，大搜车还建设了两个基础设施：一个是数字基础设施，即通过车牛、大风车、卖车管家、布雷克索等SaaS产品做达到资产数字化；另一个是服务基础设施，即收购运车管家完善线下物流体系，使得整个行业从业者之间实现高效、诚信协作，提高整个行业的效率。

实现智能化管理

在汽车产业互联网协同生态中，大搜车沉淀了大量B端与C端数据。如何将这两部分数据结合，通过智能化支撑大搜车的整个产业链布局，进而提升整个产业的智能化，大搜车正在积极探索。

今天，大搜车正在进行智能化管理的输出，其具体表现是智能化匹配，即把机器人引入销售过程中，用AI算法技术完成客户需求处理，不断改善平台建设。比如，后台机器人在处理销售与客户的录音中，可以精确分析出客户的消费范围、喜好和产品的优劣势等信息。一方面，进行客户画像，利于销售与客户的后续沟通；另一方面，通过智能机器人反馈，可帮助企业进行产品服务及销售的改进。

大搜车下一步的智能化布局

大搜车已经搭建起比较完整的汽车产业互联网协同生态，下一步的计划将是实现整个汽车产业的智能化布局。

大搜车推动汽车产业数字文明的布局，主要通过三条赛道来展开，分别是新车赛道、二手车赛道和汽车后市场（服务）赛道。

新车赛道

新车赛道是大搜车目前的战略重点，这是因为新车依然是目前汽车零售赛道的重要资产。客观来看，交易场景与用户数据对于整个汽车产业的数字化均具备战略价值。

在整个新车赛道布局方面，大搜车旗下的弹个车已在全国2 000多个区县布局5 500家社区店，打开了交易场景。

二手车赛道

在二手车赛道方面，大搜车从创立之初便开始了行业数字化的深耕，目前已有超过90%的大中型二手车商在使用大搜车的SaaS服务系统进行交易。

2019年新发布的大搜车家选将继续完善大搜车的二手车赛道。大搜车家选联合全国优质的二手车经销商组成联盟，从而实现共享品牌、库存、质量和运营标准，经销商对其店铺运营成本负责，而大搜车则建立和执行品牌产品的质量标准和保证政策，以实现经销商和消费者的共赢，同时大搜车也将二手车服务继续向三、四、五线市场下沉。

服务赛道

大搜车若要打通汽车产业上下游服务链，服务赛道的布局就十分重要。目前，大搜车正在尝试通过保险、车辆装饰、维修等业务打开后市场服务，满足消费者需求。而之前铺垫的二手车、新车渠道和交易场景也有利于大搜车第三条赛道的展开。

对于大搜车的核心竞争力，姚军红曾介绍，大搜车通过SaaS产品几乎覆盖我国现有的20万家汽车零售企业中的所有类型商户，其商户覆盖率接近60%−70%，这也意味着大搜车已掌握了我国60%−70%的汽车流通企业的数字化入口，这正是今天大搜车能够在激烈的竞争中快速搭建汽车产业互联网的核心原因。

同时，姚军红也在2019年提出了大搜车的未来规划，即在全行业共建数字化生态，推动汽车产业数字文明。就当前大搜车的数字化赋能来看，在数字化汽车流通产业链后，大搜车初步搭建起较完善的汽车产业互联网，而对于姚军红构想中的贯穿新车、二手车、汽车后市场服务实现数字化、协作化、智能化的生态体系，目前还处于不断完善阶段。

14.5 上汽大通：用户驱动的数字化战略转型实践

成立于2011年3月21日的上汽大通汽车有限公司（以下简称"上汽大通"）是上海汽车集团股份有限公司全资子公司，产品包括上汽MAXUS（迈克萨斯）、跃进品牌的众多车型。作为上汽集团最年轻的一员，上汽大通通过商业模式和业务模式创新，转型成用户驱动的平台化数字企业，即从用户处获得的大数据，驱动着企业不断优化组织流程和业务模式，在用户和企业之间实现良性循环。

成立8年以来，上汽大通始终保持着60%的复合增长率，耀眼的销售数据背后是企业数字化转型提供的助力。进入2019年以来，上汽MAXUS销量始终保持稳步攀升，1−7月实现单月销量7连涨，7月单月销量同比大增77.21%，其中海外同比增长16.67%，国内同比增长高达102.31%。

顺应与用户数字化直联的发展趋势，通过C2B智能定制模式实现全业务链数字化在线，打通生产、营销、服务的各个环节，真正做到直联用户、拥抱用户，这是上汽大通能够一枝独秀、逆势增长的根本原因。

拥抱用户的背后：全业务链由用户驱动

C2B智能定制模式

2015年，上汽大通认识到满足新一代用户的个性化需求能体现企业价值，于是率先在汽车行业实施C2B智能定制模式。通过C2B智能定制模式，消费者能够完全按照自己的需求和喜好来定制爱车，消费者要做的就是在家等车、验车、付款。但正是这样一个简单的场景，却要求企业在供应链、生产线、渠道链及企业的IT架构等全价值链中进行一次"换骨"式的转型升级。

C2B智能定制模式直联"需求者"和"生产者"两端，实现更加扁平化的商业经营。其标志是大规模、数据化和更加关注用户，其价值体现在实现用户驱动。因此，C2B智能定制模式对上汽大通是基因的改造，是让用户选择，而不是强制推行。经过大约4年的发展，上汽大通C2B智能定制模式进一步成熟起来（见表14.1）。

表14.1　C2B智能定制模式发展过程

时间	内容
2015年	上汽集团制定了"十三五"期间"互联网+新能源+X"的战略，C2B项目包含在内，上汽大通是该项目的主要承担者
2016年年初	C2B项目团队成立
2016年7月	上汽大通首度向外界披露C2B战略，并发布了C2B交互平台"我行MAXUS"
2017年8月	上汽大通C2B智能定制模式的首个产品——全民定制全路况SUV D90上市
2018年4月	北京车展上正式将提供这种智能定制功能的平台定义为"蜘蛛智选"
2018年8月	上汽大通全系车型都加入了C2B智能定制行列，消费者可随时通过手机端"蜘蛛智选"，定制和选购任意一款上汽MAXUS品牌车型

续表

时间	内容
2018年8月	上汽大通把C2B智能定制模式正式带到了澳大利亚
2018年12月	基于法国达索系统3DEXPERIENCE平台，建设C2B协同设计模式、C2B社会化协同设计社区及"新体验研发在线平台"，深化C2B智能定制模式

上汽MAXUS的很大部分订单都是由"定制服务"创造的。大数据统计表明，有30%的上汽MAXUS用户选择通过C2B智能定制模式自由搭配自己的爱车，以私人用户为主的G50、D90用户在线交易比例更是高达60%；有42%的车主在购车前使用过"蜘蛛智选"，如果将范围缩小到G50、D90的车主中，这一比例还要更高，分别达到57%和75%。消费者用钱包投票证明，更具黏性的交互式体验平台备受欢迎。

上汽大通的C2B智能定制模式创新主要基于三大平台：数字化研发制造平台、数字化用户运营平台和数字化营销平台，并依靠底层的大数据平台支撑。这也是其C2B业务整体架构（见图14.17）的变化。

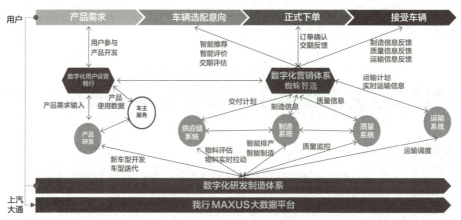

通过"我行数字化用户运营"，洞悉用户产品需求及产品使用数据，推动新产品开发及产品迭代
通过"蜘蛛智选"，打通营销体系和研发制造体系数据链，实现用户个性化产品和服务需求

图14.17 上汽大通C2B业务整体架构

资料来源：上汽大通公司。如无特别说明，本案例图表均由上汽大通公司提供。

研发流程的变化

传统汽车的设计流程是,主机厂按照供应商的想象、需求,历时三四年把车开发好,最后上市,一般都会有4-5种中高低配置来引导消费者购买,这种传统模式被称为B2C。而上汽大通做的C2B就是把C和B的位置倒过来,所有开发、设计、制造由客户驱动。

开发一辆车以前需要4年,现在需要3年,从一开始一张白纸构架的时候就让所有的客户一起参与,上汽大通构建了"我行MAXUS大数据平台",由客户出主意,专业的工程师、设计师和他们互动,将他们的概念和灵感变成现实(见图14.18)。

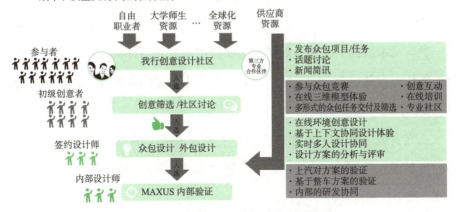

图14.18 上汽大通数字化研发制造体系

以前上汽大通刚刚把工程车做出来时,对此高度保密。但是现在这个过程全部向客户开放。在全球几个实验厂,让客户自己来开车、验证、发现问题。新车上市时,也是向客户开放,由客户定价,最后按照客户分析进行定价,做最后决策。

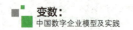

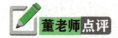

> 上汽大通的数字化转型模式在学术上被称为"基于客户需求的价值共创",这个概念以往在营销理论层面进行讨论,但并没有具体案例实证。价值共创概念的核心是指企业并不是在产品出售以后就完成了价值创造,而是在客户体验产品并获得满意度后才完成价值共创过程。而上汽大通的实践更加深化,将客户与厂家的价值共创过程前置于研发环节,把客户的偏好和行为及早嵌入产品设计和研发环节中,大大降低了以厂商为主自主设计研发的主观性、不确定性和风险,缩小了供给侧与需求侧信息不对称和认知偏差。

上汽大通作为一个新企业,创新是被逼出来的。C2B智能定制模式给整个团队带来了巨大压力。因为透明化开发新车的过程中没有东西可以隐藏,每一辆车流水线都不一样。怎样做到配料准确,怎样保证将正确的料送到线上,怎样知道每一辆车的做法,面对每一辆不一样的车如何判断装对还是装错,做到这些都很艰难。

上汽大通依靠数字化解决问题。上汽大通所有的系统都是联通在一起的,也和核心供应商互通互联。一旦客户下单,所有的触点都可以知道订单信息,都可以做准备。

智能工厂——制造的变化

上汽大通C2B智能定制模式需要从生产到供应链的用户选择主导,并实现规模定制与智能定制。与传统汽车生产线不同,C端用户千差万别的定制要求需要智能生产。智能工厂成为实现C2B智能定制模式的关键环节。

对于复杂多变的定制化任务,能不能完成它们是非常关键的问题。在设计过程中,上汽大通做协同设计平台。有想法、有能力的人员可以在网上直接做设计，有想法、没有能力的人可以把主意呈现出来，手画两张图也可以，上汽大通有团队与之对接。在制造阶段，所有的供应链和所有制造管理体系都是通过数字化打通的，不管物流制造还是产品工程都是这样。另外，所有物流是智能排产的，复杂的零件也是做模块化供货。通过这种分布式制造，既可以保证生产，又可以保证生产线上的东西千变万化。

汽车制造是流水线工作，加入了供应链数字化改造后，流水线式的加工链路被彻底优化，变为生产线跟随每一个订单的加工流程。从一而终，是C2B智能定制模式下生产流程的最重要特点。每一个从C端来的订单，也就是每一辆车，都有一个独立的ID，而后续所有零配件、生产、装配环节，都将对应着这一个ID来进行。这种从一而终的身份证模式，实现了生产线上的每一辆车都可以不一样。即使生产G50这款车型，在流水线上的前一个G50，与后一个G50，可能完全不一样。

上汽大通智能生产线的优势在于，从车型的开发阶段就开始让用户深度参与全过程。从预测发布、用户下单、计划排产、零件入厂，直至整车生产、质检、发运的每个环节，展现上汽大通覆盖产品全生命周期的"智能定制"理念。当订单来到上汽大通南京C2B工厂（见图14.19），集数字化基因于一身的冲压车间、车身车间、涂装车间、总装车间共同协作，为打造用户的"理想之车"而努力。同时，上汽大通借助基于网络物理系统、物联网、云计算及人工智能技术的综合性制造技术，例如行业领先的工程数据智能分析、数字化生产技术、数字化质量管理系统和数字化供应链等，驱动生产线的智能化转型。生产更加透明、高效和智能，可支持制造的车型款式多达10万亿种。

上汽大通南京C2B工厂将C2B大规模个性化智能定制理念融入"上汽制造"，以用户需求为中心驱动整个制造体系智能化升级。

图14.19　上汽大通南京C2B工厂

2019年7月1日至3日，以"领导力4.0：全球化新时代的成功之道"为主题的第十三届夏季达沃斯论坛在大连举行。在这场聚焦创新和企业家精神的全球盛会上，世界经济论坛公布了引领创新的最新一批工业4.0"灯塔工厂"名单，上汽大通是全球范围内唯一一家入选的中国企业。这不仅意味着上汽大通打造的全球首家全新C2B业务模式工厂——南京C2B工厂在世界范围的权威评选中获得肯定，也代表了世界经济论坛对上汽大通C2B用户驱动业务发展模式的认可。

运营流程的变化

上汽大通通过数字化运营平台（见图14.20）赋能一线销售顾问，实现用户数字化体验提升和用户转化效率提升，将粗放型品牌投放、单向客户沟通转变为渠道伙伴与客户全场景、全时段，1对1无缝沟通的用户培育模式，同时帮助一线销售顾问提升沟通能力和培训效果固化、提升能力。

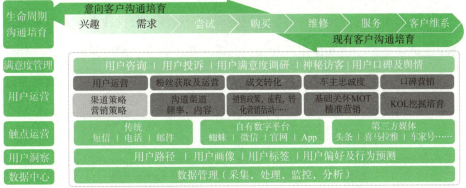

图14.20　上汽大通数字化运营体系

上汽大通改变了购车体验。以前消费者需要去店里购买，现在上汽大通对购车模式做了重构，PC端、展厅的大屏很多端口设计了自选。所有的车型可以将它打散、深度定制，差不多有200项可以定制。以前一线销售顾问可能要花一整天时间向客户推销，现在从四驱系统到销售场景内外有很多的选择项可以定制。以前也有定制，但定制价格是翻倍的，交付时间也非常漫长。上汽大通瞄准了这个痛点进行创新。

上汽大通把原本3年多的整车开发都开放给用户，让他们全程参与，带来的结果是有非常多的信息交互。每一个交互活动结束后，如果反馈不及时或者反馈错误，都会带来几何数级别的抱怨。后来，上汽大通通过平台拉动公司资源应对客户，让客户每一个建议和意见都能通过工单系统得到跟踪检查。

营销流程的变化

上汽大通的数字化营销体系（见图14.21）包括蜘蛛智选、我行MAXUS、房车生活家、蜘蛛智联等数字化平台，通过AI与包括车主、潜在客户、高意向人群在内的泛大众互动，获取用户信息，分析研究其价值，智能化向用户提供个性化服务，实现精准营销的目标。数字化营销体系的核心是蜘蛛智选，用户可以通过互联网完整地选配一辆车，在选完车之后可以选金融、车险，还可以选提货日期，这些都是在线、公开透明的。

上汽大通通过数据平台的数据挖掘为前台赋能。数据挖掘方式包括为大通车主群体画像，为高潜用户画像，为单一用户画像，跟踪用户轨迹，分析产品与人群关系，等等。在营销流程中，数据挖掘发挥重要作用，并且通过AI技术与用户深度多维交互，实现精准营销。

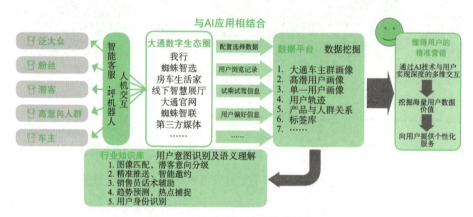

图14.21　上汽大通数字化营销体系

面向用户与市场的七大平台

在C2B智能定制模式中，上汽大通构建起了面向用户和升级在线管理的七大平台，包括面向C端的我行MAXUS平台、房车生活家、蜘蛛智选、蜘蛛智联和工程在线五大数字化平台，面向B端的大通知乎平台，以及面向内部的i大通平台。通过这些数字化产品的建设，上汽大通带来企业与用户及伙伴在全价值链上的互动体验，快速实现用户个性化产品与服务需求，从而真正达到用户在线、业务在线、组织在线。

董老师点评

汽车企业的平台化建设是整合全产业链、全要素的重要途径，在平台

上，不仅可以综合利用物联网、云计算、大数据、人工智能、5G等新一代数字技术，同时，可以整合自动化生产、数字化工厂、数字孪生、智能制造、智能营销、智能物流等多种解决方案。平台的建设不仅有效连接企业内部所用资源、流程和环节，还可以连接外部资源，如客户、供应商、合作伙伴、金融、保险等第三方机构，平台的建设是生态形成的重要基础，开放性的平台有机会和能力整合更广泛的资源，从而成为数字经济时代的领军企业。

我行MAXUS大数据平台。我行MAXUS大数据平台是面向粉丝和车主提供车生活的运营平台，围绕用户场景做好线上线下打通和粉丝转化，实现粉丝变潜客，潜客变客户的资产变现，加快从低频销售向与车生活相关的高频服务转型。我行MAXUS大数据平台完全由上汽大通自主搭建、自我运营，是汽车行业首个由车企创建的数字化平台，属于C2B中用户参与、用户制造的"入口"。为车主的爱车提供在线预约维修、保养、道路救援、配件查询、车联网等服务的背后，是以微信、App等为外部触点，以蜘蛛智选等为

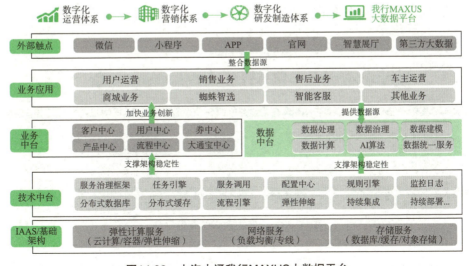

图14.22 上汽大通我行MAXUS大数据平台

业务应用内容，包括业务中台、技术中台、IAAS／基础架构在内的大数据平台（见图14.22）。

房车生活家。房车生活家是房车出行的国际化一站式平台，围绕用户资产变现、数据变现和业务模式变现，线上运营和线下承接能力，实现为用户提供独特的产品与服务体验。上汽大通房车生活家平台创立于2017年，致力于成为集房车租赁、营地预定、房车旅行、攻略游记、共享房车等功能为一体的房车旅行一站式服务平台。通过体验式、精细化、场景化的营销和运营，为用户提供触手可及的房车生活，引领并促进房车行业及上下游产业链的发展。截止到目前，房车生活家平台已在全网形成了463万粉丝和用户聚集，配合平台App打通线上线下房车旅行服务流程，让用户能够更加轻松便捷地享受房车旅行生活。

蜘蛛智选。蜘蛛智选是上汽大通面向用户的基于互联网的市场营销和产品营销的平台（见图14.23）。它通过智能化、语音等模块的快速迭代，提升用户体验。2018年，蜘蛛智选完成上汽MAXUS全系车型在线定制选配的开发工作，并实现了D90的智能定制在澳大利亚和新西兰市场的拓展，以及4S展厅、行业展馆等线下触点的覆盖。

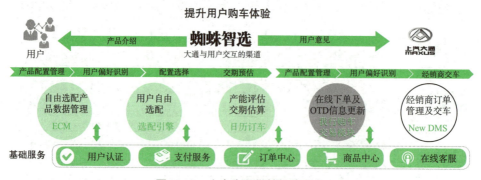

图14.23　上汽大通蜘蛛智选平台

蜘蛛智选上线以来，浏览用户超过121万，累计访问量达1 168万次，有

30%的上汽MAXUS用户选择通过C2B业务模式自由搭配用车,以私人用户为主的G50、D90用户在线交易比例高达60%。上汽MAXUS的用户正逐渐习惯购车前通过"蜘蛛智选"深入了解产品,并进行在线选配。这说明,C2B业务模式给用户带来更大的选择空间——消费者可以主动选择自己想要的配置,不必捆绑购买不需要的配置。

2019年,上汽MAXUS继续优化C2B智能定制模式,将蜘蛛智选打造成覆盖用户选车、购车及用车全生命周期个性化需求的在线营销服务平台。在用户体验方面,上汽MAXUS以更为流畅的操作体验、更为完善的功能体验以及更为智能的使用体验,提升用户全生命周期体验,实现蜘蛛智选由低频向高频交互的转变。而在产品功能方面,通过丰富电商、营销、社交、管理、金融、服务、培训等属性,蜘蛛智选将从目前已初步实现的多业务场景支持向衍生服务拓展,把C2B理念从配置的选择进一步扩展到服务的选择。

通过蜘蛛智选智能选配器,用户可享受在线选配、在线选择经销商、日历订车、订单跟踪、定金支付等功能,还可根据自己的实际使用场景和需求选择诸如轴距长短、快充或慢充等对应配置,真正实现了为用户提供需要的个性化产品和服务。此举在为用户创造更高价值的同时,也生成了同质化竞争远远无法获得的企业价值。

蜘蛛智联。 蜘蛛智联是上汽大通自主研发的一款智能互联产品,结合商用车和乘用车的使用场景,兼顾个人及企业用户的功能需求,并支持企业定制化服务,为各行业打造智能互联解决方案。蜘蛛智联平台是智能互联系统,基于云、管、端三大通道,通过多终端、多触点的数据传递,实现人、车、家、企业的一体化智能互联。蜘蛛智联平台联合上汽集团开发和谐的生态资源,将汽车打造成智能移动空间,为用户构筑美好汽车生活,为企业构建高效管理平台。

工程在线。 工程在线是国内首个面向用户开放的平台,以社交化的在线设计产品与服务，培养年轻设计人员，突破企业边界，优化行业资源，形成社会化协同生态。平台通过大数据、人工智能、虚拟/增强现实等技术，建立上汽大通工程师和社会设计力量协同设计的环境；同时为非专业用户提供可视化方式，让用户看到上汽大通产品的"设计端"运营，参与产品的设计环节，提高用户参与的趣味性，丰富用户参与的内容。平台共有298位工程师在线，浏览量超过90万次，积累了3万多条一对一问题建议，每条建议都由工程师进行回复沟通。

大通知乎平台。大通知乎平台是营销板块渠道伙伴、区域管理、总部管理、业务管理，以及执行、交流、学习、服务的平台。上汽大通通过这一平台与经销商分享信息，帮助其解决问题。平台是上汽大通面向经销商的服务平台和标准化、在线化、数据化的管理抓手，不仅能够进行知识交流，还能够为用户带来最佳的销售服务。平台拥有众多上汽大通潜在用户，能够不断进行潜在客户发掘，从而实现精准营销。大通知乎平台不仅服务于上汽大通内部的企业员工，同时也能够服务于各类顾客，并改变了传统的销售方式，让顾客参与到销售过程中进行销售，而且还能够进行知识问答，以便用户获得大量的企业知识。

i大通平台。i大通平台是面向内部的员工在线服务平台，通过直联员工，给员工赋能，为公司发展献计献策，帮助并监督公司的运营，同时也服务好、运营好员工，提升组织在线能力。它是员工在线、组织在线的核心，也是上汽大通实现平台化建设的基础和建成平台的必要条件。在i大通平台上，员工可以匿名发言，"@"领导解决问题，相关负责人响应率高达90%以上。在未来的2.0版本中，上汽大通将要强调"我的平台我做主"，充分调动广大员工的参与热情，引导员工自我学习、自我驱动，让员工与企业充分交互，推动企业文化不断迭代。同时，上汽大通将推出人才"自由市场"，员工可以跨部门去学习他们感兴趣的专业知识。除了强化组织在线功能之外，i大通平台还将引入线上多场景、多练习、多反馈，线下精准翻转的线上与线下混合型、透明化的学习路径。

双中台建设规划

经过3年多的迭代，上汽大通收获和采集到了海量数据。这些信息最终怎样利用起来呢？上汽大通希望通过业务来驱动它，为此于2019年启动了双中台建设——业务中台和数据中台（见图14.24）。此举可将企业的核心竞争力随着业务不断发展以数字化形式沉淀到平台，形成以服务为中心，由业务中台和数据中台闭环运转的运营体系，供企业更高效地进行业务探索和创新，实现以数字化资产的形态构建企业核心差异化竞争力。

图14.24 上汽大通双中台规划

用户驱动的组织结构转型

以用户为中心的组织结构

C2B大规模个性化智能定制模式对业务模式的改变，最终需要落地到整个公司组织结构的变革上。上汽大通将原有科层组织结构转化成以用户为中心的组织结构，需要数字化、智能化来驱动流程变化。

在传统的制造模式下，组织结构是串型，转型前的上汽大通也不例外。

在这种组织结构下,部门之间条块分割,区域市场各自独立,不能通过形成合力来提升整体的生产和营销能力。但在C2B智能定制模式中,各部门需要与海量的机构进行合作,原本的组织结构无法支撑。

上汽大通在组织流程再造方面进行探索,将逐级汇报的科层结构组织转变为以用户为中心的流程型组织(见图14.25)。其具体内容包括蜘蛛智选、我行MAXUS平台、房车生活家、蜘蛛智联和工程在线等数字化平台,面向B端的大通知乎平台,面向内部的i大通平台等。以用户质量反馈为例,用户在我行MAXUS平台反馈信息后,以"用户+数据"为决策依据,以用户需求为输入要素,在整个组织中,将所有的员工协同在一起,以用户的需求为导向,组织服务于业务流程,满足用户价值,实现组织在线。为此,上汽大通将内部结构转变为中台支持一线的形式,通过触点给一线部门赋能。通过这种网状的组织结构,让上汽大通与客户能够进行快捷而有温度的沟通,真正实现以用户为中心。

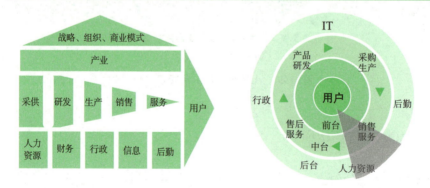

·业务前台:围绕用户,设计满足用户需求的产品与服务,提升用户满意度,挖掘培养用户新需求
·业务中台:根据前台需求,高效打造产品和服务
·业务后台:能力发展与系统保障、赋能员工、赋能经销商

图14.25 上汽大通 C2B智能定制模式中组织结构

上汽大通组织变革的第一步是让组织释能。如果已有的工作方法和流程做不到,就想办法和创造工具去解决。这个工具就是上汽大通的大通知乎平台——直联经销商的数据平台。大通知乎平台于2017年上线,一开始只是为了回答经销商一些问题而设的平台,目前已经从1.0版本迭代到3.0版本,并逐渐发展成经销商的一个管理平台和销售工具,包括数据、报表、素材、资源,甚至是试乘试驾等标准的销售动作都被集成在这个平台上。

2019年7月,大通知乎平台3.0版本可以触及每个销售顾问。销售顾问依靠这个平台和工具就可以更高效、专业地销售产品。针对如何赋能经销商,3.0版本从流量赋能、内容赋能、工具赋能、数据赋能四方面着手,让离用户最近、离成交最近的销售顾问在统一的数字化平台上有效地进行用户培育转化,推进成交变现的"最后一公里"。

"组织在线化"的一大变化就是流程再造。通过负责前插重点区域的所谓"武工队"和入驻一线门店的所谓"攻坚队"的前插,上汽大通原来100多个销售流程已经被简化成30多个核心流程。在这个过程中诊断出近400个问题,所有问题都是当场诊断、当场给出解决方案,同时还为经销商解决了销售工作中近百个面临的难题,并随之将这些问题的解决办法和整改经验复制推广到全国300多家经销商门店。在这个过程中,上汽大通通过建立"武工队"销售中台,快速支持解决销售终端的问题,并进行推广。而且,在引入"官兵互评"机制后,前台人员随时可以对中台提出意见和建议,总部人员给人"摆派头"的印象少了,办事感觉容易多了。

在所谓的"武工队"前插过程中,上汽大通发现了一些高频次问题,这些问题在中台人员看来,可能属于基础性问题,但往往是销售过程中的痛点。如何解决管理中"最后一公里"问题?方法之一就是通过NGO组织(非官方/营利组织)形式,把这些问题做成统一在线的课件,送到全国的经销商处,"逼"着销售顾问去学习,不仅要学习,还要通过考试。这种通过发现高频业务中的痛点,结合业务场景做的微创新和微服务,是上汽大通组织变革中的"撒手锏"之一。

只有释能组织,才能更好地为组织赋能。其具体做法是让中台充分地服务前台,为前台赋能(见图14.26)。在新的组织和工作架构下,销售公司的节奏明显加快了。这为之后上汽大通将组织变革推向公司其他部门树立了一个很好的样板。

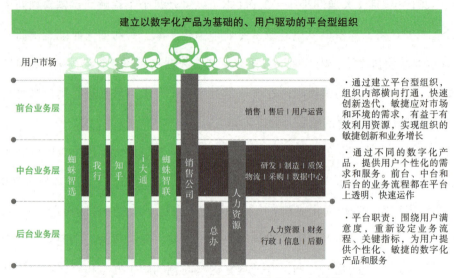

图14.26　上汽大通C2B智能定制模式中组织结构要素

在数据中台的支持下,总部各部门的角色开始发生了转变,从"布置任务"变成了"服务一线"。销售端所有的工作和数据都在线上实现透明化,所有的需求和资源都一目了然,沟通效率得到有效提升。以用户为中心的组织结构转型需要强有力的组织推动。为了实现以用户为中心的组织结构转型,上汽大通贯彻以"人"为本的思想理念,以为经销商、管理者和员工赋能的方式保障转型成功。

激发员工创新潜能,培育创新文化

上汽大通围绕以用户为中心的组织架构建设,依靠创新文化培养和管理创新。在组织中会有非常优秀的干部和员工脱颖而出，企业让他们挑更大的重担，承担责任，起到带头模范作用。利用阶段性成果激励团队和员工，吸引更多的员工参与，并建立淘汰机制。上汽大通还建立"开放共生"的管理理念，贯彻对员工归属感文化的打造。2018年年底，上汽大通开始进行多场工作坊活动，进行"开放共生"的理念学习与培养。经过多次工作坊活动，大家达成了共识。

2018年至今的组织变革中，已经有35%的总监人员、44%的高级经理人员进行了调整。通过咨询公司为员工所做的人才画像，上汽大通的管理团队发现，上汽大通的文化其实很有自己的特色，员工普遍能吃苦，工作有韧性，但又很乐观。

从2019年3月开始，上汽大通人力资源部为了做好人才的数字化转型，请专业咨询公司对上汽大通250多位在职干部（高级经理及总监）和675位后备干部，根据未来人才数字化模型的维度和要求，进行数字化人才盘点，建立起数字化人才画像。通过整体测评结果报告发现，他们在勇担责任、坚忍执着方面高于汽车行业平均水平，展现出吃苦耐劳、敢于挑战、自我驱动以追求更高目标的人才优势，这些都是上汽大通能够快速进行组织转型的良好基础。

上汽大通进行数字化人才综合测评，将测评报告通过"i大通平台"发送给了所有接受测评的员工，组织了线上线下多场报告解读会，并要求从分管领导到总监，再到高级经理，最后到员工，由上至下开展报告反馈，让每个人都能清晰地看到自己的性格是怎样的、领导力水平如何、逻辑思维能力如何，了解到自身的优势和不足，以及根据组织转型和业务的要求，需要如何拥抱变化、改进和提升。依据测评结果，上汽大通人力资源委员会批准了公司下一步人才选用育留的新举措，为组织转型做好了下一步的准备。

管理团队曾经在i大通平台上发布了一条"奋斗者召集令"，让员工们一起来讨论"什么是奋斗者文化"。召集令发布后，有4 183位员工参与，历时

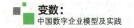

7天，生成近3 800条建议、13 150次点击，相当于每个员工至少点击了2次以上。通过员工的建议和反馈、线下讨论、线上评选，再经过管理团队和员工一同投票，生成了大通的"奋斗者定义""奋斗者特征"和"奋斗者行为准则"。其中，"奋斗者行为准则"包含7个提倡行为和7个反对行为。这些行为的界定清晰地将大通奋斗者文化转化为工作行为要求。

上汽大通的组织变革，无论是动因还是路径，都有其独特性。其动因来自业务层面的创新，全新的C2B智能定制模式倒逼着组织和流程必须进行变革；而其路径来自企业管理层的自发和自觉，引入管理工具来打破壁垒，解决了信息流转的透明度和效率问题。上汽大通的组织变革，让员工们能够拥抱变化、接受变化，并且参与到变化中来，创新文化在创新变革的氛围中沉淀下来。

14.6 良品铺子的数字化实践与探索

近年来，零售行业不断升级，从百货商店、超市业态到连锁商店，围绕渠道已经发生了三次迭代进化，现在是第四次升级。这次升级有两大驱动力：第一个是消费升级。中国中产阶级超过3亿，随着消费水平的提升，趋向高端化、服务化和体验化。第二个是技术进步，包括大数据、云服务、在线互联及数字化。它带来了整个零售业态的快速发展和变化。

良品铺子认为，在第四次零售行业升级的数字零售时代，零售业有几个基本变化：

（1）"新零售"出现。以盒马鲜生为例，一家店铺的线上订单销售数量已经与线下订单数量相当，渠道的时空界面进一步交叉，并相互引流。而且，盒马鲜生不仅有常温商品的陈列销售，也有冷柜陈列、海鲜等，还有餐饮的现场制作，销售购买与现场体验进一步融合。还有大量新技术的应用，如人脸支付、电子价签、客户精准营销等。

（2）渠道碎片化，包括门店、团购、外卖、线上商城、App、微信小程等，即只要消费者有需求的地方就有对应的渠道。

（3）消费升级带来产品升级，包括产品的原材料、生产工艺、产品包装等一系列的升级。

（4）数字化运营和在线管理将人、货、场这些管理要素数字化，工作沟通在线化，业务管理任务化，大大推动管理水平的提升。

良品铺子将自己定义为数字化技术融合供应链管理和全渠道销售体系，开展高品质休闲食品业务的品牌运营企业。

在前端，良品铺子将市场和需求的大数据分析反馈给研发部门和供应商，开发新产品，倒逼供应商进行高标准、个性化的生产，提高协同水平，降低成本。在销售端，由于线上和线下的一体化融合，良品铺子的门店坪效进一步提高。从2006年开业到2016年开到2 000多家店，由于经营成本、人力成本的增加，良品铺子的营业额增速滑到个位数。而之后两年，经过数字化改造，良品铺子重回双位数增长（25%），并保持了70%的复购率。

积极拥抱数字化带来了更多管理优化，比如组织优化，架构扁平化，简化工作流程，提高沟通效率与透明度等。

定位"高端零食"，淬炼"三大武器"

《2018中国休闲零食新零售研究报告》[①]显示，预计到2020年，中国休闲零食整体市场规模接近2万亿元。但这个市场，到现在为止还缺少足够强大的玩家。良品铺子目前是中国市场线上线下最大的零食连锁品牌，2017年销售

---

① 亿邦动力研究院. 2018. 2018中国休闲零食新零售研究报告[R/OL]. (2018.05.24) [2020.03.30]. http://www.ebrun.com/20180524/278784.shtml.

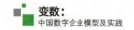

额也未过100亿元，中国目前的零食市场还是一个未充分竞争市场。

2019年年初，在连续3年全国销售领先的"硬核"成绩单基础上，良品铺子把"高端零食"作为品牌定位和企业战略，彻底与打价格战的其他零食玩家建立明显区隔。有这样的底气，全因"为良品，而死磕"，良品铺子已淬炼了面向未来的三个"武器"：产品品质化、深耕供应链和运营数字化。

第一，坚定不移把产品做好。做出最高标准的产品，未来仍然是良品铺子最核心、最值得依赖的路径。

第二，强化供应链协同效能。未来的路还长着，一个好产品，受原料、工艺、环境的影响，也受运输效率的影响。所以，整个供应链能效的协同非常重要。良品铺子是一个零售企业，把能效深度联动起来，是第二个重要的地方。

第三，加强IT技术能力，实现运营数字化。数据能够识别用户、触达用户，能形成运营管理的闭环，这些都是深度的挑战，所以在良品铺子创始人杨红春看来，数字化有两个目标：对外，优化消费者体验；对内，优化企业运营效率。通过新零售形成具体项目的进化，带动整个企业形成全面的改变。倒逼整个良品铺子实现数据驱动的管理和运营，而不仅仅是集中在如何获取增量上。

良品铺子数字化全图景

从2006年开设第一家店开始，经过多年发展，良品铺子通过线下门店的强覆盖，形成品牌的传播和对用户认知的占领，发展迅速。在2010年，线下门店数量达到360家。2011年开始试水电商，2012年发力线上，抢占互联网的先机。这其中，线上线下逐渐形成相互融合发展。比如，线下门店的拓展强化了区域用户的品牌印记，促进同区域平台电商的发展；平台电商的销售数据，又会提升全域用户的品牌认知度，指导新市场线下门店的拓展，从而形成线上线下协同发展、共同促进的场景；同时，还有口碑网、支付宝等工具在同时促进线上线下的融合。

良品铺子还发展了社交电商，即微信商城，利用社交网络，流量经营形成了一个大的增量。另外，零食是低客单价、高频购买的品类，用户有较强的黏性和活性，通过App可以沉淀忠诚粉丝。目前，良品铺子App的安装用户已经突破400多万。此外，良品还建立了本地生活的外卖平台，打造了半小时足不出户的生活圈。

良品铺子的"良品甄选"项目打通了终端用户和后端原产地的直销，形成了C2B的模式；另外，以单个门店为核心，良品铺子在周边写字楼部署无人货柜，通过门店充当前置仓，对无人货柜补货，形成了更高密度的覆盖，以及良好的购买体验。2018年，良品铺子还完善了微信小程序，包括礼品卡、外卖、会员管理等，可以借助小程序随用随走、不需安装的方式快速推广。

良品铺子以建立用户的最佳体验为目标，和各企业平台进行合作，建立了丰富的全渠道体系；从交互、交易、交付三个方面来提升全渠道的管理运营水平。目前，良品铺子在全国有2 000多家线下门店，线上和线下的规模基本相当，渠道发展非常健康。

数字化与高端战略中的场：渠道升级

在"场"的方面，良品铺子做了很多的探索。对于零售业态来说，开店本身并不难，但如何开好店、开盈利的店、开持续盈利的店是不容易的。

传统模式下，开一家店，需要开发人员现场数人流，并且要区分工作日、周末和节假日的人流，这样的统计工作很辛苦，并且还无法了解人群的相关结构、消费特征。利用大数据的门店开发平台后，情况就不一样了：首先，结合大数据进行统计和分析，找到周围客流的画像，对客群进行统计和分析，以指导门店规划；其次，根据门店的标签、客群的标准，来计算门店的销售预估，指导与房东的价格谈判，确保盈利；另外，基于人群画像还可以指导选品，明确产品的分配和布局，等等。

2006年开始，良品铺子发展单渠道门店，2011年进入平台电商，目前电商平台的份额占比超过了40%。2014—2017年，良品对全渠道社交电商做进一步拓展，与钉钉、腾讯达成合作，共同打造社交小程序、智能导购系统等，向新事物靠拢。

目前良品铺子的线下门店已经超过2 000家，并进行了数字化的探索，比如差异化的场景促销。良品铺子一直在不断规划渠道与场景相融合，推出了"99月光族""妈妈囤货节""周末的规划师"等，建立零食与周末、家庭的关系，为客户提供高品质的零食搭配组合套餐，通过"场景包"的精确搭配达到较高的会员转化率。

平台电商也保持着持续的增长，这主要来自五大突破：

（1）互联网信息技术的应用：良品铺子在信息化建设中的投入比较大，通过SAP系统，建立了全渠道资源体系。

（2）高效的物流体系："良品一号"物流基地目前已实现全自动化仓储管理。

（3）产品创新，品质升级：围绕商品特点与消费者进行更为亲密的互动，产生创新点。

（4）品牌互联网营销：通过线上营销增加品牌趣味性，提高品牌转化率，实现品牌互联网营销能力的突破。

（5）全渠道的零售模式：良品铺子利用大量时间，对全渠道营销模式做了深度研究和探索。

数字化与高端战略中的人：精准营销

在"人"的方面，数字化应用有很多，如品牌的全域精准营销。一般来说，品牌费用、仓储物流费用、信息化的投入等，是每年的费用大头。良品铺子通过和阿里品牌数据银行的合作，找到相关客群进行精准广告投放，然后策划相关的活动承接,扩大品牌的认知,实现转化提升,效果明显。

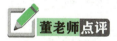
董老师点评

> 良品铺子作为快消食品企业,虽然创立于2006年,且身处传统行业,但是,从整个运营体系来看,具有很大的互联网基因。企业对门店的管理、对客户数据的分析和预判,以及基于这些资源对产品的销售和新产品的研发,都具有数据密集型特征。这种端到端数字化连接和数字化分析的能力,使得它始终与客户保持深度互动和联结,是用数字化方法做传统行业的典范。

再比如会员的精准营销。目前,良品铺子有3 000多万会员,这是公司的宝贵财富。良品铺子的会员经营有很好的基础,很早就实现了一店一微信,每个门店都有一个微信群,和客户进行互动,增加用户黏度。优秀的店长,都有很好的用户经营经验,如给会员的新品推送、免费品尝、外卖配送等。

现在,良品铺子利用大数据来实现精准的用户分群,比如,针对忠诚老客,推送满减券,提升客单价;针对偶尔客户,根据其产品标签和喜好,用单品优惠券吸引他们到店消费。

数字化与高端战略中的货:端到端竞争力

在"货"的方面,良品铺子作为一家专业零食店,其核心竞争力是产品的品质,高品质是公司的核心价值观。品质除了原材料好、工艺好外,还要新鲜,那么,如何去提升产品的新鲜度?围绕这个课题,良品铺子进行了三大布局:构建产销协同体系;打通端到端库存可视化体系;建立销售预测体系,推进自动补货。良品铺子通过清洗数据,改善标签管理,对促销、节假日、产品、店铺等因素建模,建立了销售预测体系,推进自动补货,并通过大数据不断优化,提高准确率。

良品铺子不断完善产销协同体系，拉动前端销售和后端供应的快速供应关系，同时在产销协同体系里面，导入相关的销售预测，包括计划模式的优化和变革、缩短产销周期、减少断货率、减少库存周转天数等。

良品铺子在门店快速扩张的同时，遇到了"补货"这一大难题，为解决这个问题，良品铺子上线了自动补货系统。只需要在门店管理系统中轻点鼠标，就可以看到全国2 200多家门店的库存信息，自动补货系统会发送补货单，提醒门店补充产品。

此外，良品铺子还在自身的仓储能力上寻找突破口（见表14.2）。目前，良品铺子实现了中心仓、区域仓、门店（仓）的三级仓储布局，区域仓来减少中心仓的压力，并在2018年升级完成了自动化复合一体仓，利用强大的仓储系统，快速匹配不同渠道发起的订单需求。在合理利用仓储面积的同时，提升了仓储物流的效率。

表14.2 良品铺子高效的物流体系

三级式仓储分布	中心仓、区域仓、门店（仓）
快速响应的物流网络	干线、支线、落地配、订单自动寻缘（就近发货）
多种便捷的交付方式	配送、预约、自提

良品铺子常务副总裁周世雄曾表示，所谓新零售，从客户端来说，是给用户提供更好的体验，从企业端来说，是给企业提升效率。

良品铺子2018年自主研发的"自动化复合一体仓"，极大地提升了仓库的出货效率，实现了线上线下货物的混合存储，能够同时开展线上平台仓和分仓调拨业务，支持良品铺子线上线下多元化业务。

良品铺子华中物流中心就是一个典型的食品流通型物流中心，也可以说是一个"黑灯工厂"。引入了自动化的立体库，仓库中数百万箱零食的入库、出库，全都由码垛机器人来完成，实现全自动补货，并且可以通过识别条码来保证出入库的准确性。这个过程如果由人工来完成的话,一个工人一天至少需要走24公里,现在因为机器人的介入,工人只要守在100米的范围内就可以完成工作。

同时,为提升仓库出货效率,良品铺子上线了仓库管理系统,利用数据驱动机器人的取货和补给,保持出入库的平衡,让有限的仓库既不爆仓,也不空闲,在密集存储的前提下,提高仓库的利用率。同时,系统也保证了门店补货订单在仓库停留时间不超过4小时,还能筛选出加急订单优先发货。

随着全渠道销售趋势的来临,以及人力成本的不断提升,"人—机—物"的高效协同作业,是企业在仓储物流方面实现降本增效的必然趋势。

数字化与内部运营:业务在线高效协同

如何提升经营水平,是良品铺子在管理的数字化方面重点研究的。雷达图的诊断能够自动找到单店的问题短板,并通过区域/公司的排名和比较,找到提升手段,形成建议方案。

另外,为员工提供云培训,即在线学习平台;按照组织去中心化、打造社群的概念,把一切工作模型化,学习时间碎片化,通过任务的强关联,来驱动能力的提升和知识补充。

良品铺子的整个数字化进程,是围绕着商品、渠道、顾客、员工、运营整个体系全面开展的。以顾客为例,通过数据标签,给会员做精准分群,来做单店的会员经营,通过App、微信小程序、公众号、短信等各种方式和用户进行交互,实现全域的精准营销。在运营层面,建立运营体系,围绕着预实差的基本运营逻辑,将市场活动,商品、会员、营运、人事、财务等整合到运营体系里去,实现管理的数字化。

良品铺子数字化四步走

良品铺子的数字化不是一蹴而就的,大概分了四个阶段:

2008—2014年是独立系统的构建阶段,包括构建了ERP、OA等系统,以及技术平台建设,这个阶段是良品铺子信息化建设的高峰期。

2015—2016年是全渠道基础平台建设阶段,包括全渠道信息化项目启动、良品一号物流中心投产等。

2017年是IT与业务的融合阶段。启动了BT/IT项目,推动流程与IT融合;还启动了BLM项目,IT与业务融合,成立PSI部门。进一步强化了技术和管理的沟通和交流。

2018年至今,是数字化转型阶段,推动了业务在线,包括微信商城、良品App、客服系统、微信小程序、IT服务台、钉钉微应用、大数据平台等。

从良品铺子信息化发展历程及整体架构(见图14.27)可以看到,良品铺子设立了员工门户、加盟商门户和供应商门户。不仅支持加盟商,还能够管控供应商,给供应商提供相关的增值服务。并且为员工提供业务在线、管理在线、沟通在线的基础平台,把中台和后台的组织赋能全部推到员工端,给他们更多的权力和管控,去提升业绩。

图14.27 良品铺子信息化发展历程及整体架构

资料来源:良品铺子。

业务支撑层包括客服中心、订单中心、营销中心、库存中心、支付中心等相关中心的支持。数据支撑层和经营管控层是后台技术的业务，比如SAP等基础业务，它支撑整个信息化高速公路的管理。

良品铺子整个全业务的价值链的数字化转型，是围绕着大中台，以会员中心和营销中心做基本构件，夯实用户营销的核心能力。以后台系统，包括商品管理系统、风险管理系统等作为基石，围绕用户、品牌、商品、渠道开发、渠道运营和组织管理等进行数字化。

董老师点评

> 良品铺子最大的优势是在其初创团队中就有信息化高手，具有信息化素养的高层管理者带来的管理理念和基因，使得企业在早期内部管理中就重视信息化系统的建设和能力构建，并为数字化转型打下了坚实的管理基础，当新的技术到来的时候，企业有能力评估技术的价值及如何与现有的系统对接。良品铺子的案例证明，无论企业所处的行业多么传统，创立时企业规模多么小，只要有信息化数字化系统做支撑，有全新的管理理念，企业就一定有发展扩大的空间。

14.7　企业CXO与专家维基数字化

中国铝业集团有限公司信息化管理部副主任文欣荣

数字化对于一个传统原材料工业企业来说，首先是如何用数据把原料、设备、生产过程、管理、产品等分别描述清楚，这是企业数字化的基础；其次是解耦各类数据之间的关系，挖掘其价值，做好数据赋能是数字化的目标。

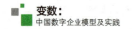

惠生集团原副总裁赵德旭

就传统企业而言，信息化是基于单个业务单元或者局部业务单元建立的数据环境，体现的是局部业务优化的价值；数字化是基于业务全局建立的统一数据环境，体现的是全局性优化或创新突破的价值，通过增强内外部客户体验，形成以数据为核心的业务驱动，最终实现物理世界的业务与数字世界的映射关系，利用内外部数据的洞察，在数字世界实现模拟，达到优化、重塑现实物理世界的作用。

北京中油瑞飞信息技术有限公司技术专家孙杰

能源行业一直有使用数字技术的历史传统，特别是在上游，数字技术具有很大的价值潜力。例如，在生产系统中引入微型传感器和光纤传感器，可以提高产量或总体油气回收率；使用自动钻机和机器人，可以检查和修理水下基础设施、监测管道和油罐。在未来，更多的可穿戴设备、智能机器人和人工智能技术将应用于石油和工业行业。数字技术的广泛应用可使很多生产环节无人化，不断降低油气工业的生产成本，智能监测技术的应用还可使生产更加安全和高效。

能源行业的数字化转型，将创造新的生命力，对数字技术的应用水平将直接决定数字化转型的质量和未来。我们需要保持对未来的好奇，保持对创新的热情，保持对挑战的渴望。在数字化的浪潮中，只有效率、勇气和创造力都具备的企业，才能占得先机，为企业赢得市场的主动权，同时也会在未来取得持续的收益和成长。

河南双汇投资发展股份有限公司CIO 刘志权

数字化是企业推动自身产业管理升级的法宝，企业的数字化战略与企业的核心业务战略同等重要。在消费升级、新技术、新商业模式的不断冲击之下，企业数字化转型成为大势所趋。这已不是企业发展的选择题，而是必答题。作为一家传统制造企业，面对数字化转型，我们的态度是既要积极拥抱，又要冷静思考、沉着应对、大胆试水。不能盲目跟风，一定要本着提高供应链劳效、降低供应链成本的目的，做好顶层设计，找准切入点，弄清楚不足，定清楚方向，搞清楚规划，才能在这场变革中占得先机。

凯晟控股总架构师王永红

企业数字化，就是从法治走向数治、法治并行的过程。企业要走向数字化，对领导人才的要求已经从"二Q"走向"三Q"，即高DQ（数商）、高IQ（智商）、高EQ（情商），企业只有具备DQ的人才，才能带领下属、带领企业真正走向数字化。未来企业的发展，只有通过数字化制定战略，通过数字化落实战略，通过数字化经营，才能促进企业发展壮大，才能促进企业不断创新，才能保持基业长青！

美团点评技术学院院长刘江

世界都在数字化，其重要性毋庸多言。但是，数字化容易陷入技术导向、概念导向的陷阱，拿着锤子找钉子，失败率极高。要从问题出发，从真实需求出发，要考虑投入产出比，要尊重客观规律。

物界科技（上海）有限公司创始人兼CEO田民

数字化转型最大的挑战，不是技术，而是人、组织和管理模式。数字化转型需要对业务流程进行端到端的解析、分解和重构。传统信息化的本质是人驱动系统，系统是人的流程中的一环，所以好不好由人决定，系统只需要关注有没有，实现功能即建设完成。数字化的本质则是系统驱动人，人是系统流程中的一环，好不好由系统决定。在数字化转型过程中有三个关键点：首先，数字化技术要与业务场景进行深度融合。其次，循序渐进，创新求变。最终，创造出新的商业模式，带来新的业务增长。

中交西安筑路机械有限公司总经理助理赵飞

对传统的制造型企业而言，数字化转型的目标主要聚焦在三个核心点：产品制造过程的数字化管控水平，产品自身的数字化水平，以及产品服务的数字化水平提升。这不仅体现在以流程为核心的信息化手段对业务流程的辅助，更多的是需要利用数字化技术对物理世界进行建模重构，通过全过程的状态感知、数据分析、数据决策、智能执行，进行"OT+IT"的深度融合，消除时空壁垒，完成工业互联及产业互联，完成物理与信息的完整生态闭环，完成局部资源到全局资源的开放、共享，实现真正的全产业链数据驱动价值。

祈福集团首席信息官何雪峰

数字化是数字经济下的新产物，确实也是企业要深化信息化、实现智能化的一个概念呈现。

虽然被赋予了准技术倾向的名称，但数字化一定不是个技术概念，它是信息化全面覆盖基础上赋予企业的一种能力和日常惯性行为，并融入企业各种角色的日常经营行为意识中的一种能力。连接上游供应商、下游客户/消费者，连接各种智能设备下的经营活动，以万物互联成为一切以信息和数字来驱动决策的行为，把混杂感性的决策以更加理性、更为标准、更为习惯数字化后的下意识的行为来呈现。决定进入一个新的领域、开设一个新公司、研发一个新产品不是单纯依赖带有大量模糊经验的一群人来决策，而是基于各种准确影响因素的集合的准确判断，表面化的阐述即"数据驱动决策，而非数据辅助决策"。一方面，全面数字化驱动了企业发展和变革原有经营模式；另一方面，新的经营模式又衍生新的数字化诉求，二者交织，快速进化。

北京青云航空仪表公司高级工程师黄迪生

在制造业应用的层面，我更关注的是围绕产品的数字化，即由PLM主导的产品数字化。在异彩纷呈的新科技（智能制造、3D打印/增材制造、机器人、VR/AR、工业大数据等）中，产品数字化是这些新科技的共同基础，是这些新科技的最大公约数，是企业最应该做的，也是企业最值得深入做的。

今天，我们看到新型战机频频亮相，扬我军威，这都要归功于航空工业在飞机研发与制造数字化方面数十年的投入与积淀。从零件到部件，再到数字样机，终于有了全数字"运20"的成就，中国的飞机设计制造能力取得突破性的进展。然而，数字化之路永无止境，航空工业的数字化依然在路上。

中国黄金集团黄金珠宝股份有限公司信息管理部总经理周韩林

科技，已经成为企业未来无法替代的核心竞争力之一，如何将企业基础数据、组织管理、业务流程、协同等标准化，是企业数字化所要面临的最基本挑战，"要致富，先修路"，要用数字化的手段和思维将ERP、MES、人力资源、财务、营销系统、OA等支撑企业日常运营的道路互联互通。实现数字化，将助力企业获得更强的市场竞争力。

大东方股份有限公司CIO徐伟

数字化转型已经成为未来企业发展的核心战略，这是企业应对经济增长放缓、市场竞争激烈、用户需求越来越个性化的必然结果。企业应制定合适的长期战略来应对。未来十年，企业的重要竞争力之一将是数字技术和数字人才的应用。

阿里巴巴"大中台、小前端"的架构、数据中台的实践，都揭示了未来企业使用信息技术的本源——以用户为中心，做好数据管理是关键。

数字化转型，就是利用最新的数字化技术（例如云计算、大数据、移动、社交、人工智能、物联网、机器人等）和能力来驱动组织商业模式创新和商业生态系统重构的途径和方法，其目的是实现企业业务的转型、创新、增长。

数字化转型带来的价值在于重构商业流程、用户体验、产品与服务、商业模式。这四个重构也是信息技术支撑业务的四个重要阶段：从提升内部运营效率来重构商业流程，通过新技术提升用户体验，通过产品服务的智慧化使产品增值走向高端，同时连接用户，提升用户忠诚度，并通过数据收集与分析带来新的商业模式。这种数字驱动下的全渠道战略，也将给客户带来超预期体验的全新业态。

中国管理科学学会创新管理专业委员会联席主任王吉斌

数字化，需要厘清管理和组织变革的若干问题，很多人都意识到技术进步、效率提升、模式改变，但是很少有人考虑，数字化转型中管理和组织变革不可或缺。

一是熊彼特假设的"假设"。实体企业在与数字经济融合的过程中更具有创新优势，未来没有实体企业与数字企业之分，一切企业都将数字化，数字化将成为基础设施和创新要素。

二是创新者窘境的"窘境"。数字化转型没有那么多不确定性和颠覆性，延续性创新占更多比例。

三是泰勒科学管理终结的"终结"。虽然敏捷组织、自组织、数字化基因的新型组织文化等理论层出不穷，但科学管理依然是对实体经济的强大支撑。

四是科斯定律边界的"边界"。数字化技术大幅度降低交易成本，协同、共享将极大改变企业之间的边界。

五是波特价值链的"价值"。价值链理论依然具有市场，但是网状的价值链已经开始形成，筒仓效应自然消失。

六是创新生态的"新生态"。企业的创新生态，从"三螺旋"发展到直连用户、政府、科研院所、企业的"四螺旋"。

碧生源控股信息中心总监张维军

我对数字化转型这个命题的理解是企业运营过程中要清清楚楚"有数"，数据应用在企业运营管理中的支撑作用越来越被重视。碧生源近两年也在积极探索和实践关键业务数据的分析应用。

碧生源的数字化应用简单概括为两条线，第一条线主要是对内的分析，包括三个层面：一是销售事业部的经营成果分析，核心指标是事业部的收入、成本、费用、库存、退货等，从宏观角度把控各事业部的经营概况；二是内部人员的管理体系，包括各管理层级的考核，核心指标包括月度任务完成比、收入、费比、纯销等，通过数字化体现经理层级的能力，与个人收入挂钩；三是对基层员工的考核，包括终端拜访、客情维护、陈列、终端纯销等。第二条线主要是对外的分析，包括对渠道客户的分析，通过投入产出和投资收益期来衡量客户的经营成果，渠道客户的下一层是终端动销、费比、活跃度的分析。

我们通过以上对数据的分析应用，一方面做到考核的数字化，激励员工在公司战略战术的指引下多劳多得；另一方面通过渠道与终端数据的分析应用，识别渠道经营风险，提高周转率，为整体市场良性运作打下基础。

北京大风天利科技公司咨询总监周光栋

新动能是数字技术迭代的号角，一切围绕着决策与人机界面，方向是AI，是社会的操作系统，赋能组织变革、管理升级。

创新是转型的时代特征，监管要与时俱进，新物种才会诞生。

信誉体系是基础，泛在链接是前提，数字孪生是架构，数学模型是核心，客户发展是目标，动态耦合是手段，突破瓶颈最关键。

山东泰山钢铁集团有限公司副总经理、技术总监、CIO陈培敦

管理大师德鲁克曾经说过，如果你不能测量它，你就无法管理它；如果你无法管理它，你就无法改进它。所以，企业必须要在获取海量数据的基础上，对数据进行加工、分析，才能为更加高效地开展各项业务活动提供强有力的数据支撑。企业数字化是一项系统性的长期工作，实施方向是企业战略规划，它包含了从原材料采购、生产过程控制到产品销售等各个具体环节。企业数字化建设首先需要企业的战略规划和在此基础上明确的管理思想为引导，充分利用互联网、物联网等先进技术手段，实现经营管理信息化和生产自动化无缝集成，形成集产、供、销、存于一体的集成化体系，最终实现信息在系统中共享，流程在系统中贯通，业务在系统中协同，资源在系统中分配，权力在系统中受控，知识在系统中积累。

长久集团信息中心总监何高胜

信息化意味着改变工作习惯，调整运营和管理规则，使业务运营和管理透明，支撑业务发展管理畅通。

数字化意味着内外部连接畅通，理顺生产关系和社会关系，变成生产要素，成为企业的血液和中枢神经系统，企业内外部构成一体化。

数字化包括信息化，数字化后真正实现用户导向，数字驱动。

郑州大学未来信息技术学院院长王勇

数字化转型，其实是企业数字化重生。

企业为什么需要一个明确的数字化战略？首先要回答两个根本性的问题：一是如果企业不转向数字化，企业业务能够快速发展吗？二是如果企业不转向数字化，企业还有机会生存吗？

很遗憾，在数字化技术高速发展的今天，这两个问题的答案都是一样的，那就是"不能"！道理非常简单，数字化技术为客户带来价值。不管是何种新的产品与服务，没有价值的创造与增值，就注定不会有市场。

数字化转型的过程比信息化过程要困难得多，因为信息化基本是信息处理工具的数字化。而内容的数字化，不但复杂，还必须从业务的源头做起，这也就是"数字化重生"。

中国经济高速发展了30多年，驱动企业这样高速度发展的人口红利、规模红利基本都已消失，唯有产品与服务内容的数字化还是一片有待开垦的处女地。从根本上重构整个企业的业务体系、行业的生态体系和社会共生体系，是这一轮数字化浪潮带来的新机遇。

银泰商业集团CTO鄢学鹍(花名"三七")

无论国内外,近年来百货业一片凋零。但2018年,银泰百货同店销售额增长18%,为近10年最高增幅。杭州武林银泰里包括兰蔻、雅诗兰黛等21个品牌成为"全国百货第一柜",LA MER等奢侈美妆品牌零售额同比翻番……为什么银泰百货能逆势翻盘?

回归零售本质,努力做到"好货不贵"。同时,数字化人、货、场,围绕成本与效率、体验与服务,跨品类、跨业态、跨时间和跨空间的人货匹配,重构百货业。银泰这个传统百货企业,借助新零售商业及技术焕发了数字时代的新生。

北京小罐茶业有限公司CIO牛小虎

信息化和数字化,既有区别又有联系。信息化是企业数字化的基础,数字化是对企业信息化、工业信息化结合后产生数据的应用要求。目前大家提到数字化时分两大阵营:一是以BAT等为代表的互联网平台企业,积累了大量客户数据、交易数据,所谈的数字化、大数据应用等有基础和场景;另一类是以西门子、富士康等为代表的工业制造企业,所谈的数字化是和工业制造结合,做工业控制单元级别的数据提取,为精益生产管理提供数据支撑,并建立数字仿真模型以减少因工艺流程变更带来的实际产线调整的巨大成本。实际上,这些都是对数据的应用,在不同场景下对数据的诉求不同,都是数字化的过程及结果。信息化除企业资源管理及流程优化外,也可以积累大量业务过程数据,只要对企业管理或生产经营提供数据支撑,也是对数字化的诠释和应用。所以,两者既有关系,又有不同,信息化偏前期数据积累,数字化偏后期数据应用。

沃尔玛中国科技部负责人韩路

零售业的特点是直接服务数量庞大的、有着各种各样需求的顾客。零售一直是关乎人的业务,在数字化过程中,沃尔玛始终秉承以人为本。

早在20世纪70年代，沃尔玛已通过应用创新科技，在零售供应链开展数字化、标准化举措。从而，一步一步将沃尔玛做到今天的规模——在全球27个国家和地区，每周服务高达2.7亿名顾客和会员，满足他们的日常生活所需。

在今天这个时代，科技与移动互联网紧密结合。沃尔玛的零售业务也远不止发生在实体门店，已经拓展到线上，打造了全渠道线上线下无缝对接。现在，数字化不仅能助力零售业规模化和效率提升，还能实现精准服务。比如，沃尔玛通过利用扫码购这样的数字化工具，可以提高顾客在门店的购物效率，同时实现顾客在手机终端一键跳转网上购物、线上线下全渠道购买，真正提供随时、随地、随心的消费体验。

在与顾客全触点交互的过程中，大量的消费数据让我们越来越了解顾客——不仅能了解顾客群体的需求趋势，还能分析顾客个体的需求。然后，沃尔玛为每一位顾客提供个人所需要的个性化服务，包括促销信息、商品推荐、服务定制等。

数字化不仅在商品、卖场、顾客方面带来了便利，在员工身上也有越来越多的数字化工具在使用，以更敏捷的方式工作，相应地在工作岗位上迎接更多挑战、承担很多前所未有的新角色。未来，沃尔玛会继续加速数字化的步伐，与优秀的伙伴更广泛地开展合作和创新，从而更深入地了解顾客，解决零售痛点，创造行业价值。

世纪开元电商集团董事长郭志强

数字化转型是从理念到团队、到流程等的全方位的颠覆，在传统行业里进行数字化转型尤为不易。在印刷行业里，世纪开元从18年前就在开始尝试这方面的实践，并在不断的升级中尝到了数字化的甜头，这一过程仍在持续，并将长期持续下去。在这个过程中，我们要坚守住自己的初心，那就是如何为客户创造价值，如何为合作伙伴创造价值，这样我们才能明白为何而来，也才能清楚向何而去。

多氟多化工股份有限公司信息部部长刘华伟

数字化关系到技术，是手段；而数字化转型关系到人，是变革，人的认知、理念、参与度都关系到转型的成效。数字化转型注定是一个充满荆棘和曲折的跨体系转型之路。作为CIO，我们不仅要有整合资源的能力，还要了解业务，掌握前沿技术，将技术应用于现实业务；不仅要控制突破组织惯性带来的风险，还要控制开展数字化创新带来的风险，不断通过数字化变革，打通原子世界和比特世界的连接。

加多宝首席数据官李二强

世间万物，大至国家，小至家庭，皆有方略。

国家角度，消化过剩产能、劳动密集型向科技型转型、基建拉动转内需拉动等都是方略。企业角度，老板们天天思考的商业模式、业务转型亦是如此。随之而来的是管理思维转变，业务流程变革，组织架构优化，信息技术升级，数据智能驱动……而"数字化转型"的链条会贯穿始终。

除企业内部渠道、产品、价格、促销一类的运营管理环节面临数字化升级，以客户为中心的顺畅沟通、消费需求、方便快捷、价格实惠等用户体验也离不开数字化的支持与赋能。作为企业的CIO/CDO/CTO们，尤其需要从企业的数字化战略开始推进，一步步延伸到数字化业务运营，数字化组织革命，数字化客户体验，数字化工具部署，数字化资产挖掘……每个环节都伴随大量未知的探索。

京博首席架构师刘红胜

信息化是业务效率提升的工具和手段，它并没有改变业务的本质，所以业务不会超脱传统的运行轨迹，也就不可能发生质的飞跃。

数字化是业务信息化后的再重构，是去伪存真，是业务本体的升华，能帮业务从红海中发现蓝海的方向，即最终发生质的突破。信息化是"向业务要数据"的过程,数字化是"向数据要增长"的过程。它们是一对双轮,也是八卦的阴阳,它们的运行必须同向、同速,才能帮助业务产生更大的价值。

南方航空副总信息师黄文强

企业信息化是指企业应用先进的计算机技术提高生产运营效率、降低成本和风险、增加收入、增强企业核心竞争力的过程、信息技术的充分应用必然提升、优化甚至重构企业的业务流程或商业模式,是一个渐进变革的过程。随着信息技术的迅猛发展,特别是移动互联网充分应用所带来的云计算、大数据、物联网、人工智能、区块链等技术革命,给企业信息化赋予了新的内涵与外延,网络化、数字化、智能化概念不断涌现,计算机技术、信息技术、数字技术、量子技术不断深化,数字、数据、信息、知识、智慧等术语喷涌,也不妨碍我们继续使用信息化这个名词。

企业信息化从以往的对内提升效率为主,逐渐转移到对外提升客户体验,以客户为中心,为客户创造价值从而构建核心竞争力为主。

不论是信息化、网络化、数字化还是智能化、量子化,核心本质是信息技术的充分应用!信息技术改变世界!

中国海洋大学教授、高级工程师、博士王舰

讨论数字化,可以从马云倡导的"一切业务数据化,一切数据业务化"讲起。一切业务数据化,是对物理世界的映射,通过数据来呈现和反映,并不是真正的数字化;而一切数据业务化,是从虚拟世界视角,打破组织边界,是真正的数字化,让数据重新建模,实现业务创新应用的过程。

可以基于数据中台思想谈谈企业数字化。2019年可以说是中台元年,中台架构受到越来越多CIO的关注。利用中台思想,看企业数字化,也算是一个独到视角。阿里巴巴的中台架构,分成业务中台、数据中台和智能中台。业务中台,可以理解为企业信息化的过程,是面向实体世界业务维度的数字化。数据中台,则是进入虚拟世界,打破企业组织的边界,在数字海洋中,重塑新的业务逻辑，为无边界组织的业务创新提供全面的数据保障。智能中台，则是互联网企业在虚拟世界里基于数字化的各种场景应用。从电算化到信息化再到数字化，最后到智能化，是一种技术和业务融合演进的体现。

我们再结合支付宝App谈谈数字化，支付宝作为一个高频手机应用，为大家熟知。分析支付宝App，有助于大家更好地理解数字化的内涵。打开支付宝，给大家呈现的是"杂乱""无序"却"有用"的功能，门户、一站式的概念实现了从无序到有序的整合，每一个功能对应单一的业务。

这些功能中，最能体现数字化的是"芝麻信用"，它通过历史、行为、履约能力、人脉、身份五个维度，对用户进行信用评价。数据来源打破了组织、业务的边界，在数字世界里构建出新的业务场景，形成新的业务创新。从中大家可以体验企业数字化的真正目的，即"为了数据中的无限价值"。

北京新燕莎商业有限公司副总经理孙学啟

数字化——一场为提高效率而在进行中的革命行动。

欧喜投资（中国）有限公司IT总监姚凯

目前存在一种将数字化和信息化对立起来的认识，认为信息化是一种过时的技术，目前应该大力推广数字化。对于这样的观点，我不敢苟同。

首先需要认识到，数字化不是凭空产生的，数字化所需的数据，无论是数据的采集、存储抑或使用，无一不建立在信息化的基础上。例如，目前大量推广的物联网，其底层的技术，包括传感器、传输协议或数据存储，都是信息化的标准功能。而大数据使用的分析工具和模型，早在几十年前就已经确定，只是因为现在计算和存储能力的发展才使得该方法变得可信、得以普及。因此，离开了信息化，数字化就是空中楼阁、无源之水、无本之木。

其次，如果把信息化定义为是对物理世界的数字化描述，那么数字化和信息化是这个过程的不同阶段。这里，我尝试用成熟度模型说明，在该模型中成熟度分为五个阶段，即初始级、可管理级、已定义级、量化管理级和优化管理级。

初始级。在这一阶段,过程是无序的,有时甚至是混乱的,对过程几乎没有定义,成功取决于个人努力。管理是反应式的。从IT的发展来看,就是IT使用前的手工管理阶段,人们完全使用纸张作为介质进行沟通,基于观察和直觉进行管理。

可管理级。在这一阶段,建立了基本的管理过程来跟踪费用和物料,制定了必要的流程,能复制已取得的成功经验。公司可能引入了会计电算化和进销存管理,基于单机系统对关键的公司资产通过IT进行管理,建立了基本的公司资产管理规范,如会计科目、物料编码等。

已定义级。在这一阶段,已将管理过程文档化、标准化,并综合成组织的标准作业流程。作业遵循经过批准的标准作业流程和管理审批流程,整个生产过程是可见的。企业可能部署了集成的ERP系统,对物流和资金流进行统一管理,公司有明确的审批流程,符合《2002年萨班斯-奥克斯利法案》或其他的管理要求,并在系统中进行了固化,实现了信息流与物流、资金流的统一,实现了信息化。在实施过程中,企业应该进行了业务流程的重组,以适应管理的变更。

量化管理级。在这一阶段,企业对管理过程进行详细度量,数据作为决策的客观依据,管理能够在定量的范围内预测性能。在这个阶段,IT管理在传统的财务物流报表的基础上进一步深化,引入了数据仓库和BI,并开始导入数字化工具,扩展了IT管理的范畴,对更多的过程进行信息化管理。

优化管理级。过程的量化反馈和先进的新思想、新技术促使过程持续不断改进。这个阶段就是数据化,可能建立了赛博物理系统,对于物理世界在网络空间进行了映射,在一定程度上通过多维的数据化建模掌握了物理世界中人与物的特性。在这个阶段,物联网、大数据等技术得到了普遍应用,AI可以分析和替代部分人工的重复性工作。在这个过程中,管理流程、人员理念、操作模式都有很大的变化，数据也是对传统的结构化数据的扩展，包括大量不同渠道的非结构化数据。

因此，从这个角度来看，数字化是信息化的高阶阶段，是信息化的广泛、深入运用，是从收集数据、分析数据到预测数据、经营数据的延伸。脱离信息化的支撑，空谈数字化只不过是空中楼阁，没有坚实的信息化基础，数字化也是不稳固的。

蓝凌软件CEO徐霞

企业要实现数字化转型，不仅要提升运营水平，也要加快创新；不仅要提效核心业务，也要加速创新业务。企业可以明确以构建智慧组织为目标，来加速推进企业的数字化转型。

从数字化转型角度来看，企业迫切需要构建两大中台能力：以客户为中心的业务中台，其核心在于业务共享化和生态一体化能力；以员工为中心的管理中台，其核心则是管理智能化和运营数字化。业务中台和管理中台，将成为驱动企业数字化转型的两大引擎，加速企业向智慧组织进化。

智慧组织必须考虑业务与管理在线可触摸，组织能力可持续成长，数字化要转化为组织提升的引擎，一切智能的技术都为企业管理目的所需。

恒天财富CTO刘伟明

信息化和数字化的主要区别是什么？我想一个是解决方案，而另一个是行动方案。

信息化是用信息技术解决企业业务的问题。一般而言，先有业务模式和问题，再以信息化手段去解决。所以它是解决方案，为解决问题而生。

数字化则是以数据化和网络化思维去重构/创新商业模式和经营方式，并进行实践和迭代。

一个典型的例子是微众银行：没有网点，不需要线下交互，纯粹以数据记录来识别和定义客户，并以网络手段提供服务，以及通过所有的活动数据进行再反馈和自我优化,可以说整个银行都是以数字化思维构建和运作的。而传统银行无论是智能网点、网上银行等,都是信息化方案去解决现有业务问题的案例。

九州通集团信息副总凌浪

对数字化的理解:信息化时代,因为技术手段有限,对于一个客户、一件商品、一条业务规则、一段业务处理流程方法,我们只能以数据的形式人为录入,大量依靠关系数据库——表(实体)、字段(属性),把这所有的一切都变成了结构性文字描述。而如今,随着人工智能、大数据、云计算一系列新兴技术在经历了前期摸索式发展,并逐渐向产业和行业下沉后,我们大可利用这些技术把现实缤纷世界在计算机世界全息重建。现实世界什么样,我们就有能力把它在计算机世界里存储成什么样。

对数字化转型的理解:数字化转型是基于IT技术,为提供一切所需要的支持,让业务和技术真正产生交互而诞生的。比如海尔,通过对传统生产模式的颠覆与升级,打造按需设计、按需制造、按需配送的互联工厂体系,使整个制造过程实现高度的柔性,满足个性化定制的需求。再比如红领服饰,它打造了智能工厂,数字化运营使其能够快速完成从设计、成衣制造、人工熨烫、折装、吊挂,甚至是自动化分类及装箱的整个流程,让一周新货上架两次成为可能,极大降低了产品库存量。

具体而言,数字化转型包括三个方面:"转换"——从传统的信息技术承载的数字,转变成"新一代IT技术"的数字,实现技术应用的升级。"融合"——从实体状态的过程转变成信息系统中的数字,从物理形态的数字转变成虚拟形态的数字,打通全方位、全过程、全领域的数据实时流动与共享,实现信息技术与业务管理的真正融合。"重构"——适应互联网时代和智能时代的需要,运用数字化实现精准运营的基础上,加快传统业态下的设计、研发、生产、运营、管理、商业等的变革与重构。

海亮集团信息管理中心总监徐礼卿

数字化转型是弥补现状与预期状态的差距，本质是借助数字化技术，促进企业与组织能够在变革的数字化世界中创造更大的价值，实现强健的生命力。对于数字化的理解，我认为是根据数字化时代的特征，以数字化技术为基础，构建和物理世界对应的数字世界；以数据为核心，人工智能为手段，云化服务为形式，企业组织制度、流程优化重构和人才文化为保障，实现数字化技术支撑下的组织业务创新发展。

北京大学兼职教授、工业和信息化部原副部长杨学山

"数字化"不管你接受与不接受，我们已经都在船上。

数字经济的发展趋势，总体上还是发展初期，当前的重点是企业的数字化转型，就是要通过优化过程和替代人，促进发展方式的转变。基础设施和制度建设是长期的主题，在工业基础设施、互联网、物联网的基础上构建信息物理系统还有很长的路要走。面对以梅特卡夫、摩尔定律和新型经济设计构建下的经济运行模式产生的新变革，我们的制度、法律都需要做特别重大的修整，这些如果不改变，在新技术条件下、新经济模式下，经济的正常运行就没有可能性。这都是人类历史发展必须要解决的大问题。

国家信息中心信息化和产业发展部主任单志广

数字经济的创新模式，是从"互联网+"的流量驱动到"数字化+"的数据驱动，再到"智能化+"的算法驱动；是从虚拟空间到数据资产，再到场景应用；是从模式创新、技术创新到业态创新；最底层是以数据设施搭建为代表的数字设施业态，中间层是以硬科技创业为代表的数字技术业态，再往上是以新场景应用为代表的数据驱动业态。

北京大学光华管理学院副教授董小英

信息化的重点是流程与资源的数字化，目标是效率的提升和成本的降低。数字化是全要素的数字化，目标是获得更多的客户和增加营收。从对内走向对外,从节流提效到增收获客,信息化为数字化提供了更多的系统级产品与解决方案。

独立CIO、锦囊数字化转型专家陈其伟

数字化转型要带来转型的增长,怎样实现增长?从IT变成I&T,是最基础的理念变化,然后从IT变成双模IT,打造从0到1的创新部门。另外,真正的增长在运营阶段,互联网公司最重要的岗位是增长黑客,所以企业要设立增长岗位。2020年,技术驱动的渐进式改进大限将至,数字企业的趋势和展望,一方面是基于平台运行的数字生态系统,一方面是自主业务与自治系统。

IBM大中华区前董事长兼首席执行总裁、百强企业董事钱大群

数字时代是我们面临的最大机遇。对于数字化2.0,我归纳为三大特征:第一,引领者和一般企业的数字鸿沟正在形成;第二,规模化越来越重要,未来随着5G技术发展、数字量的增加,数字化带来的规模将越来越大,那么大规模的定制就会来临;第三,不管是亚马逊、脸书这些世界一流企业,还是阿里、腾讯这些国内的大型科技企业,包括华为,我们发现平台与生态的创新速度是倍增的。

阿里巴巴副总裁、阿里CIO学院院长胡臣杰

数字化转型,是信息化、数字化、网络化、智能化的过程。首先是基于业务需求,解决效率与质量问题的点状IT建设,从业务到数据;之后是从全局考虑数据资产治理,基于场景对业务流程不断切片细化;再之后到网络化,突破数据孤岛,内外联通,形成网络协同;最后是智能化,即基于云计算、大数据、AI等的全生态链优化与创新,重构商业要素,从数据到业务,推动商业变革。

星瀚资本创始合伙人杨歌

数字化是产业升级的重要动力。中国大部分行业是从经验化开始做的,然后再基于信息化的方法论、技术进行管理,其实数字化就是把经验化的东西标准化处理后进行信息化和数字化。今天都在说人工智能化，这需要一个很长的过程，如果没有信息化、数字化，那么人工智能是做不出来的，终端的人工智能一定是基于高度的信息化和数字化做出来的。

思爱普中国公司首席数字化转型专家孙惠民

数字化转型的目的是什么？必须思考三个问题。

第一个问题：我是谁？面对未来的数字化时代，企业的价值定位必须根据用户的需求不断变化，快速进行重塑。

第二个问题：我要到哪里去？面对所有的数字化场景，企业如何给客户提供好的体验和产品服务，这就是企业的愿景。

第三个问题：如何构建数字化转型的战略执行体系？

数字化转型有三个关键切入词：转换、融合、重构。转换是新旧动能转换，融合是两个世界融合，同时要进行价值重构。因此，数字化转型可高度凝练为四句话：一切业务数据化，一切数据业务化，一切产业数字化，一切数字产业化。未来，竞争将以场景为表、数据为里，平台做生态连接载体。同时，大企业创造生态，小企业加入生态。因此，未来的企业必须打造四项核心竞争力：第一项是通过技术赋能实时洞察客户需求；第二项是透视到客户的需求以后进行预测性的智能生产；第三项是根据客户画像进行精准营销；第四项是根据智慧物流进行敏捷送达。

Thought Works数据和AI业务负责人史凯

信息化的目标是将传统业务流程用信息化系统实现出来，提高效率；信息化的代表是企业内部的流程类系统，比如ERP、MES。数字化是对传统业务用数字化理念、技术手段重构后，用新的技术实现出来，数字化的代表是多渠道融合的企业中台。信息化是业务支撑，不改变业务本质，而数字化是业务用数字化的方法思考和实现的形式，是业务本身。

威马汽车科技集团有限公司首席数据官梅松林

2019年的数字化转型发生了很大变化，早已不是几年前谈的装软件、装机器的概念。今天的数字化转型，更加富有时代感，需要结合当前情况牢牢抓住时代机会。

例如5G技术，企业应该思考如何将最新的技术应用起来，一步到位，将5G应用深入企业的每个方向。十几年前，所有东西都是平面的，早期的互联网就是文字和图片，后来的4G技术完全可以看视频，而5G发展带来的一个很大影响是3D。做技术本身就是转型，这是我个人的一点看法。

山东航空公司信息部副总经理张宝光

数字化转型是信息发展的一个阶段，其出现是受互联网发展的催生。整体来看，信息化发展分为三个阶段。

第一阶段为电子化阶段，这一阶段是由于计算机（PC机）的出现而产生，实现了文档、表格的线上化，形成了电子化文件。

第二阶段为计算机网络阶段，这是一个里程碑式的发展。互联网的出现，推动了电子化向信息化的转变，其关注点也不再是文件电子化，而变成了帮助企业解决业务流程等问题，将手工的业务流程通过计算机程序进行业务操作。这一阶段发展比较高级的例子是ERP的应用。所以信息化所关注的点变成了企业业务中有多少业务流程能够信息化，流程的自动化处理程度有多高。

第三阶段为互联网阶段，随着互联网的发展、带宽的提速，移动互联网也出现。互联网和移动互联网的出现，为数字化打开了发展契机，外部的销售、服务、物联网，开始和内部产生链接，数据量越来越大。

所以我个人认为，数字化就是由于数据量越来越大，价值也越来越大，因此企业需要利用数据来推动其发展。例如产品的开发，可通过搜集客户大量的数据进行分析定制客户所需要的产品。比如航空公司，就可以通过旅客购票等信息，去提供旅客需要的产品和服务。

喜茶首席数字化顾问、维格智数创始人陈霈霖

现在社会的技术发展延伸出各种科技工具，用来辅助企业的管理、营销等。我认为，数字化是一种工具，工具的本质是人的延伸，能驱动企业更好地去做管理。比如，以前的人力资源、财务等，所有的工作都需要人来做，现在就需要用数字化去管理。

另外，在市场营销的过程中，随着企业业务的发展，就需要通过数字化工具去放大业务规模。比如，原先的线下卖货，只是占了一个街铺的流量，但是当把业务放在线上，就是面向全世界的。

利群集团CIO庄亮

数字化是未来企业的核心竞争力和稳健发展的重要工具，是企业高速发展的延续，或者说是信息化发展的延续。

利群集团经历了20年的快速发展，从台东的一家小门市部到大型商场，成功在A股上市，收购乐天玛特，到现在有接近一百家门店覆盖华东地区。利群集团一直注重供应链的整合，既有上游的批发环节，又有商品经营环节和下游的零售终端环节。

我认为，数字化的关键是供应链整合。此外，在"货"的层面，利群很早之前就开始实行单品管理；在"人"的层面，实现会员数字化；在"场"的层面，增加卖场的新技术，实现线上线下打通。

君马汽车系统总监张宝德

数字化转型首先需要建立数字化系统，然后才能优化，最后固化和深化。

杭州长江汽车有限公司总监胡启泉

数字化转型是数字化技术的应用。为什么这样说？企业以前按传统的思路，进行了一些信息化建设。现在数字经济时代以数字为驱动，以软件来定义一切的时候，应该怎样改变？那就要重视数据的标准化，重视数据的价值，思考怎样开发数据、怎样让数据来驱动决策和研发。从产业链里搜集数据来驱动行为改变，这就是数字化转型。

新能源车，面临的不是数字化转型的问题，而是数字化应用问题。它天生有这种基因，但是现在的问题是有没有能力？有没有数据？数据化要靠数据说话，如果没有数据，没有消费端的销售，何来资金再生产？没有采购，怎能用用户数据优化采购、优化供应链？因此一切都靠"量"。如果没有这么大的量，云里面也没有流量。所有的信息化都要面对"量"的需求，有一个持续稳定的流量，数据才会发挥作用。如果没有流量，这些系统完全是白费。如果流量小，就是"杀鸡用牛刀"。

重庆小康工业集团股份有限公司信息管理部副部长雷相其

小康一直在向着数字化、智能化这条路的方向前进。公司提出新制造运营模式，将敏捷响应用户需求上升到整个公司的战略高度。公司新能源汽车未来的运营模式是先体验，再订制，再交付。怎么有效支撑这种新的运营模式，如何生成数据，怎么使用数据，未来怎么养（这些体验式的）数据？数据的标准如何制定？质量如何保障……很多要思考的内容，这些问题的解决要依赖于IT向DT转型，培育起核心能力。

IT与业务单元之间是合作伙伴关系，新制造模式下的新组织、新流程、新的业务管理模式也要与之相匹配，业务如果没有把思想和理念同步跟上转型的步伐，没有思考清楚自己在新运营模式下的管理机制、业务流程、组织和人才结构，也会影响整个信息化建设的整体质量。

宝沃汽车高级经理夏莹

数字化是未来发展的必经阶段。其他行业都走在数字化道路上，但是现在在制造业方面，我们自己的数字化进展很慢。领导、管理层、工程师都需要关注数字化。目前，我们缺乏大量数字化技术应用方面的教育人才。

厦门建发汽车有限公司信息部高级经理何海

数字化转型是大趋势。我们很希望用新的技术、更先进的技术，但想要落地却还没有一个很完善的方案。

公司在现有的ERP或者销售系统上，以及厂家、店面上，将一些重复性工作稀释出来，并且将这些数据好好包装，以带动4S店的销售及整体运营。在5G应用飞速发展的情况下，后面4S店销售模式会怎样改变，我们无法预估。未来两三年，我们会更专注于内部运营，较多包装我们销售和售后的品牌。

重庆长安汽车股份有限公司新营销IT总监穆希雨

我认为，企业的数字化转型要做到四点：

第一，坚持一把手工程，无论是信息化转型还是数字化转型，成功的背后和一把手的重视程度直接相关。

第二，这是一个数据的时代，数据太重要了，它是企业资产的一部分，数据一定要是真实有效的数据，要像抓产品质量一样"绝情"地抓数据质量。

第三，从客户中来，到客户中去，做项目不要经常坐在办公室里跟业务部门打交道讨论方案，更好的方式是到客户中去，看客户在干嘛，客户想要什么。

第四，坚持学习借鉴跨行业的最佳实践，多对标快消品、家电、手机行业，目前的家电、手机行业营销模式可能就是汽车行业明天的营销模式，可能有一天大家就像买手机一样方便地买到一台车，晚上吃着火锅唱着歌下个订单，第二天爱车就开到家门口了，我想这一天会实现。